ある日本共産党地区委員長の日記

（一九七七年～一九八四年）

鈴木謙次

あけび書房

まえがき

私は八〇歳を過ぎた体重四三キロの骨がらみのお爺さんになった。しかし、週四日通っているスポーツジムのプールではなぜか（嘘や誇張は何もない）大変人気がある。おばちゃんたちは手を振って迎え、両手を振って見送ってくれる。なんということのないやり取りだが、すぐに親しい友だちになる。みんなが必ず言うのは「若い頃はもてたでしょ、みんな言ってるわよ」「お話し上手だから教育者なのかしら」「大勢の人を使ってたひとでしょ」などと肩を叩きあったりする。つまり人畜無害なわけである。

プールでは男も女も肩書も役職もない裸の人間同士のつきあいになる。そのときの女性たちはとくに、とてもすなおに人を見る。こちらも体裁もなにもない。「どんなお仕事してきたのかしら？ 興味があるわ」と聞くともなく聞く人がいる。そこで私が「実はね、共産党の仕事を四〇年間やって来たんだよ」と言ったら、みんなどんな反応をするだろうかと考えることがある。

みんな実にさまざまな職業の人たちだ。そのなかで「共産党の仕事」と言えば、かなり特殊な、なかなか想像できない職業となるだろう。

私は学生時代も含めると四〇年間、民青と党の常任・専従生活をしてきた。戦後だけをみても党や民青の常任活動家は、一時期の人も含めるとかなりの数になるだろう。とくに敗戦からの一〇年間の高揚、分裂、混乱の時期を含めると予想を超える数になるのではないか。しかし、それらの時代に、彼らがどんな思いで活動してきたのか、その記録、証言は意外に少ない。

確かに、分裂時代のさまざまな記録と小説がある。六全協から六〇年安保の時期は、まるで流行現象のように、党と共産主義運動に関する小説がもてはやされた。だが、だいたいのものを読んだが、心から理解でき考えさせられたものはほとんどない。小説で各種の賞をうけたものも、まるで党や共産主義運動は、青年期の思想的な伝染病みたいに扱われた実に観念的な話が中心になる。そこからいかにして逃げ出してきたのかの、思想というより観念の記録である。

党自身の記録といえば決定集や大会での討論（発言）集は驚くほどあるのだが、そこにあるのは、基本的に党への賞賛であってホンネや肉声はなく、そこから生々しい共感や感銘を受けることはない。むしろ、改めて『日本共産党五〇年問題資料文献集（全四巻）』を読んだのだが、この文献の方がはるかに生々しくその当時の党員の、混乱した状況ではあったがさまざまな肉声がよく伝わってくる。

私が知らないだけなのか、それ以降、七〇年代の党常任活動家の肉声を書物で見ることがない。なぜか、党に関する書物は、一方的な共産党攻撃か、党への手放しの礼賛かに分かれる。そうではなく、その運動の渦中にあり、ある部署を担ってきた人たちのまっすぐな声が聞こえてこない。なにかを現実に担い責任をもつ場所にいれば、必ずきしむものがあり、その声と音があるものなのだが。

そんなことを考えていたときに、実は最近のことなのだが、初めて日本共産党員のまっとうな格闘の声が感動的に聞こえてきた書物に出会った。それは高史明の『闇を喰む』（角川文庫）である。これは五〇年代の体験を小説的に構成したもので、五〇年後の二〇〇四年に文庫本で完成されたものである。熟成までに長い時間が必要だったのだろう。それだけの歴史と党と人間の重みが感じられる。小説とはいえ実録をもとにしている。著者は在日朝鮮人であり、その息子、岡真史君は一二歳で自死、遺稿詩集『ぼくは一二歳』はかつてベストセラーになったことでも知られる。

その内容は読んでもらうしかないが、この一読難解な本は、戦後、在日朝鮮人として凄絶な少年期を生き抜き、やがて日本共産党と出会い、その分裂と混乱の中でも、なお責任ある部署を守って闘いぬいた日本共産党員の物語である。朝鮮人であるがゆえに、党の路線上の混迷が民族と自らの運命を左右する重みをもつ。奥多摩の〈山村工作隊〉時代、決死の覚悟で訪ねてきた読売新聞記者渡辺恒雄（彼も東大時代党員だった）との出会いのくだりでは、もしそのとき、山村工作隊責任者が若いが判断力のある高史明でなかったら、後の読売新聞主筆・渡辺恒雄の命もどうなっていたかわからなかった、その過程も（特定の名前はあげてはいないが）リアルに書かれている。まことに歴史の証言であり、真剣に生きた人間の記録である。

私はこれを読んで、かの日本共産党の「五〇年分裂問題」が、日本共産党の成り立ちからして、起こるべくして起こったことであり、どうしても乗り越えなければならなかった必然的なハードルであったのだと思うようにもなった。そこからの教訓は、単に〈党中央を再び分裂させてはならない〉の一点だけに尽きるものではないことも、これを読んでよくわかった。

私はそこにこそ、共産主義者としての人間の、つきつめた美しさや強さを感じた。

戦後の混乱期とはいえ、日本共産党にどんなに純粋で理想と情熱に満ちた若い魂が寄り集まっていたかがわかる。結末は悲惨ではあったが、それが暗く重たい党への印象とはならない。むしろ党への信頼と共感を高める。一人の人間の歴史がそうであるように、党の歴史もまた波瀾万丈であることが、よくわかる。これに匹敵するものはもう書かれることはないだろう。

その後の、なにかもっと正直な記録はないのかと探したが、ない。書いて公表すれば、相当な批判、追及があることを恐れているのであろうか。

私が自分の四七年前の「日記」（ノート）を見つけたのは偶然だった。あまりに幼い、内面的だが思慮の浅いものであるが、読み返してみた。手書きの日記をパソコンに書き写しながら、幾度いやになってやめようかと思ったことだろう。しかし、そのときの私の感覚が、そんなに今とは違っていないことを発見してびっくりしながら、ほぼ三か月かかって書き写した。そこには私がいまも自分の課題にしている問題意識がある。そして、私がいま二〇二四年に、党の地区委員会の責任者の位置にあれば、同じようなことを感じ考えているのではないかと、驚いた。高史明の記録と比較すべくもないことは充分承知している。

つまらぬ記録ではあるが、恥も外聞もなく、さらけ出してみることに、ひょっとしたら小さいが一つの意味はあるのではないかと思ったのだ。当時の日記にほとんど手を加えてはいない。

最近の一連の日本共産党をめぐる話題は承知しているが、それらの話とは全く関係はない。それに触発されたわけでもないことは、あえて断っておかなければならない。

ここには、歴史的・政治的事件もなく、個人のあまりに内面的な記録ばかりである。

これを読み通すには相当な体力と忍耐力の負担をおかけすることになるだろうことを申しあげておくしかない。

『ある日本共産党地区委員長の日記（一九七七年～一九八四年）』　目次

一、民青専従から党県委員会へ

――藤原問題と私――

一九四三年、私は東京・西品川の大崎で生まれた。昭和二〇年の東京大空襲に遭遇した。まだ二歳になる前の私は、南下して逃げる途中に古井戸に頭から落ち井戸は血に染まった。みんな〈あの子は死んだ〉と思ったらしい。病院もなく、頭を布で強く縛って歩いた。やがて、眉間に深い傷痕は残ったが生き延びた。その傷痕は八〇歳を過ぎたいまも私の眉間に残っている。

小学校を出ただけで苦労した父は東京簡易保険局に勤めていた。焼け野が原になった東京にいても長男と次男を抱え家族四人が食べていけない。戦後の疎開同然に、見も知らぬ四国・香川県善通寺市の新設の簡易保険局に渡ることになった。

善通寺は弘法大師・空海生誕の地として知られるが、実に典型的な四国の農村で、私はともかく朝から晩まで山野と小川を駆け回り、あちこちの山の中の溜池に鮒釣りに行った。ともかく遊んだ記憶しかない。

小学校は六年間同じクラスで、担任の先生は目まぐるしく変わった。私はなにか気にくわないことがあると、直ぐにポイと教室を抜け出して帰る癖があった。あるときは、新任の若い教師が本気になって追いかけてきた。長い板の廊下を必死に逃げた。教師も真剣に追いかけてきたが、運動神経のよい私は校庭を超えて田圃に逃げこんだ。そうして、何時間か遊んで過ごし、学校が終わるころ帰った。すると帰り道が私の家の前を通る別の教師が、ニコニコしながら〈またカバンを持ってきましたよ〉と言って届けてくれた。

中学からは父の転勤で高松に行った。家が瀬戸内海の浜の近くで、今度は海釣りに凝った。自分でゴカイを採り、糸巻きを作り、暗くなるまで釣りをした。塩田が流下式に変わるころだった。目の前でカレイやコチ、メバルやハゼがよく釣れた。

高校になるころは政治の状況が身近に感じられた時期だった。勤評闘争、三井三池炭鉱闘争、そして六〇年安保闘争へ。二年生のときがそのピークだった。ＮＨＫも、午前〇時の君が代と日の丸の画面の直後から、国会前のデモを実況中継した。近所のお宅に行って、中継が終わるまでテレビにかじりついていた。ラジオはデモの現場からの生々しい中継をしていた。あれでは日本中がアンポで沸騰するわけである。それなりの政治的関心があったから、自ずから、これではいかんと強く感じ、反政府・左翼的心情が高揚、加速された。日本の現状を憂うる一六歳の私の投稿が毎日新聞の投書欄トップに掲載されたこともあった。

文化祭では天上から地上を憂うる天使の役で、長い演説のような台詞を語る演劇をした。しかし、いかにも小心で内向的、非行動的な性格は直らなかった。三年生になるとニーチェ全集を図書館から借りてともかくすべてを読み切った。

告白すれば、私は竹山道雄の『ビルマの竪琴』に感銘した。彼を追いかけて、彼の新潮文庫のニーチェの翻訳を読んだ。その文章の文学的な修辞と口調に惹きつけられた。それはニーチェがなにものであるか無知なままに、ひたすらその箴言の挑発性、そのときの私の虚無的な気分に快感を与えた。しかし、やがて竹山道雄をさらに追いかけて、かれが生粋のエリート主義者、頑迷な保守主義者であること、『ビルマの竪琴』の別の意図を知ってからは、全く離れた。しかし、そのころの私の気分はそういうものだったことは事実である。

進路を決める段になると、理数系学科が皆目苦手だったから、大学に行くなら理数系を避ける必要があった。しかし、それなら私大しかない。しかし、私大に行ける金もない。当時の国立大学の授業料は年六千円であったから国立大に行くしかない。理数系、なかでも数学が〇点でも行ける所を探した。東京へは行きたくない。できるだけ遠方がいい。私の祖父は青森・黒石の人で、私の本籍地でもあったから、仙台ならいいと考えた。別に文学を学びたいとは思わなかったが、法学部、経済学部はサラリーマンへの道と直結しているようで、ならば、文学部へ行き歴史学を学ぼうと考えた。ちょうど当時の東北大には豊田武、石井孝、高橋富雄氏など私も知っている有力な教授陣が揃っていた。しかし、それは仙台へ行くための自分なりの理由づけでしかなかった。

受験のときは本当に数学の時間は名前を書いただけで何も書かずに白紙で出した。九〇分、教室の外のまだ雪の残る風景を眺めていた。それでも落ちるとは思わなかった。

仙台に決めたときは、もうこれからは勉強、学問とはさらばだという気持ちがあった。浪人などしたら年下でも、場合によっては先輩と呼ばなければならない。そんなアホらしいことはできるわけもなかった。

大学に行くとは、あらゆるものから解放されて自由になることだった。好きなことを、やりたい放題やろうと考えていた。自分にはなんの取り柄、能力も体力もないが、気力だけはあると信じていた。まず実践だ、内向的な、非行動的な自分を変えるのだ。学生という半端な位置に固執せず、大胆に労働者の中へ飛び込んで行くのだ、というような気負いがあった。共産主義の知識はあまりなかったが、そのころもてはやされていた若い作家たちの、いかにも観念的、抽象的な日本共産党、ひいては共産主義への、したり顔の物言いには全く共感はなく、うんざりしていた。自分が主体的に社会の変革にむかって行動することに何をためらうことがあろうかと思っていた。入学式の会場前で小さな机を出して民青の加入を呼び掛けていた人たちがいた。ためらわずその日に加盟した。その足でセツルメントの部室へ向かった。

当時の下宿のおばさんが〈あら、けんちゃん、いつも大学と逆の方へ歩いて行くわね〉と怪訝な顔をしていたが、セツルメントの地域に朝から直行して、そのあとで部室に向かっていたのである。私たちが着くと待ち構えていた子どもたちが駆け寄りしがみついてきた。何をするわけではない、子どもたちと一緒にあそんでいるだけで充実していた。授業には関心がなかった。出席数が不可欠となるものだけは顔を出した。

やがて地域に生活と健康を守る会をつくる動きが起こり、全日自労と共産党市議、そこにセツラーも参加した。廃車になったバスの中で何度も会議をした。仙山線沿いの極端に貧しい家庭が多かった地域だった。それを契機に、共産党の地区委員会に出入りした。そこから次は、父親を戦争で失った母子寮の高校生たちの組織へ向かった。勉強を教えるとともに、互いの交流を深めようとするものだった。当時は全セツ連という全国組織があって、上京し参加して発言した。一番勢いのあったのが東京教育大などを中心とした氷川下セツルメントだった。またそのころ母子寮の近くの鉄工所の首切り撤回闘争では、テントを張って泊まり込んで闘っている青年労働者らと二週間ほど寝起きをともにしたこともあった。

あるとき、学内の一教室で民青県委員長がきて学習会があった。テキストはレーニンの『青年同盟の任務』である。私はすでに読んでいて、レーニンのそこで簡潔にのべられている共産主義についての考え方に強く共感していた。私は自分が理解したことをそのままに、その共感とともに語ることしかできない人間であるから、読んだ感想をしゃべった。何を語ったかは記憶にないが、それに県委員長は〈すごい一年生がいるものだ〉とびっくりしたらしい。そこから民青の事務所にも出入りするようになった。

大学の民青はまだ飛躍の途上にあった。民青教養部の班長になったのも、まだそれほど大きい組織ではなかったからでもある。

やがて入党を勧められるようになった。勧誘する人たちはみな同じように〈もうそろそろいいんじゃないか〉

と誘った。その勧誘の図々しさ、無意味さに反発した。そのころ私は、まわりと同じように、レーニンや毛沢東、スターリン時代に編集された『ソ党史』『哲学教程』『経済学教科書』、また話題の『紅岩』や『鋼鉄はいかに鍛えられたか』、またフランスなどヨーロッパのレジスタンス文学などを読んでいた。スターリン批判はあったが、まだ朝鮮戦争はアメリカ帝国主義が起こした北への侵略戦争だと信じていた時代である。中国共産党の党員の修養と人民的規律に感服し、北朝鮮の千里馬の映画を見て感動しながらも、つねに、私という人間はそこまで集団的、協調的、規律的にはなれないだろうと感じていた。若い経済学者の主宰する「資本論学習会」にも参加した。

〈入党〉とは軽々しく決意できるものではないと考えていた。〈労働者階級の前衛党〉という所に、そんなに簡単に学生の分際で加わっていいものとは思えなかった。もし入党するなら〈労働者〉が推薦者になるのが当然だろうとも考えていた。一年あまり経て、当時の生健会事務局長をもう一人の推薦者として入党した。そこから私は民青地区委員会の学生常任委員となり党グループ（当時の細胞と並ぶ党の基礎組織）に所属することになる。

私は夢中になるとまるでまわりが見えなくなる性格であるらしい。あるときの教養部学生大会。なんであったか、大学移転をめぐる闘争であったか。ムンムンとした熱気のなかで次々と学生がたちあがって叫んでいる。何を言っているのかわからない。そのころ私の関心は心身ともに打ち込んでいたセツルの高校生たちのことだけだったから、ふとそのことを喋りたくなった。挙手して開口一番「諸君、いま仙台の高校生諸君のおかれている状況を知っているのか」と問いかけた。あとは何を言ったか覚えていない。一瞬、会場はシーンとし、やがてだれもが呆気にとられて暫く私の方を見つめていた。私は恥ずかしいとも思っていない。その後何事もなかったように議事は進行した。それに似たようなことがその後も続くのである。

学部へ行くころはセツルメントとはあまり縁がなくなり、もっぱら民青の事務所に入りたびっていた。やがて民青の地区常任委員となった。常任委員というのはすなわち専従なのではない。任務上の位置である。当時の専従は二人であとは非専従の常任委員である。その半数が学生だった。私以外は医学部、法学部、理学部の学生だった。そして人間的にも学問的にも多くのすぐれたものを持っていた彼らはやがて大学院へ進み、それぞれ違う大学の経済学部長、学長、理工学部教授になった。私だけが学問の道から外れた。

しかし、私にその機会が全くなかったわけではない。四年になると文学部は必ず卒業論文を書かなければならない。その審査に合格すれば（だいたいが書けば合格する）卒業できる。ゼミにもなにも顔を出さないわけだから、さて卒論を書くといっても皆目見当がつかない。それでもわずかな知識で、可能なテーマを見つけ一〇〇枚を書かなければならない。一応専攻は中世史であるから、とりあえず「蜷川文書」というものを読んで「室町幕府御料所の一研究」という論文を、半年かかってともかく一〇〇枚書いた。締め切りの前日であった。やがて卒論の審査が行われた。豊田武、石井孝教授の前に座った。豊田教授は中世史が専門であるから、同じ時代の似たようなテーマの論文を書いている東大の若い学者の名前をあげて〈〇〇君の読みには間違いや不足があると考えているかね〉と問うてきた。私も彼のものは読んでいたから〈そうですね、私の読んだ限りでは誤りもあるように思います〉などと生意気にも答えた。教授は〈そうかね〉と、ちと感慨深そうに言った。石井教授は一言〈随分哲学的な文章ですなぁ〉と言っただけである。たしかに私は〈ところで〉〈そうであるならば〉〈ということも考えられないわけではない〉などと、書いていたからである。

それで無事に卒業することになった。しかし私はそれから何を職業として選択するかほとんど真面目に考えてはいなかった。将来への目標や計画、希望などなにもなかった。私にはおよそ将来への目標や計画、希望などなにもなかった。一応、父母の手前、高校教員でもなると言ってあったから、いくつかの教員採用試験を受けた。しかし、はじめからその気がないから受かるわけもない。その情報は研究室にも伝わっていたはずである。民青の事務所で、所在なく過ごしていたある日、事務所に助手を介して豊田教授から電話がきた。瞬間、どうやってここを探し当てたかが不可解で、何事だろうと電話に出た。するといきなり〈スズキくん、キミね、県北のW高校に行ってくれないか〉と言われた。

すぐに教授の言わんとすることは理解できた。それは、一年か二年W高校に勤めて、それから研究室に戻り、中世史研究者への道を行かないかとの教授の温情溢れる助言だった。かれは学界でも著名で重鎮とされる学者であったが、政治的には厳格に中立的だった。その人間の度量、寛容についてはあらためてつよく言っておかなければならない。だが、私にはすでにその道を選択する気はなかった。丁重に断った。助手は驚いたようだった。実際、あとで聞くとそこには私より年上の別の人が行き、その後助手を務めすぐれた日本中世史研究者になった。

他に何かしたいこと、やれることもなかった。労働運動、大衆運動の指導も経験もない。マルクス主義についての系統的、本格的な勉強をしたわけでもなく、いわゆる理論家でもなかった。自分のようなものがことさらにこの民青や共産党のなかで欠かせない役割を果たす自信も、もちろんない。ただこのままでいい。この民青の専従として過ごし生きて行ければよい。やがて共産党の専従となってもよい。これが私の仕事、職業でもよかった。母は悲しんだが父は喜んでいたと、私は勝手に思っていた。子どもたちが何をしようが父は許した。父にはすべてのこと、どんなことも、高等小学校しか出ていない自分にはできなかったことだとの思いがあった。

その頃はまだ職業的革命家という言葉があった。マルクス主義が生まれて以降、とくにロシア革命を通じてそう言われ普及していった言葉ではなかっただろうか。それは前衛党という概念とも結びついている。ロシア革命の時代は、普通に働いて、時間のあるとき運動に参加する一般の共産党員と区別して、少数精鋭のとくに訓練されたすぐれた職業的革命家の集団が求められていた。いわばプロの革命家である。

しかし、少数精鋭の革命の時代から、議会を通じての革命、大衆的前衛党と言うようになっていたそのころは、すでに無用の言葉だった。無論、そんな気負った決意も意識も、私のなかにはまったくなかった。

それからしばらくして、民青の中央幹部学校というものに招集された。当時は吉村金之助委員長、土屋義夫書記長だった。会場は土屋氏の信州の実家の広い農家の一軒家で、遠くに南アルプスか八ヶ岳か、周りは畑や田圃の、実に牧歌的な農村風景の中にあった。一班四人で十数組だから四〇～五〇人規模ではなかったか。全国からの民青専従者だが、なかなか個性的な人々だった。科目は綱領・規約・科学的社会主義というようなものだった。講義を受けてレポートを出す。そのとき、綱領の担当講師はさっそうとして歯切れのよい今井伸英中央常任委員だった。かれは、レポートの講評を始める最初に、もっとも優れたものといって、あるレポートを読み上げた。聞くうちに、自分のもののような気がした。班の一人が〈あれ、スズキくんの書いたもんだな〉と声をかけてきた。レポートは互いに見せあって書くからすぐわかる。今井氏の読み上げる文章は私が聞いていても説得力のあるものに思えたものだった。

それはともかく、今となっては委細は忘れたが、あのときの民家の学校と田園の風景の中で、遊ぶように自由に一ト月足らずを過ごせたこと、また夜中じゅうまことに轟々と鳴り響く土屋氏のいびきの音は、今でも印象にのこるものだった。

また当時で忘れがたいことがある。あるとき、民青の地区委員長だった本田勝利さん（彼はそれまでは赤旗仙台分局長だった。党から派遣されて民青にきた極めて几帳面なひとだった。文学部の美学を出ていた）から、〈今度、「共産主義と文化」という題で学習会をやりたいが、講師をやってくれないか〉と突然頼まれた。大学を卒業し、民青の専従になったばかりで、人前で〈講師〉としてしゃべった経験はなかったから不安だったが引き受けた。特段の知識、教養があるわけもない。

レーニンの『青年同盟の任務』を軸に、蔵原惟人さんの著書のいくつかを読んで、あとは自己流の解釈を付け加えて、五〜六〇人の同盟員を相手に一時間以上講演した。会場は「たばこ会館」という広い畳敷きの部屋。喋りながら、座っているみんなの目が生き生きとして、私の話を熱心に聞いていることが伝わってきた。学生ももちろんいたが、多くが青年労働者だった。感想はよかった。みんな感激したと言ってくれた。この経験が、私が自分なりに考えていることが、決して独りよがりではなく、若い労働者の気持ちにも届くのだという自信になった。それからの私は、人前で講演する、演説することに臆病でなくなった。元来、大勢をまえにしても、それだけで上がるということはない私だったが、それからは話し方に工夫をするようになった。このことは、その後の私にとって、ひとつの転機になった経験であった。

一九六九年、民青仙台地区委員長になった。二五歳だった。当時、中央からオルグとして来ていた中央常任委員と対話したことがある。私は次のように問いかけたことを覚えている。〈私はまだ二五歳。地区の現勢は二五〇〇人を超えている。全国的にみてこれほどの地区はどれほどあるのか。私でやれるだろうか〉と。かれは〈大丈夫だよ。規模から言えば大阪の堺泉北地区、東京なら千代田地区と同規模だな〉と答えた。

そのころの民青の拡大は上り坂の勢いをもちつつあった。学生だけでなく職場でも地域でもどんどん同盟員が増えていった。高校生の中にも拡大がすすみ、地区にも時間によっては狭い事務所に入りきらず廊下に溢れるほど青年、学生が集まった。

その季節にあわせてさまざまな行事が組まれ、多くの若者が集まった。夏は平和友好祭で海の祭典。大晦日から元日にかけての〈あかつきの集会〉には七〜八〇〇人が西公園に集結し、隊列を組んで広瀬川を越えて国見山へ上がりご来光を迎え気勢をあげた。大晦日深夜、除夜の鐘が遠くで鳴る中を、ぞろぞろぞろぞろ若者たちが行進する風景はいま思い出しても胸を打つ迫力があり壮観であった。スキーやスケート大会もハイキングも恒例になっていた。職場闘争、地域の要求運動も、共産党の実行部隊として活躍した。〈歌ってマルクス、踊ってレーニン〉などと揶揄されたものだが、当時の、真面目に社会、政治問題を考え、自分でもなにかやれることはないかと模索していた多くの青年にとって、民青は知らなかったことを学べ、行動できる親しみやすく、自由で居心地のよい組織だった。いま思い出しても印象的なことは、民青では男も女もなかった。青年・若者という資格によってどこまでも対等平等だった。むしろあの時代はなにより女性たちが生き生きと、弾けるような笑顔で活躍していた。それは他のどんな組織にもなかった民青の特色だった。

その頃には民青仙台地区の専従は女性一人を含む五人になっていた。決まった給与もない。時々の小遣い程度しか支給していなかった。それでも駅前の飯屋では五〇円で満腹になる飯が食えた。事務所の裏が朝市で、三〇円で秋刀魚が一〇匹も買えて、みんなで昼飯がわりに秋刀魚を食べた。私はその二人と共同生活をした時期がある。キャベツをたくさん買い込み、日清即席ラーメンにぶちこんで食う。これらの食生活が元来虚弱な私の胃腸を傷め、やがて胃潰瘍の手術をすることになる。しかし私たち五人は心から信頼しあい、なんでも話し、時折はテントを担いでキャンプにでかけた。その仲の良さがまた他の同盟員たちに大きな励ましとなった。いつも事務所のなかは笑い声に溢れていたし、新しい仲間が来るとみんなで温かく歓迎した。素朴だが生き生きしていた。学生たちもさまざまな職業の労働者たちと気さくに話し合い交流した。

もしそこに、威張り散らすエライ人物が現れ、命令的にみんなを動かそうとしたら、たちまち総スカンを食って、一日もいられなかっただろう。自由でのびのびと言いたいことを話し合った。腹を抱えて笑い、また厳しい職場の話を聞いて一緒に涙をながした。

こうして生れた結束は強固なものだ。民青に上級も下級もなかった。〈歴史は音をたてて流れている――〉という民青のよびかけが、たしかな根拠をもって若者たちの気持ちに響いていた。それは、そういう時代だったのだ。

その時期の日本共産党の自主独立の立場からの革命論、国際情勢論には強い説得力があり、若い私達も論文の長さをいとわず夢中になって読んだものである。

私はレーニン全集を買って夜遅くまで読みふけったものだ。面白くて、読み始めたらやめられなかったのは、あの革命の時代、昨日今日のリアルな現実を、まるで手のひらに乗せて、その生々しい動きを、生き生きと、しかも決して主観的にならず、客観的に理論的に書いていることへの驚きだった。まるで政治的なドキュメントの作者でありかつ語り手のように思えたものだった。

しかし、今から思えば、その頃の私たちの科学的社会主義についての理論水準とは、まだまだなおスターリン主義の残滓を色濃く持っていたと思わざるを得ない。セツルメントの合宿旅行の学習会テキストが毛沢東の『実践論・矛盾論』だった時代である。経済学や国家論も哲学も公式的で教条主義的で、そのなんとなく染み付いている理論の枠組の本当の克服のためには、いまでさえ大きな力を注ぐべきだろうと思うのである。

一九七一年には民青県委員長になった。当時の全県の同盟員数は六千名を超えていた。東北大は、私大では立命館大学がはじめて四けたを超えたが、国立大学としてはじめて四けたを超えていた。〈学内で石を投げれば民青にあたる〉と言われた。

そのころ川内の教養部に行った。すると〈民青宮城県委員長・鈴木謙次氏来る！〉と、私の講演会の大きな立て看板があるのに驚いた。しかもその隣には〈文芸評論家・吉本隆明氏来る！〉の立て看板があった。なんだか恥ずかしいやら身のほど知らずやの思いで立ちつくしたことを覚えている。民青にはそういう勢いがあったということだ。

民青独自で全県から二千名を集めて決起集会を行った。そのときの参加者たちの熱気も忘れがたい。全県活動者会議となれば県内隅々から三百人ほどが集まった。私は報告のなかでしばしばフランスなど西欧のレジスタンスの話をし、アラゴンの詩などを紹介した。中級幹部学校を合宿で行い、そこではクラシック音楽を聴く時間を作り、立派なオーディオ機器を持っている同盟員が来てベートーベンやモーツァルトを聴いた。私は、またしばしば山本周五郎や藤沢周平を読んでみるように勧めた。

しかし、そのころの中央常任委員の人々に感じていた違和感は後になって思い返したことではない。ある中央常任委員はオルグに来たが、暇を見つけてはパチンコ屋に行き、〈お土産だよ〉とお菓子を持ってきた。ある中央常任委員は会議にも参加せず、横になったままでなにか別のことをやって、なんのために来たのかわからない始末だった。また「生きがい論」が流行って、学習会などを何回かやったが、講師の学習協の幹部という人物の講演は、そばで聞いていてもなにを言っているのか、あとになんの印象も残さない浅はかな漫談に思えた。また仙台地区のとき、私が中央に送り出したＫ君は、私を心から信頼し敬愛してくれた好青年だったが、やや頑なな性格でもあった。彼がやがて中央委員会の副委員長になったのも驚いたが、あるとき渋谷の中央委員会で会ったとき、真面目な顔をして〈いま強調するべきは情念なんだよ、情念だ〉と目を三角にして言いはなったことに驚いた。なにかが狂いつつあると私は感じていた。

民青中級幹部学校（中山平）

その後、〈新日和見主義問題〉となるのだが、これは新手の日和見主義というよりは〈新分派主義〉であったろうと思ったものだ。しかし、背後でなにが進行しているのか私は知らなかった。当時の民青中央委員会は甚だ意気のあがらない沈んだ空気がよどんでいた。私はだいたい会議では一番前に座る。委員長は浦田宣昭氏であったか。淡々としたどちらかと言えば事務的な中央委員会報告がある。討議が始まる。しかし、誰も挙手はなく発言者がいない。しばらく沈黙が続く。するとよく知っている演壇前列の中央常任委員が私に発言を促す目配せをする。私はなんとも重い雰囲気の窮状を助けるべく、とくに発言することもないが、ともかくなんでもない活動報告をする。そんなことが二、三度あったように想う。

やがて赤旗を通じて新日和見主義問題が党内の大事件となる。その当時の私の友人たちが何人も関連していたことをあとになって知った。スパイであったという大阪や愛知の県委員長は、他の県委員長ならだいたい親しく挨拶し言葉を交わすものだが、なぜか、そういう気を起こさせない雰囲気を持っていた。大県だから威張っているのかいなと感じたりしたが、私たちの心からの仲間という感じがどうしてもしなかった。

ともかく、身近なところで嵐が吹き竜巻がおこっているのに、そこだけは無風のような奇妙な中央委員会であった。確かに党の問題であったが、一切そのことに関する意見、討議はなかった。やがて、突然、天の声のように民青幹部の年齢制限の措置がとられた。私がわがこととしてその問題を考えたのはそのときになってからである。

一九七二年一二月一〇日投票の総選挙で史上初めて宮城一区から庄司幸助氏が当選した。東北では青森の津川武一、秋田の中川利三郎氏も当選し、共産党は三八議席へと躍進した。当選が決まったとき、仙台駅前の小さな選挙事務所前には深夜にも関わらずたくさんの人々、なかでも青年たちが駆けつけた。全自交のタクシー労働者が駅前に集結していっせいにクラクションを鳴らし続けた。共産党の藤原県委員長（当時。後に「藤原問題」で失脚する）が胴上げされ、続いて私の五〇キロに満たない体が宙に舞った。その選挙でも民青の活躍は当選の原動力になった。飯さえあれば一切の労を厭わず青年たちは赤旗号外のビラを撒いた。ビラが足りなくなるほど撒いた。民青から多くの共産党員が生まれ、党勢は飛躍的に拡大していた。まもなく民主連合政府が誕生するかのような政治的雰囲気がそのころの民青にはあった。

時系列で追って行けばこの時期は、ベトナム戦争反対運動、沖縄返還闘争、そして全国的な大学での闘争などがあった。一九七〇年の共産党第一一回党大会で不破書記局長が登場して共産党が一般マスコミにも頻繁に取り上げられるようになっていた。しかしそれらをいちいち書くことはできない。それらの政治的、社会的な変動と高揚が民青躍進の土台にあったことは明らかだが、やはり青年、学生の若者としての多面的な要求を取り上げ組織していったことが重要だった。大学では無論学生運動の高揚があったが、その運動のなかで暴力的妄動に終始していた学生集団が暴れればあばれるほど、まっとうな共感できる理論と運動を提起し実践していた全学連とそれを支える民青への信頼と共感が高まり、民青は拡大強化されていった。民青には人間的にも学問的にも優れた人々が続々と参加した。一般ジャーナリズムではいままで〈全共闘〉礼賛の風潮が根強いが、その正体は、そのさまざまなみせかけにもかかわらず、全く反社会的学生暴力集団でしかなかったことは強く指摘しておかなければならない。

後日談だが、そのときの経験を民青中央発行の『青年運動』誌に書いた。表題は素朴なものだったが、開けてみれば「理論と青春の視点」という私には考えもつかない気障な表題となっていた。当時の編集長は新日和見主義にはまっていた人物だとあとでわかった。しかも、後にある党の幹部から言われたことは、〈実はね、キミもあの論文で、なにか関わりがあるのではないのかと疑われていたんだよ〉とのことだった。その当時は、そこにつながる〈細い糸〉でも見逃さず追及していたのだと思って、甚だ不愉快な感じがしたものだった。

民青幹部の〈若返り方針〉が実行されることになった。私は三〇歳になる前に民青を〈卒業〉することになった。後任には苦労した。突然のことで誰の名前もあがらない。四苦八苦の末に西も東もわからないN君に決めたが、全く気の毒としかいいようのない人選だった。明らかにその後の民青は機先をそがれ、ピタリと伸びが止まった。私もまた行き場は他になかったゆえに、党の県常任委員となる。党指導の経験などなにもないのだから、ただ事務所に座ってときを過ごすしかなかった。

党県委員長は中央から派遣されていた藤原隆三幹部会委員である。民青から横滑りしてきた私は、当然のことだが県委員会から地方選挙のオルグに派遣されても〈あんたは選挙を知らないな〉と言われる。たまに地区に電話をすれば〈なんだ、県委員長の威光を借りた茶坊主が〉とバカにされる。

藤原氏は幹部会員として派遣されたのであるから、徹頭徹尾成績主義に凝り固まって、ひたすら県党の成績（数、すなわち点数で優劣がはかられる）の向上だけを願っていた。元々は岩手県出身の藤原氏の最初の私の印象は、〈岩手県内の比較的大きい農協の組合長（農協組合長さんには敬意をもっているのだからご容赦願いたい）〉のような人物に思えたものである。経歴からすれば中央でもさまざまな分野の指導にあたったとのことではあったが、その鼻持ちならぬ尊大な態度の印象はいまも鮮明にある。それでもなにかで笑うと、意外に優しく親切なオヤジさんにも見えた。つまり農協組合長になる。だが、ごく普通の対話ができない。自分の考え、指摘したいことが頭の中に充満しているのだろう。ひとの話は真面目には聞いてはいない。自分は上級からの命令者、ほかのすべての人はそれを当然のこととして受け入れるべき下級者とおもっていたのだろう。対話が成立しない。ほとんどの会話の語尾に〈〜ですなぁ〉がつく。機械的な幹部型人間が目の前にいるという感がしていた。

彼が任についてからたちどころに、宮城県党の、例えば〈決定読了率〉〈党費納入率〉〈赤旗号外配布率〉などが全国でも京都に並ぶトップクラスにのしあがった。つまり、それらは県委員長の命令一下どうでも操作可能な数字である。党費は平均党費額を調整すれば納入率は上がる。私は二階の県委員長のそばにはいたが、あまり話したこともない。会議の報告、講演など一切は几帳面で有能なゴーストライターの政策担当常任委員がいて、原稿用紙に清書されて手渡されていた。

県委員長の出勤はかつて誰も見たことのない風景だった。総務のO君が専属運転手で、黒塗りのセドリックに乗って来た。出勤前にすでに状況を把握しいくつかの指示をしているようであった。県委員会に着いたときはすでに戦闘モードの雰囲気があった。当初は、さすが幹部会員だ、やることが違うと言う声もあったが、だんだん、これは異様なことだと不快に感じ、陰で言う人も出てきた。

七二年総選挙までは、決定の遂行についての厳しい、有無を言わせぬ追求はなお、それでも〈さすが大幹部、幹部会員だけあってその徹底性、非妥協性はすごいものだ、見倣わなければならないな〉との声もあった。だが、一年、二年たつうちに、これはおかしいのではないかとの声が地区と支部に広がっていった。

とくに当時は赤旗読者拡大が重要な課題だった。それが目標通りにいかないと、ときをかまわず地区委員長を呼びつけた。当時の仙台地区委員長は律儀、温厚、真面目な石垣達郎さんだった。背の高いかれは何度も個別に呼ばれ藤原県委員長の前に、直立不動で立たされた。藤原氏は入れ歯を外した口元を引き締め、ギョロリとした眼で〈どうなっているんでしょうなぁ〉と陰気な声で批判というか非難する。その態度や口調には独裁者の雰囲気があった。石垣さんは、いちいちの指摘に、立ったまま〈ハイ、ハイ、ハイ〉と繰り返すばかりだった。上官命令を直立不動で聞く一等兵のようだった。どんなに強く深い心労だったことか、私はいたたまれぬ思いで見ていた。見ている他になにもできなかった。そのころ、塩釜地区は地区委員長を先頭に、断固として県委員長の指導を拒否する防護壁をつくっていた。

だが、赤旗読者拡大だけは、数字の操作だけでは、いかんともしがたい。数字を出しても、その通りの部数申請がなければ評価されない。最初はあまりの追及に地区は音をあげて、数字を出して、その分、部数も申請していた。しかし、それが重なると大変な事態になる。架空の報告につじつまを合わせるために、正直に申請をすれば、赤旗、とくに日曜版がどさっとくる。浮き部数が少なければ宣伝紙にも使えるが、やがてどんどん増大し、どこの地区、分局事務所にも梱包をほどかれない赤旗日曜版が山ほど積み上がる。それは大量に古紙業者に売られる。地区の財政負担も増えてゆく。何よりも、とくに地区機関に湧き上がっていったのは、こんな馬鹿げた指導があってたまるかという県委員会への怒りと不信だった。

当時は日曜日はだいたいが会議か会議がなければ赤旗拡大の集中行動日になる。日曜日は地区委員会には憂鬱な一日になる。時報制となり二時間ごとに拡大部数の報告が求められる。だから地区委員会では、事前に時報報告用の数字が準備される。点検が来ればだれが出てもその数字を県に報告すればよかった。

県のさまざまな会議はつねに決定をいかに実践するかの決意表明の場所になり、数や形となって現れる成果の報告会のようになる。結果と成果だけが評価され、実践の過程と内容は二の次になる。いやむしろ、成果がなければ〈やる気、決意の不足〉〈消極性のあらわれ〉とこっぴどく批判される。藤原氏からはつねに〈まだ自己分析が足りませんなぁ〉と指摘される。「決定」は全党の知恵を結集して民主的に討議されたものであり、すでに決められており、あとは実行があるのみで、そこには民主的な討議は必要ないとされているようだった。残されるのは幹部、指導部のやる気、断固たる決意と絶え間ない反省が求められるのみである。会議はいつも重苦しかった。

果たして民主集中制とはそういうものなのか。民主主義は決定の討議では発揮されるが、決まれば一致して盲目的に、民主的討議も抜きに実践するということなのか。そうならば、結局、力点は中央集権制にあることになる。民主集中制などと言わないで民主的に決定し、一致団結して民主的に実践するというだけで充分だと、私はずっと考えていた。そもそも民主主義とはそのなかに多数決による実践の契機を含む概念ではなかろうか。

決定と実践における実践の優位などということがもっともらしく言われることもあったがまやかしといわねばならない。私が入党した一九六二年当時、党の仙台地区委員長は軍隊の軍曹上がりのOさんだった。かれの口グセは、地区委員会の会議でも、いろいろ理屈を言わないでともかく〈決定〉――かれにとっては〈命令〉を実践すればいいのだということだった。

討議における民主主義と実践における民主主義というものがある。決定を実行する第一歩は決定をよく読んでよく理解することにある。その過程で多様な問題が現れる。試行錯誤もある。それをどう克服するか、そこに地区機関の苦労や工夫、やりがいがあり、そこを出しあって民主的な討議を深めることが必要だ。それによって決定は真価を試される。それが決定への党員の主体的参加となり、やがては次の決定を豊かにしてゆく力になるはずだという確信は民青時代から私にはつよく感じられていたことだった。まず心に響くように理解され納得して実行すること。手続きとして民主的に作られ、実行もまた民主的に行われて初めて〈決定〉〈理論〉は意味をもち、まこと物質的な力をもつ。この循環が不可欠だ。それが党の決定というものが、宗教的な教条、託宣とも、お上の命令でも、黄門さまの印籠ともまるで違うところであるはずだ。

自慢気に言うつもりはさらさらないが、民青の時代、私の決定・方針についての報告や解説は〈気持ちに響く〉〈希望がわいてくる〉〈理路整然として説得力がある〉などと言われたものだった。がやがや話し合いながら民青同盟員と民青新聞の拡大行動を楽しくやっていたものだ。そんなことを考えてはいたが、しかし、私はなにも言わなかった。言う勇気もなかった。藤原氏も民青から突然の若返り方針で、横滑りで党にやって来た私のことなど眼中にもなかっただろう。その態度はそばにいるよりほかに行き場がなかった私にはよくわかっていた。

そのころ私にまかされていたのは次期参院選地方区に立候補予定のよく知るH氏の候補者パンフレットの作成だった。かなりの予算をつぎ込み、カメラマンやデザイン専門家も呼び、内容のあるものを作るために奔走していた。

しかし、私への態度がガラリと変わる事件が起こった。一九七四年の秋のころだったか。私は一か月余の中央党学校に参加することになった。伊豆の学習会館に各県、地区から指導部が七〜八〇名集められた。講義と討議と自習と、普段は考えられないゆったりした時間だった。立派な講義録があり、講師も丁寧に講義する。しかし、綱領や規約、経済学に哲学、国際共産主義運動などなど、どこかですでに知っていることばかりで、私はもっと生々しい現状分析の講義が聞きたかったからかなり退屈な時間であった。だが、そういう長期の合宿生活は初めてだったから、楽しんだ。食堂のご飯がまた素晴らしかった。

私はひとつのグループの班長だった。ある日、日頃とは違って、党史の問題がテーマの自由討論だったと思う。助言者には当時幹部会委員で兵庫県委員長の多田留治さんが出席した。初めて見る人だったが、痩せて、どこか中国古代の老僧的な雰囲気を感じたものだった。とくにやかましく口を挟むことなく、みんなにまじって対話していた。そのとき私が何をしゃべったのか、今では皆目思い出せないのだが、ただ党史に関して私がしゃべるとなると、戦後の党の混乱、五〇年問題を経てこんにちを考える上で、宮本百合子の作品「風知草」や「播州平野」「道標」などの作品に描かれた共産党員の理性と感性が、その後の六全協、さらに第七回党大会へと受け継がれ、党の新たな前進への道しるべの意味をもったものであり、それはわが党の党史を貫く根本の理念、精神であろうというような話以外ではない。どんなことでも自分の言葉にならなければしゃべれない私は、そのときっと第七回党大会の決議「統一と団結にかんするよびかけ」を読んだときの感動とそれが入党の契機となったことも、語ったにちがいない。

党学校を終えて帰ってすぐに藤原氏に呼ばれた。回りに何人かの常任委員がいたときのことである。かれは普段は決して見せない、心からの嬉しさを表現する満面の笑顔で私に向かって興奮して言った。〈いやぁ、幹部会でね、多田さんから声をかけられてね、キミ、すごい人が宮城にはいるんだな、驚いちゃったよ、キミ、すごい人ズキくんという若い人の発言がすごかったんだ、感心したよー〉と言われたことを話した。私にはなんのことか瞬時にはわからなかったが、藤原氏のそのときの笑顔は、まるで眼中になかった自分の息子が一目おいていた人から突然ほめられたときの父親の喜びの表情だった。

多田さんの名前が出たので、あのときのことかとは思った。私が多田留治さんの名を繰り返し見るようになったのはその後『日本共産党五〇年問題資料集』を読んでからだった。多田留治さんはあの分裂の時代を耐え苦闘していた筋金入りの党員だったのだ。だから私のつたない感想の発言に彼なりに感情を揺さぶられたのだろう。そのことをまず宮城の藤原氏に伝えたかったのだろうと、のちになって思い返したものだった。

それからしばらくは、藤原氏は私の一挙手一投足に感心していた。昼飯に沢庵を切っていたら近寄ってきて〈ホー、沢庵とはこうやって切るもんですかなぁ〉などと言う。妙な切り方を逆に誉めたりした。なんとも奇妙な関わりができた。

しかし、藤原専制体制は長くは続かなかった。これも私の記憶では一九七四年末、赤旗仙台分局の一人にスパイ疑惑が発覚した。元同級生の警察官に情報を売っていたということだった。査問が始まり私も参加した。それは大晦日から新年にかけて続いた。嫌な時間の過ぎかたであった。長い果てのない問答が続く。私の大きな忘れがたい衝撃は、そのことから始まって彼の回りにいた分局員の党員たちにも嫌疑がかけられたことだった。その頃の分局員は私のよく知る民青の親しい仲間たちだった。なかでもMくんは民青専従時代同居していたこともあり互いを知り尽くしている仲だった。工学部出身の彼はいつも活発、陽気で、会う人だれもがたちまち愉快な仲間になってしまうような人物なのだ。その彼に嫌疑をかけることに私は驚き、呆れ、怒りを感じた。それが党なのか。人間を潰すのが党なのかと慄然たる気分に落ち込んだ。

その時私は新日和見主義の査問も知らない。またかつての五〇年分裂時のこと、あれこれの小説に描かれた査問・除名などの風景も実感のないものだった。ただ、わがこととして目前の悲劇的状況の推移を見守るしかなかった。しかし、やがてこの問題によってつぶれたのは藤原隆三幹部会委員・宮城県委員長その人となったのである。

翌年、そのスパイ事件が通信社配信で地方紙に掲載された。問題はここから急展開する。そのことが党中央に伝わったが、中央にとっては初耳のこと。除名処分とは重大なことであるから地方党組織の権限だけでは決められない性質のことである。そこから本格的な宮城県党組織への調査が始まる。すでにその頃には数多くの訴願が中央に寄せられていたらしい。しかし、それだけでは指導上の問題として対応しうるようだった。しかし、規約に反した除名処分の措置を地方党組織が独断で行ったとすれば放置できない誤りとなる。中央はかなり周到な検討をしたようである。松島治重幹部会委員を中心に宮原文雄、細野義行中央委員のチームを作り、仙台に宿をとり、とりわけ詳細な官僚的指導について告発、訴願していたF市の市会議員と教員支部のTさんを呼んで直接話を聞いた。それはのちに聞いたことである。

やがて十分な聞き取りの上に、中央チームが県委員会に直接乗り込んで事情を聴くことになった。その辺りの事情は県にいてもよくわからなかった。

藤原氏の頭のなかには一体何が渦巻いているのか考えたことがある。そこには日本革命のことなど二の次なのではないのかと思えた。自分に与えられた宮城県党強化を、これまでのぬるま湯的な状態から一気に活性化することしかないようだった。前任の鈴木善蔵県委員長への批判をしばしば露骨に口にした。私などひどく親しみを感じていた善蔵さんを、藤原氏は頭から否定していた。

かれに兵歴があったのかどうか知らない。もし兵士だったら軍曹タイプか。大声の命令なら誰にも負けないとの誇り。あるいは一兵士としての辛い経験がこびりついていたのか。当時、県内で旗揚げした民族歌舞団ほうねん座の座長は見事な民謡の歌い手だった。私とも親しかった。しかし、藤原氏は、執拗にMさんはスパイではないかと呟いていた。直接よびつけて話したこともあった。その理由が、M氏がかつて陸軍憲兵だったという経歴のことだった。あたかも憲兵への憎しみをMさん一人に被せているような口振りに驚いたものだ。

わたしたちは日本共産党中央の情勢論と革命路線については強く深い確信をもっていた。党員は少々の苦難はあってもその中央への信頼をもっていたからこそ活動していた。だが一体、その中央の理論的到達、およそマルクス主義とは藤原氏の頭のどこに潜んでいたのだろう。彼のそばに二年近くいて、いちども社会主義、共産主義の理論の話、自らの共産党への思いの一片も聞いたことがない。あるいは、出身の岩手県で大いに党勢拡大で成果をあげて、一気に中央に抜擢されたのだろうか。あの東大闘争の高揚期には幹部会の青年・学生担当だったという。それもよく理解できない。宮城では青年・学生運動に触れて発言したことはほとんどない。藤原氏の指導のあり方について当初からつよく反発して、そのことをかくさなかったのは、だれよりも院生・大学教員の党組織だったのである。

ひたすら上を向き、上のご機嫌ばかり伺い、上の命令、指示には忠実に従い献身的に努力する。そういう人物がいかなる組織にも必要なことは理解できる。しかし、その組織の指導部全員がそうなれば、下の人々が反発、抵抗する。やがて必ずいうことを聞かなくなる。面従腹背が常態になる。まさに藤原問題はその証明みたいなものであった。数や形を最優先に追い求めれば、やがて内実、魂のない数や形となる。もっとも重要なことは、ひとりひとりの党員が主体的に判断する力をつけることであり、活動に能動的、自覚的に参加できる人間の隊列を構築することである。それがどんなに時間がかかろうがやらなければ、およそこの世の中をまるごと変革することなどできるわけがない。

党（党組織）、ことにその上級機関に対して限りなく忠誠であることは決して彼が共産党員、すなわち真正の共産主義者であるという証明にはならないこと。私はこのことを肝に銘じた。

藤原氏は出勤すると朝からじっと外の風景を見る。かれの顔の眉間と濃い眉毛の間に大きなほくろがある。考え込んで、はっと思い付くと、短い用件を関係部署の常任委員に問いかけ言いつけて詳しい状況を聞く毎日だった。ところがある日、出勤してまもなく藤原氏は珍しく親しげに、私に向かってポツリと云った。〈スズキくん、もう俺は駄目だよぉ〉と、がっくりしたような表情だった。私はなんと言ったか――〈県委員長、そんなに弱気にならないでくださいよぉ〉。なんとも声の掛けようもなかったのである。すでに事態がどこまで来ているのか藤原氏にはよくわかっていたのだろう。そんな弱々しい疲労困憊した顔をみたのは初めてだった。まるで今にも泣きそうな表情になっていた。

やがて、松島治重氏を中心とする中央からの三人も参加し県の常任委員会が行われた。この間の経過の詳細も特別な中央としての見解も、とくに長々した報告、提案もあった記憶が全くない。つまり私たちは来るべきものが来たと、おのおの覚悟を決めて待っていたのである。松島氏は穏やかで落ち着き、品格を感じさせる表情と口調で、〈では、おひとりずつ意見を述べてください〉と切り出した。

十人余の、レッドパージを乗り越え、五〇年分裂の過酷な経験も経てきた五〇代、六〇代の人々全員が、恥も外聞もなく、話し始めたとたんにしゃくりあげ声をあげて泣きながらしゃべった。その声が会議室に充満した。それは、それぞれが、藤原氏の官僚的指導でどれ程悩み苦しんできたか、それに勇気をもって立ち向かい、変えられなかった己の非力と責任を心から反省する言葉だった。一番若かった私もまた涙なしには発言することができなかった。それは虚しいものではなかった。その正直な言葉に真剣に耳を傾けてくれる信頼できる中央委員会への感謝の気持ちの表現でもあった。それは五〇年問題の時代の、まわりの一切が疑心暗鬼の渦であったことから比べればどんなに恵まれたことであったろう。

ただ一人最後まで涙を見せなかったのは、それから二代あとの県委員長になるH氏だけだった。

事態が進行しているさなかに、あるとき、「古典から学ぶ」座談会に中央に呼ばれた。中央党学校の成績優秀な四人によるものと言われた。『空想から科学へ』をとりあげて、それぞれが感想、意見を交流する企画で、当時の別刷りの「学習党活動版」に二回にわたり掲載された。

私はちょうど藤原問題の渦中に身をおいていたから、気持ちも乗らず、定まらない。断るわけにも行かず、しぶしぶ出席し、我ながら何を語ったか、まるで自信がなかった。感心したのは、のちに理論家として赤旗でも重要な論文を書くようになったNくんの発言だった。かれは実に詳しく党の幹部をはじめ党文献を読んでいて縦横に語っていた。余計に自信をなくして帰った。実はその後、その紙面を見たこともなかった。

それからずいぶんたってのことだが、参加者のひとりで山口県のKくんと手紙のやり取りをしたことがあった。そのときにその座談会のことが話題になった。驚いたことにKくんは、〈あの座談会で一番鋭い発言だなぁとかんじたのはあなたの発言だったよ〉と言った。私は自分がそのとき何を考え何をしゃべったのか全く忘れている。

いつも私はそうだった。むしろ他人からの感想を聞いて、そんな風にうけとめられることをしゃべっていたのかと振り返ることが多い。つまり私はよく考えてしゃべっていないのだ。そのときの直感で、思いつきをしゃべることが多い。決まりきった常套文句は口からでない。自分のわかることを、自分の口調でしゃべる。Kくんは正直な人だから本当にそう感じたのかもしれない。昔のことだが、ほっとしたことを思い出す。

やがて県党会議（県の最高議決の会議）が行われた。私もその議長団の一人に選ばれ、午後の討議の議長になった。いつもは各代議員の活動報告会のようなのだが今回は様相が一変した。そんな悠長な、準備した報告を読み上げるような発言はなく、発言者は違う言葉で、この四年余の藤原氏の官僚主義的指導の実態を思いをこめて告発し、県常任委員会の指導の責任を問うた。発言者はあとを断たなかった。とくに挙手して発言をつよく求めていたのは、初期から藤原氏の強権的、官僚的な指導につよく異議を申し立てていた東北大学の院生・教員の代議員たちだった。議長は討議を円滑にすすめる役割がある。発言の多くが、県委員会の指導責任の追及に向けられたから、いくらかの答弁があると、さらに強い口調の発言が続いた。〈シツモーン〉〈イケーン〉の声が飛び交い、やがて〈ギチョー、ギチョー〉〈ギジシンコー〉〈ギチョーカイニン〉など私の議長としての議事進行ぶりへの不満や怒りの声があがった。私はそのときどのように議事を進行すればよいのか判断ができなかった。その都度おたおたして、後ろの常任委員に助言を求めた。しかし誰もなんとも助けてはくれない。そのうち誰かが〈限られた時間で討議を尽くすことはできない。なお意見のある人は文書なり、直接なり、県委員会に寄せて頂きたい〉という趣旨のことをいって、ようやく終了にこぎつけた。私の無能、無策ぶりに何より私自身が呆れ深く恥じた。私は県常任委員などという場所にいるべきではないだろうと思い始めていた。中央の宮原、細野両中央委員が滞在した期間は、私の個人的な話にもよく付き合ってくれた。二人とも人の話をよく聞く態度が好ましく、私とも仲良くなっていた。しかし、二人ともいなくなると、私には相談する相手が誰もいなくなった。感受性ばかりつよく、小心で、もともと党の県委員会の活動に自信も魅力もあまり感じていなかった私は、やがて、いったんはここから去ろうと考えるようになった。

その後の県委員総会で、討議が終わり、あたらしい決意で踏み出そうなどと討議し、最後のまとめ的な新県委員長Oさんの話が終わったそのときに、私は突然県常任委員会の席から挙手して立ち上り、〈私は県常任委員にはふさわしくないと思っています。今日をもって県常任委員を辞退します〉と発言した。あっけにとられ困惑したのは常任委員会の面々であり、やっと新体制で出発しようと決意を新たにしていた県委員の人々だった。〈なんだ、常任委員会の団結がそんなことでは困るじゃないか〉の声があがった。

暫時休憩となった。私を囲んだひとたちは呆れながらも、口々に翻意を促した。やがて私も、このまま会議を長引かせては申し訳ないと思い直し、辞意を撤回することにした。

こうして振り返ってみると、なんとも情けない限りだが、私はそう思い込むと回りが見えなくなることがある。それはなんともできない私のさがと言うほかはない。

県常任委員のFさんは藤原氏にもっともつよく反発し、それを隠さなかった人だった。彼が中央党学校の優秀な卒業生として、急遽中央の新たな任務につくことになったときの喜びようは、はたからみてもよくわかった。かれは喜びを全表情にあらわし、まるで飛び出るようにして、中央に転勤していった。

藤原問題が終わると、かつてのような穏やかな党活動が戻ってきていた。かつて痛めつけられていた仙台地区委員長の石垣達郎さんは県常任委員として県内各地区を回り、藤原時代、副委員長として長く辛酸をなめ憔悴しきっていた阿部伝さんも昔の面影を取り戻しつつあった。しかし、藤原氏のもとでもっとも深く心労を背負ってきたこの二人が、二年もたたないうちにあいついで亡くなった。それは藤原問題の犠牲者であったとみんなが感じていた。

この宮城県党を揺るがし、県・地区機関を深く傷つけ、支部と党員の意欲と活力を奪った藤原隆三幹部会委員・宮城県委員長の重大な指導責任は、その後いかに問われただろうか。機関から罷免されたが、その詳細は知らされないままだった。のちの中央委員会では〈指導上の誤り〉としてきびしく指摘された。

もしも藤原氏が国家権力の一端を担う位置にあったとすれば、あのとき、何人の機関と支部の党員が、迫害、追放、あるいは処罰されていたか、恐ろしいことである。同じような〈指導上の誤り〉は全国的にたびたび起こっていた。顕在化して大きな問題になったひとつが藤原問題だったのである。

藤原氏は引退後も、会うひとごとに〈申し訳なかった〉と謝罪するどころか、〈俺は間違ったことはしていない。俺を追い落とした奴らが悪いんだ〉と言い続けていたという。中央決定の実行のために〈責任をもって〉〈自覚的に〉、全身全霊を尽くした俺のどこが悪いのか。民主集中制を堅持し、忠実、献身的にやっただけではないかと開き直って言われたら、こちらは、いかに理不尽で反民主主義的な指導で、党をズタズタに切り裂いたとしても、それは、せいぜい、熱心さのあまりの過剰な指導態度、指導方法があったと、指摘することしかできないのである。

なぜそうなるのか。問題は、機関の指導の正しいありかたについての規定が規約のどこにもないことである。私が藤原問題を通じて強く感じることは、中央決定は〈理解しようがしまいが、文句なく、無条件に実行しなければならない〉という党風を一掃しなければならぬということである。党の決定は、軍隊的命令でも宗教的経文でもない。私自身の経験でも、〈つべこべ言わずやればいいんだ〉〈決定は解釈するのではなく、そのとおりに実践するものだ〉〈そんなに真剣に考えるな〉との言葉をなんど投げつけられたことか。

だが、いかなる批判があろうとも、なによりも大切なことは、決定をよく読み討議し、理解し納得して実践することができる党員をどれだけつくることができるのかということなのである。

藤原問題に見られたような、どんなに極端で非常識な官僚的・抑圧的な指導が行われても、それを容認し、受け入れてしまうような党内の雰囲気があの時期は長くつづいた。規約上、それを断固として許さぬ、歯止めとなる規定がないわけであるから、こういう事態は、今後もくりかえし生まれることだろう。もしあらわれなければば、それは上級の指導機関への不信として隠微な形で蓄積されてゆくしかないであろう。

〈鉄の規律〉〈一枚岩の結束〉と言われた、戦時の時代の党のあり方、もっと言えばスターリン時代の党から根本的に脱却して、いまの時代、いまの革命路線にふさわしい、隅々に民主主義的な気風がみちあふれ、国民にむかって開かれた共産党へむかって、明るく、生き生きと活動し前進することが、いま日本の党に求められている。少なくとも、これからの規約には〈正しい指導のあり方〉について明記され、中央はじめ各級機関がそのことに日常的に細心の注意と最大の努力を払わなければならないと痛切に思うのである。私はそのことをつねに心がけて、その後の党機関での活動にあたってきた。

翌一九七六年から、当時住んでいた岩沼を含む仙台の南部一三自治体の仙南地区委員会に派遣されることになった。地区事務所は自宅から歩いて五分のところにあった。とにかく、ぼそぼそとしていても、党の専従の仕事ができれば良かった。私には、およそ出世欲などと言うものはない。党にぶ厚い上下の関係があるとも思っていなかった。一切の権威や権力におもねらず、屈伏せず、自由にのびのびと自分が思うように発言し、批判し、活動できる場所があればよかった。そもそも、官僚的機構とその心理の傾向が心底嫌いだった。そもそも、そういうこの国の政治や社会のあり方を微力でも変えたいと思って民青に入り、セツルメントに熱中し、日本共産党に加わり専従への道を選択したのだった。そこで、同じような問題を突きつけられるとは予想もしていないことだった。わがままと言えようが、無頼と言われようが、組織的でない、非協調的だと思われようが、私はわが道を歩くほかはなかった。

以上は二〇二四年に、つまり五〇年前のことを思い出しながら書いたことである。

他に、あの頃から七、八年後の一九八二年に書いた文章がある。重複するところがあるが、その頃はこんなことを考えていたということを知ってもらうために、この章の最後に書き写しておく。

「七三年の秋ではなかったか。新日和見主義等の問題で民青は全国的に揺れる。そこからのひとつの教訓として民青幹部の若返りが言われ、全国的に、とくに県委員長クラスが一気に若返る。私も三〇歳になる前に〈卒業〉することになった。今となってみればこのことがほんとうに良かったのかどうか議論のあるところだが、しかしそのときは全体の意向としてそれしかないだろうとの判断にもとづく決断であった。党は当時、一九七〇年の第一一回党大会から中央から派遣されて、藤原隆三幹部会委員が県委員長だった。ムチャな指導をくりかえしたものだった。どう考えても私などの感覚になじまなく、このままいったら党はまいってしまうなと思われたが、しかし他方では、決定をつらぬくうえで、これほどの決断や野蛮な情熱が不可欠なんだろうとも思われた。それは、私が県党の常任委員となり、藤原氏のそばで、彼を見ながら仕事を始めるようになると、余計に私の実感となった。個人として見れば、彼は田舎の律儀で頑固なオヤジであった。その発意のうちに悪意など全くなかった。ただやみくもに党中央の意向に忠実で、自分の部署で貢献する意欲にもえているかにみえた。彼の屈託のない笑顔はよかった。

　だが、この辺は測りがたいところだが、中央から派遣され、宮城の党で実績、成績をあげ、やがてもっと上級の幹部として中央に帰還する、このことがかれの目標であり、そのような野心が個人的動機の核を形成していたのかもしれない。それは不純であり、なんとも水準の低い話ではあるが、かれの知的・文化的水準の程度は、案外このへんをうろついていたのかもしれない。

　いまでも印象的なのは、藤原氏がもっとも鋭くその意向をうかがっていたのは宮本委員長だった。それはあたりまえの一面だが、かれはしばしば党中央の宮本氏の指導のきびしさについて、いくらかの嘆息をまじえてポツリともらしていた。そこに至らぬ自分と、その意向に汲汲としている自分をかれは永く感じつづけていたのかもしれない。だとすれば、これもまた水準と視野のレベルの問題で、あわれというほかはない。

　実にその後スパイ問題の独断的処理が発覚してから、かれのあわれな最後が決定的となる。あの八幡町・柏木の事務所の二階で、かれは午後必ず昼寝をするようになった。ボーと窓から外の風景を見つめるようになった。〈もう、だめだよー〉とつぶやいた。

　私は一九七四年から七五年夏まで県にいて、その間、中央党学校にも行き、そして藤原県委員長の威光を借りた茶坊主などといわれたが―そんな意識など毛頭あるべくもないが、下部の地区あたりからみれば、とりわけて民青あがりの若僧が、と思われたとしてもふしぎではなかったろう。実際、党についての仕事ははじめたばかりのことで、なにがなんだかわけさえもわかっていなかったのだ。

　そして、その後いろいろのことがあった。人間のいろんなあり方を見たようにも思った。私の正常と思う他ない神経から見て、こういう人種の人間もありうるのかと感慨を深めた例もあった。私自身の揺らぎも振幅のはげしいものだったと思い出す。しかし、あれやこれやのすべてを含めて、共産党は共産党なのだろうと思い定めた。これは清算的、否定的に言うのではない。私が理解しがたい面も含めて人間は存在する、存在しつづけるということだ。人間は広大無辺だ。人間の奥行きは測りがたい。だれも測ることはできない。測ろうとするときなにかが終焉を告げる。

　藤原隆三県委員長は必定として失脚する。この経験は県常任委員としての私のなかにいろんなものを蓄積した。藤原氏の時代、文句しかなかった人々がすべて正しかったとも思えなかった。むろん、忠誠しかなかった人々が正しいとも言えなかった。人それぞれよと思うしかなかった。私自身の見苦しき対応も繰り返された。しかし、私はそのことを後悔してはいない。

　私はいくらか人を見ることを覚えた。私は裸の人間のありようの真実をしか信じなかった。単純に機関として見なくなった。それをになう個人＝人間の質にこそ目をこらすようになった。

　これはやや単純に言うのだが本質は変わらない。私の弱点についてのいくつかの意見は知っている。私はそのそれぞれが私を言い当てていると思う。どうして人は一面で言い当てることができるだろう。私は否定せず、この私への否定的評価をも素直に受け入れる心境にある。なんの無理もなく。

　私は私の感覚に常に一貫して信をおいてきた。自分自身の感覚が正常に機能していることを信じることとなしに、一体私に、なにが言動できるというのだろうか」

（※私はその後も党の専従としての道を歩んだ。民青の学生常任委員（一九六四年）から数えれば、専従活動は四〇年になる。これが私の三〇代の未熟な記録だとしても、いまにつながることだとおもうからこうしてここに書き残しておく）

二、ある日本共産党地区委員長の日記

民青の専従になってから八年、はじめて党の地区委員会に私の居場所をもった。その時期に書きなぐった日記が残っていた。一九七七年のはじめ私が三三歳の頃から四〇歳の一九八四年にかけて、この党の地区委員会に在ってなにをかんがえていたのかを、私の日記（時間のある時のメモ風の）によって辿ることにする。

この日記はいまから見れば随所に不正確で読みの浅さ、独断や誤りがあることだろう。日記のあいだに赤旗や「赤旗・党活動版」に掲載されたもので、手元に残っていたものも紹介した。それを含めて私の日記と思ってもらいたい。

私は仙南地区にいきなり地区委員長として派遣されたのではない。はじめは一人の常任委員として、そののち地区委員長となったのである。仙南地区は仙台から南部地方一三自治体がある。南の蔵王町・七ヶ宿は山形県、北の山元町・丸森町は福島県と県境を接している。中心は岩沼市で、地区事務所がある。支部数は居住支部といくつかの経営支部が混在して五〇足らず、四ケタに足らぬ現勢。地区内の地方議員数は一〇～一四人を推移してきた。地区役員の数は二五人ほど。地区の専従常任委員は四人で一人は地方議員である。一人専任分局長がいる。全国的に見れば極端に小さくはないが、中の下くらいの規模である。日常活動として大衆運動、労働運動は少ない。県主催の演説会、大衆集会などはほとんどが仙台で開催され、そこに参加する。したがって地区委員会の活動は主として県委員会の指導のもとで中央決定の実践、なかでもとくに日常的な党勢拡大と国政選挙、地方選挙に集中される。この中では地区委員会の仕事、任務の場所は〈事務所中心〉になり、支部・議員・党員全体をどう活動に参加させるかが日常的な指導の中心になる。

そして日常的な中心課題はつねに〈党勢の拡大〉となる。だから、ある面で、非常に内面的・思想的な問題が指導部の頭を悩ます。いかに考えるか、いかにわかりやすく方針を伝えるか、いかに系統的に党勢を前進させるか、地区機関の多様な学習と研究、指導内容の改善と工夫、向上が求められる。

そこをいかに受けとめ、咀嚼し、自ら確信をもって指導にあたれるか、日々が思想闘争の場となる。

しかし、党の文献、決定をいくら読んでも、そこには〈党の指導とはなにか〉〈党の指導はどうあるべきか〉については何も語られていない。

〈藤原問題〉を経て党の地区委員会に行き、あらためて、そもそも共産主義とは、共産党とはなにか、党は全体の中でどういう位置にあるのか、民主的社会における指導、教育とはそもそもどういうものであるべきかなどを、私なりにさまざまな書物から学び直さなければならなかった。この日記に、煩瑣なほど引用が多いのも、このためであって、決して私の一般的な〈読書ノート〉ではないことを知っておいてもらいたい。

党に直接関係のない人にとっては理解しにくいところが多々あることだろうがご了解を願いたい。

その一九七七年から今年で四七年になる。短い歳月ではない。こんな個人の日記などつまらぬことだと思う。しかし、私自身読み返してみて、およそ半世紀前のこんな記録が、二〇二四年の今も、生きているように思えるのである。何かは、たしかに変わった。戦前と戦後のある時期までは、現実政治にほとんどまともな影響力をもたなかった日本共産党は、いまでは日本政治、日本の民主的変革にとってかけがえのない存在になっている。この党は、もっともっとつよく大きくならなければならない。しかしそのためにはまだまだ克服、突破すべき課題はすくなくないとおもえるのである。それはとくに組織、指導のありように大きく関わっているように思える。

そこを、根本から考えるために、ほぼ半世紀前の、小さな地区委員会の、ひとりの常任活動家のこのささやかな記録がなにかの役に立つのではないのかと考えたのである。これは運動の渦中にあって苦闘した実践者の記録であって、けっして小説でも評論でも、傍観者の観察でもない。こういう日本共産党員が、この時期にそこにいて、苦闘していたという小さな証言である。

㈠一九七七年（昭和五二年）――仙南地区常任委員の時期――

一九七七年二月二日

知事選の告示日。立候補を決断した西田周作先生（東北大学名誉教授）の勇気を称えるべき。

最近少し真面目に勉強する気になっているがなかなかうまくはかどらぬ。私も三三才になって、次は四〇代があるばかりだ。だからひとつの焦りが、底深い処で混乱しながらうごめいているのかもしれない。

見田石介著作集を機会に、少しく骨のあるものを読みこなす練習を再開しようと思っている。実は昨日、一巻の『ヘーゲル論理学と社会科学』の解説を読んだら、見田氏のその哲学的な見解にたいしてかなり全面的な批判を『唯物論』（汐文社）第六号に、都立大学の許万元が書いているというので、それを通読していたところだった。やはり理論は論争を通じてしか発展しないし、その理論を知識として獲得するためには、その論点に自らも食い込み、一枚加わるつもりで理論的に格闘しないわけにいかない。これはやはり簡単なことではない。しかし、簡単なところばかりを通過していたのではさしたる進歩もないだろう。

振り返ってやはり何年間かの出来事としては、一つまたは一面においてでも、心に残るたしかなものを獲得したいものだと思う。その努力に、私が、これからの短くはない人生に、どれほどの力を注ぐ意味と値打ちがあるのか。そのことが心ゆくまで納得できるならばと私は最近考えつづけている。

見田氏の科学論のなかの、決して本質的ではない次の例証は、いまの私に強く警告しているように思う。

「ヘーゲルは、〈ある人の行うところ、それがその人であり、ある詩の作者、それがその詩人である〉という意味のことを言っているが、本質はこれ、現象はこれと、二つを別々にするものは、自分を、実際に行う以上のものだという人間や、自分を、その作者以上の才能の持ち主と考える詩人、ということを承認しなければならないだろう」

一九七七年二月六日

真剣で、誠実で、実直で、質朴で——そんな形容詞をかむせられる人間を、私は羨ましく思う。それは、本来的な性格や後天的な生い立ちの境遇からも生まれてくるのであろうが、私の言うのはそればかりではない。

むしろ、自身の努力の結果として、そういう人格をつくりあげるということである。

自身を統御することによって練磨された人格の、人間らしい人間について思うのである。

美しくかつ豊かに接しうる人間でありたい。その一人の人間の行程がいささかの歪みも持たないというのではない。大局の道を譲らず、ときどきの曲折をむしろ豊富に体験しつつ、みずからを不断に高める意識性ということである。

これは何によって可能か？　と私は考えるときがある。言ってしまえば、今、私自身の不足を感じる人間の理性ではないか。しかしまた、この理性というものも、わかるようで、決してわかりやすいものではない。単なる理論やリクツではない。理論、その正しさをわがものとすること。もっと正確に言えば、正しい理論が、実際の体験によって、試されずみのものとして、自分に体得されること。

一九七七年三月七日

丸山真男『戦中と戦後の間』を読み始めた。

「政治は本来的に個性を質的なものとしてとらえ得ないのだ」

「しかし、政治は諸君を個性としてとらええない、まさにそのゆえに諸君を社会的人間としてもっとも強力に支配するのである」

「内面的個性を満足せしめえないのが政治そのものの性格であり、政治運動をする以上、人間の量的な把握は必然である。しかし、問題は、こうした政治がもつ宿命的限界を、限界として自覚しつつ行動するかどうかという事だ。諸君の精神のうちに、そうした内部的な抵抗が感じられない限り、諸君は広範な青年層を諸君の戦線に動員することは困難だろう」

「——だが、真に内面的な人間は真に行動的な人間であるという命題は決して幻想ではない」

丸山のこの〈啓蒙〉の書は、日本の嵐の時代を生き抜いてきた自由主義者のことばとして、私の今の心にしみとおる。政治についての、それなりの含蓄にとんだいくつもの指摘は、私などのような中途半端な職業的政治家を原点に立たせて考えさせるものをもっている。

一九七七年三月一三日

ここ二、三日、またいろいろな、違った種類の問題を考えあぐねているのだが、丸山真男のエッセイに魅せられ、そして改めて人間の一生の、または何十年間かの仕事の質ということについて考えさせられている。

ものをきわめる、ということこそ、個人の一生に課せられた仕事であろう。自分なりにきわめること。自分でひとつひとつを納得して、つめてゆくこと。そうして、対象との関係のなかで、自分を見つけ、自分を精一杯つくってゆくこと。そのための丹念な思考の訓練、腰をすえた学習、たゆみない研鑽ということ。

丸山真男の言うところの感覚は、共産党員の私があこがれるところだ。と言えば、たれかは嗤うだろうか。この私の感覚が間違っているのか。彼の言うところの、個性を質としてつかみえざる政治、政党に、いまだ本質的にはなじまぬ私の弱点を示すものでもあるのか。

一九七七年三月一六日

個人としてみれば、人間としてみれば、きわめて情感に富んで人間味あふれる人間も、いったん組織を担うときには、きわめて非人間的なものになりうるということ。

いったい、人間的な、したがって政治的でない日常茶飯の、あるいは非政治的情感とその生活というものの問題が、どこのレベルで、いかにとりあげられうるのか、ということ。結局は、人間一人ひとりの充溢と成長こそが目的ではないのか。闘争ということも、全体をみれば、理論から自覚する場合もあろう。実際の体験として迫られての自覚もあろう――。

一九七七年三月二九日

S町議選挙に泊まり込む。

選挙というのはまことに生きものである。この選挙は、したがってまた集中して人間と人間集団が、自覚的に政治的行動にかりたてられる時期である。政治的な問題としてあらためて痛感させられたことは、日本の保守政治の、基礎的、基底的部分をなす農村の、その政治的紐帯の日常的な堅牢ということである。

日常的には冠婚葬祭から学校や就職のことなどの万般がきわめて非政治的に、日常生活のうちでとりしきられる。人はごく自然のしくみとして、ごく自然にそのなかに入って、そこで人とつながり結びつく。その限りでは、それらはまったくなんら政治的なものではない。むしろそれは政治を排除し、政治と対立するところでの世界ともいえる。ところが、いざ選挙になると、従来の日常的なもの、地縁・血縁的なものの一切が一挙に組織され動員される。日常的な、非政治的な紐帯が一挙に無媒介に、闘争的な政治的世界に直接関わり、政治的役割を分担して行動する。

しかも、人はこの時でさえも、政治を主体的にになう自覚はない。地域の利益代表であり、血縁の利益と面目にかけるのであり、そしてそのことが具体的には政治的役割と内容に他ならないのではあっても、決して政治を意識的に、主体的に志向して行動するのではないということ。

そして、われわれが、これらの力に、なお勝ってはいないということなのである。

一九七七年四月一三日

学生時代の旧友、私とセツルメント執行部を分かちもっていたMくんが自殺し、今日また若い同志の父親が、阿武隈に水死体となって浮かんでいたという記事をみて、感慨にとらわれる。

Mくんは一級上の理学部であった。登山の好きなたくましい肉体の持ち主だった。気の細かく、やさしい心根の人だった。愛子《あやし》のいえに葬式がもたれ、親族、友人が焼香していた。まだ若い二七歳の妻に、三才と一才の二人の男の子がいた。正面に柔和な眼差しの遺影がかかげられ、いつとはなくしめやかに、黒い服と暗い雰囲気が子どもたちを圧迫していた。若い母親のひざに顔を伏せ、とめどなく落ちる涙をぬぐう母親の姿に、殺気さえ感じとったか、三才の息子が、狂気のように「パパ、パパ」と叫びちらしていた。一才の子は、すすり泣く人々のなかで、いつもとは違う母親の冷ややかさに身震いしていた。

菊の香が身にしむ。線香の匂いがとびかう。生きる人と死んだものとを、その匂いが結びつける。

一九七七年四月一八日

『古在由重著作集』四、五巻を買う。「思想形成の記録一、二」は二〇歳前後の彼の日記である。

『日本社会運動思想史資料集』を再び読み始める。『戦中と戦後の間』ここ一か月くりかえし読んでいる。民権運動はじめ明治の国家と思想についての透徹した知性と感性に深く考えさせられる。思想の連続性ということ。その内面的な深い理解ということについて思う。

藤田勇『法と経済の一般理論』この純粋に理論的問題について、深い興味と関心がありながら、じっくり理解する必然性が確信となっていない。

『三菱樹脂・高野事件——石流れ木の葉沈む日々』（労

働旬報社)。興味深く、感銘深く読んだ。一般に労旬社の闘争ルポにはすぐれたものが多い。この民主主義運動の健康さ。ここに出る労働者の知性と感性の洗練は、いかに今、大衆のものになっているか。党こそが、これらの感性をまともに体得しなければならぬと、私には思われる。(※三菱樹脂で、労働者の尊厳と権利をまもって闘いぬいた高野達男さんが、仙南地区内の川崎町出身者で、大学の先輩であることを知ったのは後のことだった)

藤井一行『社会主義と自由』読むがいまひとつ。

『見田石介著作集』の通読。河上肇的な(?)学問への、忌憚のない執着とひたむきな努力。平凡であるが、この資質が彼の業績に艶を与える。諸論考に必ずしも賛意できぬ〈わかりやすさ〉、それゆえの共感。

『マルクス主義研究入門・歴史編』、最近の歴史学の問題意識をもつべく。しかし余りにも純理論的であるとの感想。

『現代の知識人』(青木書店)。若い研究者の人生的、研究的な短文の集成。こういうことが、こうした書物になることへの、苦笑。〈自分〉ではなく、もっと実践的な問題と理論とのなまなましい格闘がほしいとは痛切な感想であった。

さしあたってもっと問題を整理してみること。選挙をつうじて見る村の政治意識の実際的分析。直感的な問題を整理してみよ。

史料集の細やかな通読。はじめから的を絞らずに全体をつかみきる努力を。

日本の政治思想の原型の抽象。そこにはもっと何かがあるはずだ。余りにも性急な〈理論化〉のきらい。ひょっとしたらここに、まことに皮肉にも日本思想の歴史的問題があるかも。充分な分析。感性的体験の、そのままの分析。事実を通り過ぎる〈理論〉。つまり感性と結合せざる〈理性〉の独り歩き。それに群がる日本的知性と知識人。結局は、いったい誰が変革の主体的責任をになうのか。根本的な傍観者への批判。

理性より感性、この間違った一面的な規定を、いったんは咀嚼して、なお深く理性的であること。なにが最大の、普遍的な共感をかちうるのか。党についてもまた。もっと実際的な効果を。もっと泥くさい分析を。結局はそこにゆきつくはずなのに、そこへ〈理論〉からゆきつくことの不自然さ。

党の常任活動家の思想的役割。政治思想上での役割の〈本質的〉な偉大さ。しかし、実際的には、まことに実際主義、つまりプラグマチズム。なまの政治的現実との格闘をつうじての体験と理論。理論の普及と同時に、あるいはそれ以上に、現実の理論化。この二つのことを、目的的に追求することが焦眉の課題であること。まだ、できあがっていないことの自覚。もっと完成させ、発展させることへの責任の自覚。

一九七七年四月二二日

一昨日のストもあって、実はKくん（市議）と二人で角田《かくだ》から、阿武隈川の堤防に沿って岩沼まで歩いてきた。四時間余。春もさかり、採草場の香りが強風にあおられ鼻に抜ける。のびやかに育ったタンポポの花の色のみずみずしさ。一面にツクシが首をだして騒いでいた。

こうしてみると、私も歳をとったものだ。自分はただ自分だけを生きてきたから、実感としてほんとうのところはわからぬが、歳をとり、経験を積み、知恵もたくわえ、こうしてなんとはなく人間として歩いてゆく。茫洋として想う人生は、まったく手玉のように、どうにでもなる。空転する頭のなかでひとり、自然に対して思う自分の位置、生涯はあたかも夢のようである。

自在に跳梁し、飛翔し、それは希望と挫折、自尊と失意落胆、幸福と不幸などなど。人間の感性につけられるあらゆる名称と概念を包摂している。

それにしても、次の文句は鋭い。

「科学的認識の上での論理の欠乏は、道徳意識の上での節操の欠乏に対応する。哲学があるかないかが、彼が転向するかしないかという品行を決定するのだ」（戸坂潤）

ある種の傲然たる外見。外見というよりも人間の内面における骨格の安定が、表情や表現として生まれなければならぬこと。この内面の貧しさと不安定には、それにふさわしい外見があたえられるのだ。

「政治家のもつ鋭い日常感覚と学者の異常な抽象化能力が渾然一体として結合し、統一されていること」

一九七七年五月一〇日

古在由重「思想形成の記録」を読む。動機はまたしても自分の姿を他人の鏡に写して位置をたしかめたい、というような私的、心情的、自慰的衝動に支えられている。

かれの旧制高校から大学時代。一九歳から二一歳の青春期に、誠実かつ真剣に生きようとする姿勢には共感を覚える。同時に、私などとは境遇のちがうところに、種々の感想を誘われる。東京帝大の総長の子息。自由民権運動の息吹きにふれた母・紫琴の影響。生活的、学問的環境になんの不足もなく、一途に学び、生き、文字通りに自己を〈思索〉し――それは純粋に培養された知識階級上層の、ガラスの箱でもあろう――。

生活的な泥臭さもなく、上流階級の上品な思惟。まことに形而上学的環境。自己についての苦悩や葛藤とても、彼にあってはあくまで〈根なし草〉。頭脳における思惟の空転。だが、それでもなお、その思惟がねうちをもち、他にかえがたい力を体得し、そして一つの確固たる思想として物質的影響力を発揮しえたのであるならば——。思想の一人歩き。思想はただ一人で歩くことができる。生活とは無関係に思想の道を追うことによって生きていけるという条件。これは生活的、物質的条件である。

思想の一人歩き。思想をまさに生活化しているという環境。インテリゲンツィアの、そもそもの条件。生きるのは思想。そこで力あるのは思想。思想が飯を食らい、飲んで着る。

この点でかれを決して責めることはできない。このインテリ的な、〈ブルジョア〉的な〈観念論的〉な生活の条件のもとでは、問題となりうるのは、ただにその思想の、いったいなんであるのか、その思想の内容一点にあるのみである。

そして彼は、思想を自己形成する過程で、歴史的現実と真っ向から取り組み、それに立ち向かう勇気と努力を捧げることによって、思想の内実をかくとくし、かつその思想は、自己を形成することによって、他に影響を与え、また歴史的現実の合法則的発展を促進する役割を果たし得たのであった。

多数の目を意識して書かれた私的日記、ないしは〈自伝〉の類いには〈私〉〈個人〉〈なまの人間〉が、どうしても希薄化され、抽象化され、あるいは粉飾されるから、読むのに疲れ、歴史的資料としてなら対しうるが、個人的にはあまり興がのらない。河上肇の自伝の特色は、この辺りをめぐってある。

この古在氏の日記は、少数の、自分の自我の対象をひそかに意識している点で、やはりいささかペダンティークでもあるが、しかし、その抑制した心情が偲ばれる若き日の、真面目な思考の転回がよくわかって面白い。

私の一九～二一歳頃の思考はと言えば、余りにも心情的、感情的なものであった。ありつづけた。自分の意識における論理を一貫して追いつづける執着も執念も能力もなかった。生きる上での必然も自覚されえなかった。まことに凡たる人間であった。

その時々の自分の小宇宙のなかで、ただ自我を充足させうる心情的思想と論理をもとめつづけたのみである。

今となっては、ひとから見れば、なぜいつまでもくよくよと、と言われるにちがいなく、自分でもそうとしか思いようがないけれども、しかしその頃、その時に、私にもはっきりとした人生の目的があったならば。

その目的を自覚しうる家庭の環境ではなかった。安サラリーマンの、小役人の、生真面目な父親と実直、丈夫な母親に、これといって人生的に息子に期待するところの道行きもなかった。兵隊にとられなくなったことが幸いのすべてだった世代だ。それがあってくれればよかったかもと今になっては時おり思う。「おまえは商人になれ、学者になれ。おまえはこの一点で特技をもつ人間になれ―」それらに対する反発と抵抗とて、私の生きるうえでの、明瞭な目的をつくるバネになったかもしれないのだ。

生きる上での筋と論理の欠乏は、私という人間の、肉体と節操の欠如と深く関連している。

精神的な安定は、必ず肉体的健康と直結している。肉体と精神を、思考を持続させるために頑丈に仕上げよ。いかなる時でもその仕事に耐えうるように、そのための訓練を特別に強めること。

古在氏の、単純な、深い真理は、この精神と肉体のバランス、平衡、そのための努力を意識して怠らなかったことにある。

一九七七年五月一五日

最近は古在の著作集四、五巻「思想形成の記録」を読んでいる。自分のその年頃と比べると、ただ一つ、彼には人生上の、学問上の目的があったということ。かれがいかに哲学上の、認識論上の問題と格闘したかは、今のところ私にはさして問題ではないのだ。

問題に対する全生命的なぶつかりあい、それはたしかに青春の特質でもあろうが、かれにあっては、この特質がいまに至るも持続しているところが、私にとって尊敬と憧憬の的なのである。

たとえば人は青春のとき、自我のうちで幾度となく自己に悔悛し、懺悔し、而して幾度となく自己の真剣なる生命の発現と発展を切に願うのである。しかし往々にしてその悔悛や決意は、まことに、後で偲んで思い出深きものとして、実際的な意味を持続しないものなのであるが、かれにあっては、そしておそらくは他の一切の一貫せる人物にあっては、若き日の思念は、すべからく後代におけるかれの人生の、前代としての意味をもっているのである。

一九七七年五月一八日

『日本社会運動思想史・2』「現時の社会問題及び社会主義者」（山路愛山―一八六四～一九一七）

この山路愛山なる人物はまことに冷静なる批評家の目をもった人だと感心する。当時の社会主義者の個性と動向に即して実に公平に問題を見ているように思う。この書は、非常に貴重な歴史書であるとも思う。

けだし、明治の諸論考を今代とのつながりにおいて、もっと深くつかむことが緊要である。

一九七七年五月二〇日

一日休暇をとる。早朝三時すぎにここを発って川崎の奥、初めての笹谷峠に入った。釜房湖に注ぐ沢を小屋の沢まで上り、いくつかの渓流に竿を出したが、ともに型をみることができなかった。たしかにイワナはいる。小さいのが一つ、そこまでかけてばらしてしまった。

多分、昨日とおぼしき足跡が行方に通路を造っていた。枝にはまだ新しい針がぶらさがっていた。イワナがいるとすれば確実に潜む淵や淀でも一向にかからない。多分、日を改めて来れば、この辺りもまた自然の宝庫として充分に楽しめる地帯である。

国道二八六線を突っ切って、川崎の町へ向かう直線から、ふと後方を見やれば蔵王連峰の残雪がまばゆかった。緑と群青と銀のような雪色と、厳しい感じの層雲がひとつの絵画の構図をしめしていた。松並木に車を停めて写真を撮った。未舗装の砂利道を抜けてくると、アスファルトの感触が、まことにしめやかで、音もなく車が走る。

横浜のKくん（党員ではない。中・高校時代からの友人）に手紙を書いた。

「前略。ご無沙汰しておりますがお変わりありませんか。僕はもう間もなく二年になろうとしていますが、今住んでいる町を中心とした党の地区の常任の仕事をしています。去年から地区内の八つの中間選挙を闘い、一段落したところです。現地に寝泊まりして、党員の方々や、また農村の支持者の方々と苦労をともにしてみると、政治や人間や、また僕らの党のありようなど、なまなましい実感とともに体験させられます。こっちも、急に視野が狭隘になってしまい、目が血走ってエキサイトしてしまうのですが、こうした忙中、少しく熟考させ、沈思させるような本を読んでいると、ふしぎと気分がおちつき、また思わぬ想像力からよいヒントも得ることがあります。

今年の二つの選挙。これは総選挙で惨敗しての闘いでしたから、いろんな意味で苦労の多いものでしたが、このときは丸山真男『戦中と戦後の間』を深い感動をもって読みつづけたものです。古在氏の『思想形成の記録』も肩をこらずに、僕自身についてかんがえさせられながら読んだものです。

時間に追われ、秒刻をきそうような町の選挙を、渦中にあって体験してみると、世に言うところの〈政治的無関心〉というものの、単純でない分析が必要のようにも思います。およそどこでも、町の選挙の投票率は九〇％ゎ超過します。よし、そこにどんな策略や非政治的力学が働いていようとも、それらを含めて日本政治の基部を構成し、これを支える政治の特色というものを、あらためて分析する必要があるでしょう。

きわめて良心的な、すぐれた少壮の政治学者が『現代と思想』『科学と思想』などでする政治意識分析とても、僕から見れば、ちっとも生臭くなく、分析する対象を、まさに変革しうるような説得の力と深さに欠けるように思えてなりません。かといって、今はやりの『政治広報センター』などによる分析も、現象的な資料の蓄積の点では益あっても、日本政治の総体にかかわる変革的分析とはなりえません。

九割を超える投票率。町で共産党に対する予想外の期待と関心。同時にいまだ強固な反発と嫌悪。日頃、いわば非日常性の内に埋没しているかに見える人々の、選挙となると見せる激しい闘争心と行動力。部落ぐるみの動員の力。結局、それらがその人々にとっての〈自分と政治〉との関係の仕方なのでしょう。政治的無関心という言葉をもっては説明しきれない問題があるのです。これらの現実が実際に形成している政治の実態、その特質というものを、もっと実際に即して検討する必要があるのだろうと思います。

話は変わりますが、たとえば僕の印象に鮮明なのは、労旬社からの一連のルポルタージュ。日フィルの闘争を描いた『友よ、未来をうたえ』、また僕らの大学の先輩でもある三菱樹脂高野事件の『石流れ、木の葉沈む日々に』など。感情のもろい僕など胸をつまらせながら、これらに描かれた人間の、その輝かしい良心というようなもの、真っ直ぐな民主主義的な知恵、民主主義を血肉化してゆく感性のはたらき、そういうものが、あきらかにこの日本にあり、この国の現実に根付きつつ成長している確信をもつのです。政治的な意味の統一戦線ということも、この思想の共通の土台ともいうべきものを、どういう形でか、基礎に据えなければと思うのです。

結局、現象的には、遅れたままのものと、すすみつつあるものが混在して現に進行しているのでしょう。それが、ずっと先の話としては統一されるだろうとしても、それを、すすみつつあるものの優位において統一しなければ、歴史的な悔いを残してしまいます。そのなかにあって、やはり日本に於いては共産党がそれ自身として、もっとはるかに洗練された民主主義の思想と実践の体現者として成長しなければなりますまい。

最近、ふと中野好夫『風前雨後』を読んだのですが、いくらか手荒くも骨格の太い良心をまるごと党がかかえられるようにならなければなりますまい。

そうしてまた、理論の上ではつくづく思うのは、この日本の歴史と環境に立った思想的伝統について、やはりしっかりした分析と評価に立って、それを日本の国民のことばと理論にしてゆく、大衆化してゆくことだろうと思います。戦前と戦後が、これほど意識の上で強烈に断絶されている国もないでしょう。そこを、明治から、もっと先から、そのへんのところまでを射程において、日本の政治の現象にひそんでいる思想の総体を、その質を、つかまえてみる必要がある所以です。くだくだしく書きましたが、またお会いできるときを楽しみにしています。ご自愛ください」

一九七七年五月二五日

今朝は雨のなか、赤旗の陸送だった。昨夜は五間堀へ初めてウナギ釣りに行った。橋の下で竿を五本、鈴をつけて並べて、暗いなか、鈴の音をたよりに待つ心情は——。私のあの高校時代の秋の頃を思い出させた。あの頃、私は高松の築港の防波堤の上から、いつ釣れるとも知れぬチヌ（黒鯛）を待って、およそ毎晩のように自転車で通ったものであった。そしてその頃私は勉強もせず、夜になると出て行き一二時頃まで黙々と海のあの香りのなかに身も心もひたしていた。チヌの脈釣りで、手元にくるコツンコツンという当たりがなかなかとれず、まともに釣った記憶はついにない。しかし、いまでも印象に残るのは、チヌではなくチヌのような型の黒い大物がたまたまかかってきたことだった。そのとき私は、この魚の名称は〈黒ムツ〉しかないと強く思ったものだった（今もって不明である）。夜釣りでの初の大物を、家族は気味悪がってだれも食べようとはしなかった。おまえの竿にかかる魚だから余程疲労しているか、なにかどうしようもない病気を持っているにちがいないというのだった。私はムキになって煮付け、自分一人で食べた。うまくはなく、妙に脂ばかりで、これはきっと老いた魚だと私も思った。

海に来れば海の釣りばかりだった。中学で初めて海辺に来て、冬は郷東川《ごうとうがわ》河口の防波堤から投げ釣りでカレイを釣った。その頃の釣具はリールなど珍しく高価で、長い糸を、糸巻きのようなものに巻き付け、錘をブルンブルンと振り回して投げた。道具箱の上に鈴を立て、潮風に吹かれながら激しい当たりを待つのだった。瀬戸内海のその頃の砂地にはカレイがたくさんいた。遠くよりもむしろすぐそばで三〇センチ以上のカレイを随分釣り上げた記憶がある。

夏はコチの投げ釣りだった。場所を得ればコチは数が釣れた。あの、体の割りに頭と口の大きい魚は、甘醤油で煮付ければ、白い身がしまって旨いものだった。父はかなりの同情をあって、私が釣ってくる魚をうまいうまいと言いながら食った。ただ夏はフグが邪魔をして困る。

キス釣りは船で出る。イイダコのエサはあの華やかな彼岸花の球根だった。夏から秋にかけて、チヌとともにアイナメ（ネウ）やメバル釣りの好機だった。ある時、ひとつの大きな岩の周囲で三〇数尾のメバルを釣った。そこへ入れると大小次々とかかってきた。家で母が料理した。表の水道で近所の人が感心して見ていた。母は、メバルの家族みんな釣ってきちゃったのよと快活に笑っていた。

冬はまたカニ（ワタリガニ）の季節だった。鯖の頭を魚屋からもらい、糸にしっかりくくりつけ岩の間にそろりと落とすとカニが横ばいでむしゃぶりつく。十能でバチッと挟みつけ引き上げる。時に大物があり、カニだけは失敗したことがない。

郷東川の河口の底は泥土で、海草の繁る岩間にとてつもなく大きいウナギが潜んでいた。何回かヤスリを持って出掛け、岩間にウナギの腹を見つけたがものにすることはできなかった。夏はまた大ハゼ釣りに早朝通ったものだった。澄んだ岩場にみつけて餌を寄せるのである。中・高校時代も私は釣りが大好きだった。善通寺にいた小学校の頃も、段々畑の間の、たくさんの溜め池が私の懐かしい釣り場だった。

私の家に本はなく本棚を置く場所もなかった。読む本がないだけでなく、私はじっと本を読むことより、いつでも外で気ままに遊ぶことがなにより好きだった。私の幼少期の読書量は思いがけないほど少ない。読んだのは教科書くらいだという記憶は間違っていない。私は無知識な少年として野性的な自然児として育ったことを思うのである。

一九七七年五月二七日

昨日で古在氏の『思想形成の記録一・二』を読み終えた。およそ三年間の集中した短い時期。氏の歩みを集中的に表現している記録は、私に種々の教示と示唆を与えずにはいなかった。私は自分が理論的、論理的でなく、きわめて感覚的、情緒的であるために、他人に求めるところはほとんどもっぱらその豊富な感性のなかに足をつけつつ、その上に感性をリードし、システム化してゆくところの論理とおよそ論理的なるものへのつよい憧憬を持っている。古在氏の日記を読みつつ、最後の方へ行くと、私はこの氏のあまりに真っ直ぐで、真剣で、あらゆる意味で正常なる日常感覚に畏敬の念を抱かざるをえなかった。単純と言えば言えるであろう。しかし、そこには資質的に元来、自己の生活者の主人公たる自覚に支えられた強靭な思想の弾力とバネが仕込まれつつあるようにみえる。単純に率直になるところはなりつつ、自己の血肉にするための課題を準備しておいて、そこを踏まえながら歩を固めて前進する。この人間と思想の統一、合体ということは、やはりひとつの人間的生き方のすぐれた典型たりうるであろう。

吉野源三郎の『同時代のこと』の、あの感銘は、自己の心情を、あくまで人民大衆のなかでの共感のうちでとらえ、その共感への確信のうえに自己の心情を冷静に分析し、そのことによって大衆の心に食い入る論理を抽出してみせるところにある。これが生活者の強みである。真下信一の面目もまた彼自身の心情と思想の思いがけないほどの苦闘の歴史を措いてはない。

こうしてみると、丸山真男などはすぐれた生活者なのかも知れない。そしてその両面を感じさせるところに、たしかに彼には卓越した人格と資質がそなわっているのかも知れない。

人間的な、あまりに人間的なところの人間の、その格闘のうちから、これを分析し、整理し、理論として体系化すること。深い説得の力とは、深い人間的共通感覚に根拠を持つ。そして、その説得の力が実際に人間を動かし、変革するためには、自らの生活体験と試練が不可欠な条件であり、かつ知識の広さと質にもとづくたしかな理論が必要である。

古在氏の若き日の思想形成は、あとで振り返っているように、段を踏み、順次に上向する、その前提をなしている。だが、若き日の思想と生活にいささかの悔悛もないということはありえない。ある場合には、根本的な批判を加えて脱皮すべき青春もある。〈わが青春に悔いなし〉と心から叫べる者を、私はいまほんとうには信用しない。

一九七七年五月三一日

丸山真男『現代政治の思想と行動』。これはかつて、大学時代に読んだものであり、その頃ある心情的〈新左翼〉が〈いろいろ言っても奴等（民青や共産党を指して）は丸山政治学を批判できないんだから〉と言うような言を聞いたからだった。丸山氏のその落ち着いた怜悧さが好ましい印象であったが、レーニンの政治的論考に胸踊らせていた私にとってはそれ以上ではなかった。

スターリン批判の問題点の論考を、私なりに深い指摘だと思わずにいられない。

日本の党が、日本における政党である限り、それは日本の政党政治の良さや悪さと無関係であるとは言えない。むしろ輝かしい党史は、孤立したものではなく、それらとの密接な関連において輝かしくもある。そして、その持つ〈病患〉も看過されてはならぬのである。

ともかくマルクス主義は、あらゆる事実と経験を基に、その試練に耐え、つねに真理性を実現してきたと言いうるのかどうか。新しい事実と事態を前にして、率直な驚きや感動を、いささかシニカルなテーゼにもとづく演繹的な解釈でこと足れりとしてはいないか。無論、根本的命題はある。だが、歴史と社会、そして生身の人間は、マルクス主義の〈原理〉が教えるように単線的上向をたどるのでもなく、そもそも単純なものではない。その持つ複雑を〈複雑〉という言葉や概念で包摂してしまう単純の罪を犯してはいないか。ありのままのところを直視して、なおかつ理論が正しく、他のあらゆる理論的認識のなかにあって、それらを包摂してなお優位であると、マルクス主義は考えるが、これが果たして実際において明白なことであるのか。決定的問題は、理論にもとづく実践、行動にあるしかないのか。

なにゆえに、およそ人間的な一切のものが含まれて、なおかつ党員でありえないのか、ありうるのか。ありうるという確信こそ、今日まで私を党に引きとめ、心理的に支えていたものであった。だが、党派性とは一体なにか。その党員の質的なインテリジェンスの量と質の向上は、いったいどのようにして、この党派性の要求と統一されうるのか。

一九七七年六月三日

政治における人間性の位置——この場合の人間性とは換言すれば個人、なまの人間ということである。政治が本来的に期待するのは結果としての実際の効果である。そのさい、動機（よしそこにどんな善意や良心やおよそあらゆる良き志向があったにせよ）は、二義的なものである。政治の目的が、政治という階級的現実の力への働きかけ、変革である限り、人間はそこにおいて、いかなる意味でも、この目的に奉仕する手段でしかない。本質的にはこうであって、しかもこの手段としての人間が、自己を目的に奉仕する手段としてだけでなく、この目的を体現する自覚、目的を自らの思想的必然として体得するならば、この手段は、手段の位置を脱け出して、自らを目的であるとともに手段ともすることができる。問題は一定の条件のもとで相対的であるしかないだろう。

一九七七年六月七日

ラスキについて。彼の思想のあらゆるバリエーションの基底に同一の旋律が一本の太い線のように流れている。それは人格的自我の実現を最高の価値とする立場である。彼がソ連の実験に絶大な関心を寄せるのは、まさに資本主義世界において、日々狭まりつつある個性実現の機会が、そこで解放される希望を見いだしたからであり、その限りにおいてである。

「私は国家を判断するには――それがどんな方法で私に最高の自我を実現する権利の実質を確保してくれるかということで定める」

丸山真男からの恣意的な引用を書いておく。

「日本の国家主義は内容的価値の実態たることにどこまでも自己の支配根拠を置こうとした」

「およそ近代的人格の前提たる道徳の内面化の問題が、自由民権論者においていかに軽軽にかたづけられていたか――」

「内面的には自由であり、主観のうちにその定在をもっているものは法律の中に入ってきてはならないのである」(ヘーゲル)

「我国では私的なものが端的に私的なものとして承認されたことが未だかつてないのである。従って私的なものは即ち悪であるか、もしくは悪に近いものとして、何程かのうしろめたさをたえず伴っていた。営利とか恋愛の場合とくにそうである」

「〈私事〉の倫理性が自らの内部に存在せずして、国家的なるものとの合一化に存するというこの論理は裏返しにすれば、国家的なるものの内部へ私的利害が無制限に侵入する結果となるのである」

「国家主権が倫理性と実力性の究極的源泉であり、両者の即時的統一であるあるところでは、倫理の内面化が行われぬために、それはたえず権力化への衝動をもっている」

一九七七年六月八日

明後日一一日、朝八時三〇分で東京へ出発する。都議選とともに参院選を闘う都党への全国オルグの一環で、各地区から今のところ一人ずつが出る。

一九七七年六月一二日

昨日東京に着いた。都委員会で説明をうけて北多磨二区へ行くことになった。

私の生まれたまちであるが、私は東京を知らない。お上りさんの平板な印象を記しておこう。

新宿で飯を食おうと降りたが、しかしなんとわかりにくい街なんだろう。駅の出入口がそれぞれ全く別の街につながる。ラーメンと餃子でも食いたいと考えながら南口へ出た。銀行街をぐるりと回るうちに訳がわからなくなって、閑散とした地下道に入った。迷っても仕方ないと、国鉄の表示板を確かめながら小田急デパートの地下に限定して歩く。その地下街さえおよそ一切のものがそろう店が出ている。〈選択の自由〉はその制限された範囲の中で、全く口惜しい主体性をもって行使される。

こういう風に既に目の前に大体必要なものが出揃うと、人間にとって主体的な、創造的な選択とはどうなるのだろう。人間が個人の責任と決断において行動するということは、この目の前のできあいの既製品、前提とされている所与のもの、これらを疑い、批判し、そうしてこの前提そのものを拒否し、破壊するという方向へ流れやすくもなるだろう。あるいは、それを当たり前と受け取って、その上で全く個人的な内面的なところに、ささやかな人間的な！　喜びや感情を発見してなぐさみ、こと足れりとするか。

いずれにせよ都会の苛立ちの根源は、これらの街の構造そのもののうちに現象し、それが人間をたしかにつくりつつある。

〈手作りの味〉が懐かしげにいわれる心理も、この鉄とコンクリートの中では痛切に了解される。そしてこのイメージは、およそ出来合いのすべての政治的なものに対する観点にも連なる。党も含めて既成の政党への不満と批判。個人を大切にするという触れ込みで〈手作りの政治〉を売り歩く運動が（それは市民運動と呼ばれる）都会のなかでは確実な根拠をもっている。

政党、この出来合いのものへの不満。もっとやすやすと個人が人間としてふれあい参加しうる場所への渇望。たしかにこれらの心理が〈支持政党なし〉の層の日常心理を形成している。しかし、これらは〈政治的無関心〉とは言いがたい。政治的関心の高度の発達が支持政党なしにつながるときの危険を考えれば、今のところの〈政治的無関心〉は、そこにもっと具体的に、もっと深い内面的な力をもって接近すれば、急速に政治への関心と接近へと転化する必然をはらんでいる。

それにしても、こうして考えてみると、政治の果たす役割、責任がいかに重いものであるかつくづくと思う。この、人間をまるごと〈変える〉ということは、たしかに巨大な実験と模索というにふさわしい。

丸山真男

「政治は本質的に非道徳的なブルータル的なものだという考えがドイツ人の中に潜んでいることを、トーマス・マンが指摘しているが、こういうつきつめた認識は日本人にはできない。ここには、真理と正義にあくまで忠実な理想主義的政治家が乏しいと同時に、チェザーレ・ボルジャの不敵さもまた見られない。慎ましやかな内面性もなければ、むきだしの権力性もない。すべてが騒々しいが同時にすべてが小心翼々としている」

「各々の寡頭勢力が、被規定的意識しかもたぬ個人より成り立っていると同時に、その勢力自体が究極的権力となりえずして究極的に実体への依存の下に、しかも各々それへの近接を主張しつつ併存するという事態――が、こうした主体的責任意識の成立を困難ならしめたことは否定できない」

「上からの圧迫感を下への恣意の発揮によって順次に委譲していくことによって全体のバランスが維持される体系――これこそ近代日本が封建社会からうけついだもっとも大きな遺産の一つということができよう」

一九七七年六月一五日

昨日、小金井の本屋で加藤周一の『言葉と人間』の随想集を買いつれづれに読んでいる。

かれ独特の素人臭い、それゆえに日常感覚において共通するところからの思考と論理の展開は、いまの私にとって深く頭の清涼剤になりうる。他人を啓発し、他人の思考をうごかしうる自らの思考への確信こそ、率直な感性の吐露と明快な論理の提示となるのであろうが、そこがかれの偉さだ。「怒ることの大切さ、または金芝河詩集のこと」あるいは「偽善的であることの大切さ、またはローマ帝国衰亡史のこと」などは、この作家の感性と理性が、個人的であるとともにつよく普遍的であることへの確信に溢れていて感銘深い。

一九七七年六月一九日

昨日から『羊の歌』を読んでいる。興深く感動的である。

「私たち（加藤とその無二の親友たち）はある意味で同じ道を歩んできた。たえず自分自身以外のものであろうとし、世界と他人を理解しようとし、それぞれの視野を拡大しながらものごとの間に関連をもとめようとしてきた」

はたして人は徹底して他者でありうるだろうか。それは不可能という他はない（人は徹底しては自分自身である他はない）。それは相対的な徹底性の問題であり、信念にまで高められた人生観または処世観であり、そして具体的には自己を客体化してみる努力の見地であり、また自分の生来の感性の恣意と決別して、普遍的な理論的な道を自らの指針として忠実に生きようとする努力の方向をさしているのでもあろう。そして私は、あまりにも〈自分自身〉でありすぎると思うのである。

首都・東京。この無神経な巨大都市の中に人間がとじこめられ、たがいの位置についても手探りで生きつづけている。これを軽侮することは容易である。だが私は思う。この巨大な無神経の境遇にあって、その喧騒の中をもつらぬく人間の正常な神経があるだろうと。人間が自らの手と力で作り上げたこの環境の中で、実験的にさえ人間はいまもっとも根源的なところで試されつつあるということもできる。そこには破滅の予感もあると同時に未来への曙光もある。ここを乗りこえることによってひらかれる未来は、思えばもっとも人間的なのかもしれない。

この世俗的な一切のものとの対決を抜きにしては、いかなる環境の試練にも耐えうる遺産はついに生まれてこないのではないか。自己をのみ自足的、閉鎖的に満足させる学問ならばともかく、現実の変革になんらかの貢献をなしうるとすれば、ここで学ぶ他にはないのではないか。

知識の量、情報の量、人間の数、これら圧倒的な規模と量のなかで、これらとそれぞれに格闘することによってしか、質的な変革は、学問においても、人間においても成就しえないのではないか。

加藤周一『現在の中の歴史』に「都市の個性」というエッセイがある。かれは東京の街の変化の速度に触れてこう言う。

「その利点は日進月歩が欧州の都会よりも早いだろうということであり、その弱点は、過去との断絶、根なし草の危険が欧州の都市よりも大きいだろうということである－たとえば心理的不安定と神経症の流行、進むことを知って、振り返ることを知らない文化の一種の浅薄さが次第に著しく目立ってきても、驚くにはあたらない――」

一九七七年六月三〇日

政治構造の都市と農村における類似性について。構造としては決して異質なものではないということについて深める必要があるだろう。たとえばこの国立、国分寺、小金井三市における自民党〇の、その地盤の強固さと政治的な構造の再生産について。

一九七七年七月六日

明日は七月七日。親しい友人もできた。若い私に敬意を払い、いつ帰るのかと聞き、最後に一緒に飲もうと云ってくれる何人かの人々もできた。私はこの人々の情になによりも感謝する。教員、民商の同志たち。わずかなる付き合いの中でも理解しあえるものはある。そのなかにあって私は人間として貴重なものを、ここでもまた確認しえたと思う。いまどこで党が強められ、変えねばならぬかについての、私の吐く意見はこの地の人々にも充分説得的でありえた。

一九七七年七月九日

明日は開票日。梅雨が開けきったかのように東京の空は夏らしく青く澄んでいる。事務所は喧騒のさなかにあるだろう。選対の人々は多忙さに我をも忘れて動き回っているだろう。

昨日は懐かしい人に電話した。父の兄の長男、私とは従兄弟。もう二〇年以上も以前に高松にいたころに来て、一緒に女木島へ海水浴へ行った記憶がある。その頃彼は早稲田・政経の学生。大学生とはずいぶん大人なんだなぁと思われた。風貌はまるで私と違って、気品のある貴公子然としていて驚いたものだ。いまはT新聞記者。私は今夕帰る。

一九七七年七月一〇日

開票がすすみ、事態はことのほか深刻である。京都、大阪は勝ったが東京の地方区は敗れた。都議は二四人が一一人になってしまった。北多摩二区も敗れた。全国区は現在定員四人を残してなお当選は下田、宮本のみ。あと何人が入れるか不明である（結局、七人立候補して全国区は三人当選にとどまった）。

一九七七年七月一五日

党創立五五周年記念の日。

森有正を読み始める。『木々は光を浴びて』。彼は単純にもこう言いきる。

「この人間経験の直接な確実性にこそわれわれの中心をおくべきであって、たとえそれがいかに高邁な理想を説くものであっても、他から与えられた観念や言葉によって自分の生活を左右すべきではない」

「私は、現代の世界、その中の国家と社会、さらにまたその中におかれた個人の状況を考えてみるときに、（経験こそ）私どもの終極の拠り所であると思わざるを得ないのである。この小さな世界こそ、私どもにとって本当に確実な世界であり、それを逃さずに把握することによって、その外に起こるわれわれの力を超える状況にも、おのずから耐えてゆく力が養われるであろう――と同時に、その点が確保されれば、われわれを超えるように見える状況の中にも希望が生まれてくることを知らねばならぬ」

一九七七年七月一六日

森有正
「時間の中をすべてのものは流れる。そして精神は空想の中に拡散して真実を見失う。それをせきとめ、そこに人間の形を刻み留めようとする時、刻苦し、精神と肉体のすべてを使い果たさねばならぬことは当然ではないか。しかも人間の精神は、落下、流失、拡散に即して形を刻み留めるのである」
「たがいに支え合う石材は、落下しようとする、まさにそのことによって落下することができないのである」

「それが造形であれ音楽であれ思想であれ、その真実性は堅固な抵抗感覚にあるということ――そしてこの抵抗ということ自体が人間を構成するのである」

森有正の共産主義についてのセンスの一例。

「こういう経験（大衆の複合的な社会的経験）こそすべての社会的自覚の根源であり、すべての革命の原理である。こういう大衆を基礎とし、日本の社会を組織しなおすことが必要である。共産主義が、それにとって不可欠であるかどうかは私は知らない。しかし、この主義が元来そういう性質のものであることは確実である。大衆あるいは人民が至上であるということは、こういう経験の至上性に他ならない」

一九七七年七月一八日

森有正

「――その意味で私は、芸術と愛と革命とはその人間的情況において、深い根底においては同じものだと考えている。それは本質的にアバンチュール（冒険）であり、同化とシステム、あるいは自己閉鎖の正反対である」

「自分の経験だけが真に自分であり、それ以外には何もないということ。このきびしい道にやっと逢着したのであり、それはまだ始まったばかりである。貧しいなりに、自分は自分であるということは、本当に実にむつかしいことである」

「私はこの長い経過の中でたくさんのことを学んだ。その一つは、ものごとをやるのは、細心綿密でなければならないということである――音楽の演奏であっても研究であっても、その他何であっても、綿密にそれに従事していると必ずいくつかの困難な点が出てくる。困難というのは、その時の自分の能力ではなかなか処理することがむつかしい点という意味である。そのとき、私どもは、事柄の内奥の構造と自分の能力の実体とがともに裸で、その正体をさらしながら触れあっている点に到達しているのである。そこをこえていくことが進歩ということの意味であるが、注意深くあればあるほど、そういう困難な点は増加してくる。その点をこえようとすると、習慣的な操作をすて、自分の全能力をそこに集中、テンポをゆるめて注意深く、しかもあえてそれを通過しなければならない。それは換言すれば、自分に克つことであり、その操作の内容には、ここまでやればよいという限界がない。その時、人間の〈歩み方〉を、私は勇気と呼ぶのである」

一九七七年七月一九日

最近はいくつかの本を読みつづけ、またいろいろと考えさせられることが多い。私の読み様はいわば感覚的なもので理詰めではない。それは私のかなり本質的な欠陥にも由来するもので、即ち一定の具体的な定義、数字、資料あるいは正確に踏まえるべき学問的概念など、これらを記憶したり、またつきつめて考えたりしない、ということである。自分の直感で、そこになにか触れあえるものを感じられたときほど感動が全体的なのであり、その時つかまれるのは、理論としての到達なり、私の問題の解決などではなく、ことばのほんとうの意味での〈全身的な共感〉というものである。

だから私は、いわゆる頭脳明晰とはかなり隔たる。ひとの言うところの私の〈理論性〉は、むしろ私の内面的資質としての〈感覚性〉に恥じ入る私の裏返しの表現といってさしつかえない。

私の本の読み方は、かれの述べるところの思考や理論が、かれにとってどれほど切実なのか、どれほどみずからの問題となってかれを傷つけながら格闘されているのか、ただこの点をひきだし、発見するというところにある。

私は、本を読んでも、その筋がどうであったか、小説でいえば、あの主人公がどうであったか、あるいはあのシーンのあのひとの有り様はどうかなど、必要不可欠なことさえも殆ど忘れてしまう。ただそこに、著者の、人間のあり方を見る。というより感覚するのである。感動的な文章表現もあとには残らない。そして私の共感の感覚は、そのときに一つの皮層をくわえてゆたかになることは感じても。印象として残るのは、あの作者の、あの本の、あの思考の、あの文章の必死さ、かけねなしの切実さ、それがたしかにあったのかなかったのか、この点でのみ、いま私は書物に対する。

古典であろうと近代の文学、学問的労作であろうと、一人称で〈私〉を語っても、三人称の〈彼〉をとおして語っても、その本を書く、文章を書く人間は、個性的な一人の生身の人間に他ならず、その人間にとって、生きる上でどんな意味があるのか、という点で、その作品の質は決定されてしまうのである。

なにを対象としてもことがらの根本はこうでしかない。思想や理論の、たしかに自律的な一人歩きの歴史や過程というものがあり、それはそれとして不可欠であるが、しかし、そこにやはり人間の千差万別の個性が発揮されているべきなのである。個性を完全に発揮しえぬものは、真にみずからの確信において欠けるのである。

みずからを披瀝し、徹底して個性的であろうとし、そのことによってひろく普遍的な共感を呼び起こさないならば、それはその人の人間的未熟の証しとなる他はない。個性を徹底して深化させるときに、人間はまさしく普遍的な人間存在に到達する道をきりひらくのである。こころ打つ自国の文化的、学問的伝統への真の敬意のないひとびとに、ほんとうの革命が可能だとは、私には思えない。

一九七七年七月二一日

森有正のエッセイ集『旅の空の下で』を読み始める。ただ気になることは辻邦生の『夏の砦』をめぐっての感想の、ハギレの悪さについてである。これは、彼が友人の関係にあるためなのだろうか。この文章には、森氏と対象とのさめた距離感が不足している。特定の人間の具体的な小説を批評の対象とするには、森氏の思考のパターンは不向きという他はない。むしろ問題にするなら、それに向かってかなり距離をおいて、それを厳密につきはなすことによって彼の思考の中にとり入れる、あるいは位置づけるという方法が必要であるだろう。

一九七七年七月二二日

思想家・森有正の、ある種の深い切迫感。それが私にもひしひしとせまってくるもの。共感というものを、かなり根底から組織する力というもの。それはやっぱり、自己中心、あるいは基軸にすえながら、まずもって自己の感覚や理性を、いったんは強くつきはなして冷たく客観するということ。自己の内なるものへ、なによりも畏敬の念をもつということ。

もっとひろく、もっと正しく言おうとすると、それが人間の根本的な存在にトータルにかかわるがゆえに、とてもかんたんに表現できないようなものが、ある。あいまいに云った方がもしかすると正確かも知れず、たとえばかれの中にあるものの、おそらく自己に対するある種の怖れ、自己が自己自身の手ではどうしようもないというある種のあきらめ。認識する主体としての自己と、たえまなく外界を感受する自己の中の客体との葛藤のきしみ。

それはなによりも自分に対する深い悲しみとやむことのない希望である。不可能であったとしても、なお可能にしてみたくなる自己認識の無限性への挑戦とおそれである。

しかし、政治的、社会的問題にしても〈切実さ〉とは、そもそも抽象的なものではなく〈私〉にとっての切実さ以外ではありえない。そして、問題としてひきつける〈私〉の切実さこそ、正しい意味でその問題に対する態度を左右する。全力で生きるとは、すべての人間的な力を発揮して〈世界〉と関係をむすぶことである。あらゆることと関係をむすびうるという自己あるいは人間的存在に対する確信が一方にあり、おそらく自己一人の力をもってしては絶対に不可能であるという不安が片方にある。

生きるということの無限性と制限性。それは同時に認識や実践についても同じことである。ここのところを自覚しつつ、可能性と確信に足をふまえ、たえまなく制限性を打ち破り、自己の不安を克己し、生き抜くということが、人間が生きるということの意味なのである。

人間の認識力に不可能ということはない。しかしなお巨視的に見るならば、それはどうしようもなく制限され、不可能部分が圧倒的である。それを考えれば、あるいは人は絶望の淵を感じるかもしれない。しかし私は、こうして私として人間的、人類的存在である。こうして私の生きるということは、なによりも私個人をめぐって生きるのであり、そのことによってまた社会的、人類的存在としての自分を生きるのである。この人間の、根源的な矛盾的存在の自覚の上に立つことが、まさに人間を生きるということについての共通の基盤となるし、しなければならぬのである。

森有正が自然と会って一瞬のうちに自己の変貌を感じたり、フランクな会話の中から突然、啓示に似た感想をもったり、これらのことは、表現すれば劇的であるが、しかし、およそ人間の思想の常態なのである。このような日常生活を、だれしもが充分意識せずとも暮らしているのである。

不幸ということについても、それは言葉が先にあってあとで不幸がつくられるのではありえない。程度の差こそあれ、自己の経験の蓄積が、やがて不幸という自分にとっての概念を形成してゆくのであり、やがて不幸という具体的事態が、ほんとうは存在することしかないのである。しかし、やがて、不幸という言葉がひとり歩きだし、人間はその言葉の呪縛から逃れようがなくなる。不幸という言葉を知らないとき、人間は「不幸」ではなかった。〈幸福〉も同じことである。あるのは人間のそれぞれに固有の〈経験〉しかなかったのである。やがて人間は言葉に支配されるようになる。

かれにとって重要なことは言葉ではなく、生身の〈経験〉というものであった。

かれはしきりに〈不可知論〉であって〈不可知論〉ではないと言っている。それは不可知論が、そのまま人間の不可能、したがってあきらめや懐疑にゆくことについての拒否である。

わりきれぬものというのは、たしかに、〈ものそのもの〉の内にではなく、人間の〈経験〉の内に幾重にも存在している。ものや、事態の一つひとつをとりあげればわりきれても、その総体、アンサンブルが、さまざまなかたち、角度でつくりだす人間（経験）には、決してわりきれぬものが存在するのである。そして、この部分こそが、まことに微細に感じられてなおその解決のためには、無限の展望のもとでしか不可能な部分に属するのである。

　私はまだためらい、たゆたう自分をかんじていた。かつても、いまも、すべてのことに手をつけたく、すべてのことが可能に思えながら、それゆえになにひとつとしてまともには手につかず、なにひとつとしてじっくり解決することができないままに、ここまで来て、また同じようにこうかんじつづけている。だが、今となってのおぼろげの確信は、やはり私自身を大切にするということについてである。私を生きるということの、私自身と他にもっている意味についてである。

一九七七年七月二六日

「人間は自分を勝手に作ったり、変化させることはできない。あるいは、だから、まさにそのことにおいて真実に自分を変化させることができる」(森有正)

　生きるとは、作るということである。どんなに社会的、経済的な条件によってつくられるということが優位であり決定的であるにしても、そして結局はつくられる存在でしかないとしても、どんな意味でも人間が生きるということは、この私自身をめぐってあたらしい一回きりの世界をつくるということである。

　作られるというのは、与えられた条件であり、現存する関係である。それをも人間が選択し、決断し、こうして自分に抵抗しつつ自分をつくるのである。つねに抵抗でしかない。

　本来的な自分個人とは、まったくとるに足りないほど小さな関係そのものであり、全体のなかの極小の部分にすぎないのであるが、その内面に外面に、無数の関係をむすぶことによって、みずからを関係の主体にたかめてゆくことが、生きるということである。そのときに、さまざまな抵抗を体験する。ありのままの自分と闘争しつつ、自分でないものを自分のものにし、自分をつくりあげてゆくのである。

一九七七年七月三〇日

加藤周一『言葉と戦車』とアラン『幸福論』

加藤のこの本には、彼の洞察の弱点が示されているかに思う。いわく、アメリカのヒッピー論からはじまり、日本を含む往時(一九六八年)の学生運動について論を進めるとき、そこにはいかんともしがたく、政治を、その政治の関係のうちからではなく、そこにある言葉や思想、したがってより主観的要素を拠り所にしているために、全体として形式的であって内容にせまらず、本質的な点が決して鮮明にならないのである。

これは、かれの意図がそもそも失敗しているためである。政治的運動の、主としてその思想に関わるところ、したがってまた自己に関わるところを突っ込んで問題にすればよかったのだろうが、欲ばってそれにとどまらぬ問題に範囲をひろげ、それをまた政治の領域全体にひろげたために、対象のひろさにふさわしく問題が深まりきれないのである。

そのことは中国の文化大革命についても、私にはつよく感じられてならない。竹内好、木下順二、さらに新島淳良がどう言おうと、それはどうでもよいことである。加藤でなければならぬ問題との関わり方が、充分説得的にここからは出てこないのである。政治的問題であるがゆえに、その政治的立場を鮮明にして突っ込んでゆく、つまりより政治的な問題点については、一方で単純にでもはっきり断を下しておいて、なおみずからが関わらざるを得ない内面的な必然のもとに、もっと突っ込める思想の問題があるのではなかろうか。

たとえば加藤氏の想像力、構想力のスケールの大きさは、なんといっても西欧都市文化の造詣の深さに拠るのであり、比較文化論的でもよいから、中国の広大な地域と多数の少数民族の、そこに深々と流れる中国文化の豊かさ、それらとの自分の、また自分の知識との切実なつながりについて、もっとゆたかに論をすすめることは不可能ではないように思える。それをなぜか氏はやらない。ある種の負い目がかれのインテリジェンスを規制しているかの如くである。それが私には正しいことだとは思えない。

与えられた事実を出発にしながら、それを拠り所に前進的にあたらしいものごとの関連を説得的に解明してゆくところに多分思想家の役割があるのであり、その意味でおよそあらゆる事態が関心と探求の対象となりうる。政治も例外ではなく、しかも国家間の関係においては核心的でもある。政治にはそれ自体のふかい流れが根拠をもってあるのであり、また日本の現実政治との関わりを抜きにはできぬのであり、そのときに、加藤氏の視野のなかに、なぜもっと日本の党と中国の党との関係がはっきり規定しえないのか、私には奇異に思える。いずれかに加担するかとの問題ではない。たとえば二つの力の在りかたの間に、どのような矛盾、関連、対立があり、そのどちらにどのようなものの考え方の特質があるのか。そこにはかなりよく与えられた事実があり、私はそこを思想としてえぐることなしには、どういう意味であれ、いまの中国を論じるうえでは、本質的な部分の欠落になるしかないとしか思えないのである。（※はっきりしない物言いであるが、ここで、私は毛沢東の文化大革命について

言っているのである。そしてその後、この面での仕事の一つの到達として中国文学研究者・丸山昇氏に注目させられた）

アラン『幸福論』は、たしかに人間心理の深い機微をついて鋭い。

「自分の手で働くひとびとが平和的であるのは決して偶然ではない。そのひとびとは、一刻一刻において勝利者だからである。かれらの時間は充実しており、肯定的である」

「幸福な人は、自分を忘れられるにまかせておく。名誉が死後四〇年もたってから彼を探しにくるだろう」

「考えるということは必ずしもたいへん健康とは言えない一種の遊戯だ。たいていは堂々めぐりをしてさきへ進まない。偉大なジャン・ジャックが〈考えてばかりいる人間は堕落した動物である〉と書いたのはそのためだ」

一九七七年八月一日

今日、森有正『はるかなノートルダム』の「ルオーについて」を読んだ。森のエッセイで、私は最近のものしか読まないが、就中このエッセイは深く感動的であった。ルオーとその作品、人間というものが、具体的に形をもってかれの中にあるゆえに、よけいに森の抽象的思考が切実に思える。

昨夜は同じ地区の常任委員のS氏と話となった。私より一八歳年上である。私も酔いにまかせてしゃべったが、何が焦点だったかは記憶に定かではない。具体的なこととして私が言った感想は、私をこのまんま二、三年はじっとしておいてくれ、そのために力を貸してくれなど、他愛のないことであった。

かれは五〇年問題を渦中で経験していた。見せられたのは粗末な紙質の冊子『球根栽培法』だ。パラパラめくると、火炎ビンの作り方などが図入りで描かれている。あの時期、仙南地区の仲間三人と山村工作隊ということで蔵王山麓を何ヵ月か彷徨していたという。一人は電産をパージされたSさん、二高を中退したKさん。三人はずっと一緒に行動した。金もない、食べることもままならなかった。手をあわせて、小さな祠の賽銭を拝借したこともあったという。〈それが俺たちの地下活動だったよ〉と笑った。毎日、自分たちが何をしているのか、よくわからないままだった。一応〈国際派〉に属しているつもりだったが、中央で何が起きているか、たまの風の便りに聞くしかなかった。しかし、いつかなんとか党は団結を回復するだろうというあまり根拠のない確信はあったという。その時期にもっとも印象に残ったのは、いざどうしようもなくなると、知り合いの朝鮮人を訪ねた。すると彼らは心から歓迎してくれ、焼き肉（とんちゃん）やキムチを腹一杯食べさせてくれたことだという。その朝鮮の人々への恩義を忘れたことはないと語った。

あの時期、今のような情報は、赤旗も含めてほとんどない。何をどう考えればいいのかが、わからない。そのころ、一般新聞が手に入ると、世界情勢、その頃は朝鮮戦争に関するものがとくに詳しく報道されていて、紙面の隅々まで読んだものだという。あの時期と比べると、いまは本当に恵まれていると、S氏がしみじみと語ったことは思い出す。

彼は私のことをかなり買い被っているように思う。いわく、あんたはどこかで芽を出す人だ、あなたはなによりも政治家なのかもしれない、党常任以外のなにものでもない、などなど。

互いに感じる共感の上に立つだけに、その言葉の中に、自分への甘さが働き、それがはねかえって相手への甘言となるのであろう。私に言わせれば、彼自身もまた、私への評価のように自分を見たかったということに違いない。そしてそこにこそ、かれの彼らしい甘さあるいは優しさがあったと思われる。

自分にはもっと力があるのだと思い込み、その力にふさわしい場所が与えられていないと思い込み、幾人かのひとびとにもそう言われながら、しかし、〈裏側にはなにもない。真実は現れるしかない〉のである。現れたところの私自身は〈三〇にして立つ〉どころかたたずみ、〈四〇にして不惑〉どころか、思うにさらに惑いを深めてゆくように感じられる。

彼は諦観について言ったが、それは決してかれのいまの状態を指す言葉ではないのである。それは、そう言う自身への、他からの評価と激励の願望であるだろう。私はそう感じ、自分についてもまた、居直りとかあきらめとかがいまの状態の本当ではないと考えたのである。

〈ある一つの概念が自分を定義しうるものではない〉ということは、いまの場合も大切なことに思える。自分を、ある概念で定義したくなる心の有りようこそ問題なのであろう。そのときに、その発想の中身に、なにかを意識して回避しようとするものがあるのだ。そのままに生きるということ。道はおのずから開けるということ。成りゆきにまかせるということではなく、自分が生きるということについての現在と未来はこうとしか表現しようがないのではあるまいか。

一九七七年八月二日

こうしてこの一か月以上も私は森有正に大きい魅力をかんじ、かれの三冊のエッセイ集を通読した。それらはじっくり手にとっていくどもよみかえしてみたくなるものだった。昨日の「ルオーについて」は、彼らしい面目がよく伝わってくるように思える。

だが他方で私は、最近の私のこの関心のあり方というものが、大きく見ればどこに位置するのか、その意味についてふとかんがえ惑うことがあるのだ。たしかに森氏は私をひきつけ、私をめぐって私を高めてゆくように思う。いかに生きるのかということについて、あらためてかれの〈経験〉を考えることによってたしかな確信を与えるかに思える。

しかし、抽象的な思考は抽象的生活にむかう。抽象的という意味は、そこに精神の緊張はあっても、行動、実践の契機を含まないということである。行動にうつされてもよく、うつされなくてもよい。それはうけとめる人の具体的状況による。

森氏の視座に共感しても、私のそれと置き換えることはできないことを知るべきなのである。これは私が森氏とちがった生活の条件をになっているからである。その条件の違いこそ、森氏のいうところの、各自の他にかえがたい〈経験〉の諸相の基底をなす現実なのである。

現実、このいまの私の現実をゆたかにするためにこそ、私の思考や行動の力が発揮されるべきなのである。だが、その現実を時折忘れることができるほど、私はいま浮薄なのである。

いくらかの曲折をともなって、私はまた思い出すようにして、私の現実にかえってくる。この現実をみとめたくないというような根本的な安易さの前では、いかなる思想もなぐさみ以上にはなりえない。私の現実の具体的基盤に対して無力で、どうして他の現実にまともに対し、その現実を変更できるであろうか。こんなためらいのなかにいる私にむかって、森有正はこう声をかけてくれる。

「無数に障害が出てきてもおどろかず、障害を障害として認識することを誤たず、それをひとつづつ処理していくことである。正しい民主国となる自主的な努力をほとんどせずに民主国となってしまった日本に、事後処理の問題が深刻なのはむしろ当然ではないであろうか」

一九七七年八月三日

アラン『幸福論』から。

「肉体は想像力のいたずらによってたえず緊張したり突進したり思いとどまったりする。自分の周囲の物事や人間をたえずうかがうことになる。そして自分を解き放とうとする場合には、こんどは書物にとびこむ。これも閉ざされた宇宙であって、目に近すぎ情念に近すぎる。思考はみずから牢獄をつくり苦しみあえぐ。思考がみずからをせばめるということと肉体が自分を苦しめるということとは同じことなのだ――真の知識は決して目のすぐそばにあるささいな物事になどもどってこない。知ることは、どんな小さな物事でも、いかに全体にむすびついているかを理解することだからである。どんなものでも自分の内に理由はない。だから正しい運動はわれわれをわれわれ自身から遠ざけるのである」(「遠くを見よ」)

「悲観主義は気分のものであり、楽観主義は意志のものである。およそ成りゆきにまかせる人間は気分が滅入りがちなものだ。いやそれだけでは言いたりない。やがて苛立ち、憤怒に駆られる」

一九七七年八月四日

中野好夫『文学・人間・社会』から。

「私は私自身の本能の根強さ、情念の激しさというものをよく知っているつもりである。だがそれらはその美しさの一面よりも、エゴイズムの醜さの方がはるかによく私を動かす。少なくとも私は私自身の原始的なものを得意になって人前に露出する気にはなれぬ。貪欲で、好色で、懶惰な人間が、せめてはそれらを理性の抑制下におき、そうでない人間でありたいと思っている。よし勝利なき闘いであろうと、そうでありたいとはねがっている」

「どうもちかごろ私には、人間私自身も含めてそう偉い人間なんてものはいない、いるはずがないという気がしてならぬ。人になにか大きなものを期待するからこそ、馬鹿なことを言われると腹が立って無性に人に食ってかかったものである。ところが逆に、どうせ人間は他人も自分も馬鹿なのだと思えば、馬鹿が馬鹿を言うのにいちいち腹を立てているわけにはいかぬ」

一九七七年八月八日

中野好夫のエッセイ集『文学・人間・社会』などを読むと、とくにシェークスピアのおもしろさを随所に書くのだが、結局はかれがかれの専門から、そこをつきつめて勉強し、普遍的問題にたどりついていると思うのである。社会的、時事的諸問題への関わりかたの広さ深さということも、畢竟専攻とする英文学の素養に他ならないわけで、ある一つの問題についての深さは他のことがらの深さとも直接に重なりうる点で教訓的である。森有正はフランス文学に精通しているところから来る深さと普遍性があるのと同じである。そして、政治の領域というものは、否応なく全体とたえず関わらざるを得ないわけで、そこで獲得されるものは、他のなにものにもまして切実なことがらだと考えられる。

一九七七年八月一一日

個性というものは、それを孤立させると、あるいは孤立すると本来の意味を失うというところにむずかしさがある。全体のなかの異質であるところに、個性の個性たる所以があるわけであるから、それはたえず〈組織〉との関係で〈対立〉しているのである。同化、一体化は一時的なものにすぎない。これは本質的な関係である。

個性がそうである以上、この個性をどの範囲まで〈許容〉しうるのかという組織の側の度量が問題となる。個性を徹すれば、それは決して〈分散〉しないという原理を、組織それ自体が確信する必要がある。

個性の特質は、同時に〈集中〉するところにあるのだ。個性は全体のなかの異質である以上、全体についての認識に支えられてはじめて個性の名を要求できるのであり、それを充分に〈活かす〉ことになれば、個性はおのずから全体へ、普遍的なものへ集中してゆくのである。けだし、個性が生き延びてゆく道はこの方向にしかないだろう。

一九七七年八月一三日

あらゆる現実的、理論的問題について、その全体の中での位置づけを与えうる体系としてのマルクス主義。あるいは少なくとも、このように世界を、その全体性の視座のもとに包括しようとする傾向と志向をそのなかに孕む理論としてのマルクス主義。根本的な原理についてマルクス主義は確固として正しいというときに、つねに踏まえられるべき点は一体なにか。誰かに対してではなく、誰に対しても、したがってこの現実世界の一切に対してもつ理論の正当さというものをマルクス主義はどの点にいま求めるのか。あるいはその正しさということはどのような過程を通じて証明されるのか。

一九七七年八月一七日

午前二時に起き、今朝は赤旗の陸送だった。雨がつよく屋根をたたいている。私はついさっき帰ってきたばかりだった。

昨夕、北釜の方に釣りに行った。波はいつもより荒く、糸は流れに流されついに一つも釣れなかった。夜も七時に間近な海面は風がつよまり波が高く、薄暗い水平線にわずかに雲の切れ目が明るかった。

私は最近、水平線をそれとしてゆっくり見ることにした。もう釣れないと竿をたたんだあと、波打ちぎわに座って私は水平線をながめ、やっぱり地球はまるく世界につらなっていると思い、はげしい間断のない太平洋の波しぶきを見て、はたして幾人の人々がこの波をながめたかと思い、そのときおそらくつねに人は、この勇壮な自然とみずからの一体を畏れをもって感じたにちがいないとおもうのである。それよりも、この海というやつは、人類のすべてを呑みつくしつづけているのかもしれないのだとつよく思った。この波の、この海水の、その成分の、どれ一つも人間につながるものばかりであろう。人間の、その一つひとつの肉体や霊までが、この海水の、その粒子の、その原子の一つひとつを形づくってきたにちがいないのだ。

なんとちっぽけな人間存在よ、などとつたなき感慨を胸にたたんで、私はふと、やはり人類史の課題というものは、この自然に対し、その恩恵の最大限の活用によって生き延び、やがて人間がほんとうに自然界の一員として大自然と共生・共存するところにあろうと思ったものである。

人はこの波涛の前に無力であるにちがいなく、波間にはかなく命もろとも消えてしまうにちがいない。そのことに昔もいまも変わらない。人間が真に無力であったときに、自然は深く人間を従属せしめ支配していたのである。だが、人間は裸の個人ではなくなり、自然との格闘の見地でみれば人間の達成は決して小さくはない。人間は手に余るかに見えた自然に挑戦し、これを一つひとつ改造し変革し、そのことによって自然と不即不離であった存在から出発しながらも、これと明確に区別される人間社会（人間圏）をつくりあげてきたのである。

この明確な分離こそ、ふたたび深く一体化するための前提条件であった。人間は社会として、個人はまた社会的人間として自然と向き合ったのである。だれも自然を完全に支配することなど考えつきもしなかった。

しかし、階級社会の発展は資本主義にゆきつき、自然との共生を投げすてた。〈あとは野となれ山となれ〉が彼らの合言葉になり、地球規模の人間による破壊と簒奪が行われ自然を敵にまわした。

こうしてみれば、現下の人類史の局面などはまことに瞬時の時間に過ぎないといって過言ではないだろう。自然と分離し、みずからを区別することによってできあがった人間社会は、さしあたって人間社会自身の調和の態勢づくりに時を費やさねばならなかった。一方の自然はそのものとして存在し頑強に一体であり、みずからの体系と蓄積をもって存在し生き続けている。

私は海のしぶきを浴びながら、この自然にむかって無力きわまる個人を感じるとともに、もし私が私のうちにこのような人類史的使命を体得するならば一個の人間として昔を生きた人間と同じではなく、いまこの時代のさなかに生きる人間として強力になりうるであろうと感じたものだった。

それは自然のなかに没入することでもなく、個人の内面に閉じこもることでもない。自然から生まれ、自然との格闘の中から生まれてきたのが人間である。それは独自の歴史をになう人間・人類という、普遍的、歴史的存在である。そしてこの人間的・類的存在としての自覚こそ、私を個人としては無力な存在から、社会的な関連のなかに強力につなぎ位置づけるのである。

実存的思考、これはやはり無力な個人の諦観と居傲の所産かも知れない。太平洋の波涛にむかってもしここで波にのまれればつかの間に命絶えてしまうだろうと不安におののく心情の体裁のよい表現であるのかも知れない。〈投企〉——この哲学用語さえも、船の上から海に投げ込まれればだれだって個人としては無力でしかないだろうということに過ぎないのかもしれない。

彼らのいわゆるマルクス主義の〈空白〉の話は、マルクス主義には〈人間〉がいない、〈人間学〉がないということにつながってゆく。しかし、多様な人間本質の在りかたとしての多様、無限の個性はうちけしがたい現実として目の前にある。そしてあらゆる思想・理論にとってこの千差万別の個性は〈空白〉である他はない。この〈空白〉を埋めていく人間個性の努力の集積こそが、思想・理論を、人間の思想としてゆく長期の、歴史的過程を形成する。いうならば、その個性の努力の数ほどの思想の在りかたというものがある。人間とは個性の一大集積なのであり、人間とはすなわち個性的人間のことなのである。

マルクス主義もまた、〈人間をいかに理解するか〉を出発点にした個性的な人間論の思想である。マルクス主義は〈人間不在の学〉というのははなはだ僭越な言いぐさであって、その言うところは、マルクス主義は〈私という個人〉になじまない、マルクス主義は〈私の心の病〉を慰め癒してはくれないという告白なのであろう。結局人間は私という個人に還元しては理解できないのである。しかし人間は人間を理解するためには〈私〉というこの個性的な一個人を出発にするしかない。

一九七七年八月一九日

マルクス主義への、自覚しての〈距離〉とは実存主義の本質を形成する。私はあらためてサルトルを読んでみた。しかし、いま私には実存主義を思想の傾向としてではなく、独自の理論や方法をもつ体系化しようとするサルトルにつよく違和を感じざるをえない。

たとえ森有正がサルトルに共感しても、私が森に共感するのは決して森に実存主義哲学をかんじるからではない。その眼の、とらわれぬ自由な視野と思考に、それを生み出すかれの現実的な知性と人間に、私なりの信頼をかんじるからである。

かつて私の、私なりの思想（その名に値するようなものではない私の感覚）は、あの高校の頃から、いわば実存主義であった。ニーチェ、ヤスパース、ドストエフスキー、シュバイツァー、そしてサルトル、カミュ、カフカ、シェストフも読みながら、私はそのかもす雰囲気に浸りつづけていた。それが私の、いうならば感性の核であった。こうして十数年もたって、いまさらに私は私という人間を生きつづけてきたのだとつよく思うように、そこになにほどかの回り道をしながら還ってきたかにも思える。そしていまかんじる〈違和〉は、私のこの間の思想や理論の前進によるものではなさそうである。それほどにマルクス主義が私に体得されているとは到底思えない。

何がそのときどのように体験され感覚され、なにが精神に蓄積されてきたのか、それをはっきり言うことができない。しかし、私のこの全体がかんじるものは、サルトルが示すものではなく、そういうあいまいさを愉しむものではなく、もっと単純明快な理解と硬質の表現をもつ人間、思想、理論と方法。結局そこにしかなく、それはマルクス主義を追い求めてゆく努力の方向にしかないと思われるのである。

一九七七年八月二二日

森有正『ドストエフスキー覚書』の作品分析は、かれのその後の思想の原型をそこにみて興味深い。かれはこの戦後間もない時期にドストエフスキーと出会い〈私の心は全くかれに把えられた〉というように登場人物に没入してゆく。

森の関心は、愛とか自由、人間の根本的存在の意義、また罪、善悪などにつよくひきつけられており、それはきわめて緊迫した内面的要請であるかのように描かれる。そこが、問題の抽象性、内面性にもかかわらず、私にもある種の共感をよびおこすのである。

『死の家の記録』についての感想としての〈人間の発見〉は作家の出発の原点を森がどのように了解しているのかを示すものである。そこで、森は囚人の間の関係に触れながら次のように言う。

「ここにドストエフスキーは自己の体験の中に人間現実の偉大な発見をしている。それは単なる人間存在とは次元を異にする社会の問題である。それは人間が自己を掘り下げても到達することのできない外部状況であり、しかも内面的関係は、この外部状況の媒介の下にはじめて可能となるのである（略）ドストエフスキーの同情が民衆の側にあったことはいうまでもない。ただここで注意しなければならないことは、このことがあくまで外面的な階級闘争とか社会変革の問題として考えられているのではなく、心と心の結びつきの問題として考えられていることであり、しかもそれゆえにこそドストエフスキーが空想的な精神主義的な恩恵や博愛の思想の無力を主張しているのには深い意味があるとおもうのである。かれは、このことを、社会主義的合理主義的な改革の問題としてではなく、人間の現実そのものとして呈示しているのである。かれはこの現実の認識に揺るがない確信を有していた」

別のところで森はこう言っている。

「この人生における悪しきものに対するこの二つの態度、その上にきづきあげられる二つの世界。ドストエフスキーはそれらを徹底的に交錯させて、そこに起ることを実験しようとするのである。これはヨーロッパ精神史の根底を流れる二つの異質的な根本的生活態度、観念的なものと現実的なもの、異教的なものとキリスト教的なもの、自己主義と自己否定、憎悪と愛、その不断の相剋から起こる絶対現実の姿を摘出してラスコオリニコフとソーニャとの驚嘆すべき交渉の中に対決させようとするのである。ドストエフスキーほど信仰の問題、思想の問題が現実そのものであることを明示してくれる作家は他にないであろう。それは、ドストエフスキーその人の内面に吹き荒む近代欧州の精神的暴風雨、その絶対的現実を表現しているのである」

森の関心はまさに外面的であるより、心の問題としての内面に集中している。

「われわれはそこに近代的個人主義的な人間が、自己を許さない社会的矛盾の中におかれ、絶望的な憤りの情熱にさいなまれている現実をまざまざとみることができる。このいきづまったインテリの姿の中にドストエフスキーは時代の人間的社会的現実を圧縮してのべているのである」

「現代は、すべて観念的なものが物質的なものの随伴現象のように考えられている。しかし、ドストエフスキーの文学は、精神それ自体の現実性とその独立の規律の存在を啓示してくれる。もちろんそれは物質的因果律的な必然性ではない。かえって自己中心から真に脱却した精神のみが、それにむかって真実に自由に実存することができるのである」

精神それ自体の現実性。現にまぎれもなく人間は物質的肉体と不可分に、精神の自律性、独立の精神をもって生きつづけてきたのである。それも一〇年、二〇年の範囲の歴史的社会的条件にのみ規定されるものではない。現代は、さかのぼりうる過去の人間精神の歴史の総体を背負っていると言わなければならない。

歴史は、単純なものでおきかえることができるし、そして単純明快なところを軸にしてつらぬくと思う。しかし、余分なものは決して有害だったり、不安なものばかりだとは思えない。

もう一つの内面的分析についての共感。

「それは不断の不当に高められた自尊心のゆえに、たえざる内面的苦悩に襲われる。しかもこの苦悩はなにものかより偉大なものを生みだそうとする積極的な生産的な苦悩ではなく、不断に自己を関心の対象とし、自己に対して不安な閉鎖された絶望的苦悩である。自己が自己の基準となり、自己のなかに現実をこえた価値を設定して、存在の真実を覆おうとする。直線的伸長はあっても内面的開発、新しい発展はない。停止した、本質的に停滞した倦怠した自己の存在にいたる萌芽がそこにある。この停滞の苦悩を破るために、かれはますます自己の中に深くすすみ、もしくは自己の周囲を回転し、人々の意表に出て、人々の価値ありとするものを踏みこそうとする。これはまさにスタブローギンの道である」

人間存在、人格の矛盾性についての正しい指摘。

「人間存在は本質的に邂逅のうえに成立する動的なものであって、かれの自己に対する関係は同時に他者に対する関係そのものなのである。閉鎖は開放の歪められた特殊の一形態なのである。自己に完全に閉鎖した地下生活者は同時に、自己を閉鎖することとそのことをもって全人類に向かって自己をかくのごときものとして開放しているのである」

一九七七年八月二四日

時間もないので詳論できぬが、たとえば今日の赤旗の党生活面などは私の感覚からは、まことに外れているとしか思えない。なにごとか始まる前から声高に、おそらくその過程で生まれるであろう各種の〈日和見主義〉(?)についての丹念な警戒を呼びかけた文献の抜粋が一面全体に載っている。その道を通ってはならぬとでもいうように。はたしてこれでよいのか。あるいは、これがいま奮起を促すものになるのであるか。

もっと現実を！　展望は現実からしか出てこない。そして、誤りとても現実の中にしか存在しえない。誤りは人間の多様な現実変革の行動にとって、おそらく不可避のものである。人間現実はせまい通路に押し込められない。せまい通路をとおりぬけうる人はごく少数であるだろう。ことの最初から各種の日和見主義を警戒することは、もちろん言うならば理屈はある。しかし、今の党の有りようは、このような意見（それはあくまで善意としての）をも含めて、忌憚なく話し合われたがいに結びつくことなのである。〈それは正しいことではない〉と指摘する人が、自分の抱えている〈正しさ〉について、いかほどの現実的な確信と説得力をもって了解しているのか。起こるかもしれぬ間違いへの不安や危惧よりも、あきらかにいま党員がどこに確信と信頼をもって前進すべきか、勇気をもって足を踏み出す勇気をこそあたえるべきなのである。

先日、もう一二年も前、高校民青担当のころ仙台電波にいたRくんが遠方から訪ねてきた。もう二九歳になり、しっかりした風貌でたのもしいかぎりだった。いまは某空港管制官をしている。かれは、今度の選挙をたたかいつつ感じ、敗れてはっきりしたことは、このような政策を堂々とかかげ、姑息でなく正面に向いてたたかう党への確信と、その敗れたとき不足なのは、まことに〈力〉だったと思い、自分としてはどんな意味でも確信は揺らぐべくもなかったと言っていた。私は、おそらくここのところをめぐっていまわれわれがはっきりとさせねばならぬ問題があるとおもうのである。

予測される誤りに委縮するよりもはるかに理論や政策における前向きと斬新がもっと意欲的に開拓されるべきではなかろうか。

一九七七年八月二六日

加藤周一『日本の内と外』。「戦争と知識人」はわかりよく、よい文章で問題がはっきりと指摘されていて興味深い。

「思想的空白があり、そこに生活意識が、意識的に反省されないその生活意識があり、意識的に反省された思想よりもはるかに強力であるということ」「かれら（共産主義者）のばあい、思想の外来性が克服され、もはや思想は単なる頭の問題ではなく、かれらの生活と心情のなかにまで浸透していた……」「外来思想は頭だけで理解され、心情の底、生活の感覚のすみずみにまで浸透するものではなかった。また当然、民族の伝統的文化と切り離されているから、大衆から知識人を切り離す結果をもともなう」

森有正『ドストエフスキー覚書』。あと一章を残しているが、これでしばらく森有正に別れを告げる。『木々は光を浴びて』『はるかなノートルダム』『旅の空の下で』などの内容もまた、かれがいかに深くドストエフスキーとともにあろうとしたかをものがたっている。森は『覚書』の中でこう書いている。

「ここで美しい自然の景色が展げられているのに注意しなければならない。ドストエフスキーにおいて美しい自然はしばしば偉大なる邂逅にともない、それを象徴する。美しい自然は、そのまま人間に語りかける神の言葉である」

一九七七年八月三〇日

エンゲルス『初期著作集・全集四一巻』（一八三九〜一八四四年）を通読する。人間の人生をふかくみつめる人々には、その立場は多様に相違してもなお共通するものがある。これはエンゲルスの一八歳頃の書簡から二〇代にかけての評論や随想が収められている。「ロンバルディア跋歩」という紀行的な随想は一八四一年であるから、かれが二一歳の頃。スイスからイタリーへの旅について記したものである。アルプスの自然にむきあうこの青年の心情と知性に驚嘆する。これほど冷めて人間と自然の関係について考え抜いていたのかと思い、この天才の資質の、ゆたかで美しく柔軟な内実にあこがれる。

「自然がそのあらゆる偉観をくりひろげるところ、自然の中にまどろむ理念がめざめるとまではゆかないとしても、金色の夢を夢見ているように見えるところで、自然よ、お前はなんて美しいとしか感じない人、言えない人は、通俗、平板、蒙昧の大衆より高尚などとうぬぼれる権利はない。これに反して、もっと深い心情の持ち主にとっては、そういうときにこそ個人的な苦しみや悩みが浮かび上がるのだ。ただし、それは自然のすばらしさに同化して、なごやかな和解のなかへ溶け込むためである（略）。そしてあらゆる個人的苦悩のなかでも最も高く尊いもの、つまり恋の苦悩以上に美しい自然にむかって思いをのべる権利のあるどんな傷があるだろうか」

若き日、このように自然の崇高ときびしさの前に、恋の苦悩を抱いたエンゲルスが、その感性をどのように発展させたのかをみることは興味深い。かれは、すでにこの時、自然から生まれ、やがて成長して自然を対象化し、これと格闘する人間について思いを馳せているのだ。わが母としての自然の前にひれふしながらも、なおこれと超えようとする人間や個人の力をかれなりに自覚しているのだ。個人的苦悩を、自己の心情を中心に嘆き悲しむという習癖からエンゲルスははるかに遠かった。かれは自分の存在をすでに人類の名において了解していた。

「こんな道はこの世にはまたとない。巨大な花崗岩の周壁が垂直にこの小道をがっちりとりかこみ、真昼の太陽でさえも道まで届かない箇所がいくつもあり、はるか下方では裂けた岩間を突き抜けて谷川の激流がとどろき荒れている。岩塊をころがすそのありさまは、まるで神から二つの山を胸に投げつけられた怒り狂った巨人のようである。むやみに無理強いする人間の支配に屈しようとしなかった最後の頑固な山々を、このあたりから退避して彼らの自由を保持するために隊伍をととのえたかにみえる。彼らはおどろかすように目をすえて旅人を眺める。すると人は次のような彼らの声を聞く気持ちになる。人間よ、あえて来るなら来てみよ。おれたちの頭上によじのぼっておれたちの額の皺の中におまえの種をまいてみろ。だが、この上界ではおまえは卑小感にとらわれて目まいがするぞ。おまえの足下で大塊は崩れ、おまえはこなごなになって尖頭から転がり落ちるのだ。さあ、おれたちの間に道を通してみろ。おれたちの仲間のライン河が年がら年中満腔の怒りをこめて流れ下り、おまえの業をひっくり返すぞ。人間精神に対する自然力の、この反対がここほど巨大で、いうなれば自覚的であるところはどこにもない（略）。しかし、いまはもう事態がかわり、精神はここでも自然を征服した。そして一条のつぎなわのように、岩から岩へと安全な、具合のよい、ほとんど破壊しがたい通路がのびていて、これは四季をとわず通行可能である」

一九七七年八月三一日

人の話を深々と聞いて自分を語らず、そのことによって相手に勇気をあたえうる人格。なぜ人は自分を語ろうとするのか。自分に自尊と矜持の心があると言い放ち、自分を売り込もうとするのか。だが、私はいま、死人にむかってもよく、私を思うさま語り、私のままに、私に沿って理解する態度を人に求める。その人は迷惑千万に違いない。しかし、そのように言う私は、そのように求める人にむかっては、そのように対するであろう。だから、すべての友人よ、私を聞け。児戯にもひとしい私のことばにむかって、たとえ吐き気を催し、そこに浅薄なる自己顕示を嗅いだとしても、それがむきだしに見苦しくとも、なお求める心にしたがえ。私もまた、そのようにわが友が求めるときに、そのように対するであろう。人は洗い流してしまいたい過去があり、現にある人間の関係がある。そしていかなるものをもってしても、そうでしかない現実があり、人間のつながりというものがある。

人間の心情の複雑とは、所詮個人の一幕の芝居舞台に過ぎない。それは生活ではなく演技だ、不可欠なものではなく余分なものだ。よし、そこにどんな人間的なたのしみというものがあろうとも、それは戯れ言。生活や仕事というものは生やさしいものではない。それはむきだしに単純で冷たくきびしいものだ。あらゆる修辞をとりはらい、〈世界は単純だ〉と言い放ったのは、やはりマルクスであるだろう。そして私に印象深いのはバルビュスの『クラルテ』であった。

私は右往左往し、よろけ、たゆたい、一点に集中して我を忘れて没入するかに見えてなお逡巡する。いまは夜更け。風がまた吹き、空には月もない。こおろぎの音色が耳元に聴こえ、娘らの寝息が聴こえる。

エンゲルス『反シェリング論』。これはかれの二一〜二二歳の頃の論考である。シェリング批判を通してのヘーゲルのとらえかたをみること。

一九七七年九月一一日

『マルクスのフォイエルバッハへの手紙』（『全集二七巻』）

マルクスはシェリングについて「彼は哲学を一般的な外交の学とし、しかも八方美人の外交とした」とのべ、彼への攻撃は「間接的には我々全体の、つまりプロイセンの政治に対する攻撃」だと位置づけている。「シェリングは、哲学の姿をとったプロイセン政治です」。理論は、その政治的・イデオロギー的役割と効果においてもっともよく本質を示す。同時に、マルクスがつぎのようにのべるとき、私はその本質規定ですますのではなく、理論内容として検討的に批判するところに、真の批判の意義があることについて思いをはせる。「シェリングの正しい青年期の思想（我々の論敵のすぐれた面を考えることは必要です）はありましたが、彼はその実現のために、想像力以外の、いかなる手段も、虚栄以外のいかなる精力も、阿片以外のいかなる推進剤も、女性的感受力による刺激以外のいかなる器官も用いなかったのであり、彼にとっては幻影的な若き日の夢でしかなかった。シェリングのこの正しい青年期の思想は、あなた（フォイエルバッハ）にとっては真理に、現実性に、男らしいまじめさになったのです」

一九七七年九月一二日

シェリングはすでに〈克服〉されていること、ヘーゲルによって。ではどの点で克服されているのか。どの点にかれの誤りがあるのか。エンゲルスはヘーゲルの立場を擁護することによって、この課題を果たそうとしている。「（ヘーゲルの体系は）厳密でこわばった形式をとって存在していた。しかし、それは一つの必然性であった。ヘーゲル自身は理念の力を誇り高く信じて、その教説の通俗化のためになすことは殆んどなかった。ことばは、思想との闘いで得られた傷痕を恥じる必要はなかった。まず第一に肝要なことは、あらゆる表象的なもの、幻想的なもの、感情的なものを断固としてしりぞけて純粋な思惟をその自己創造において把握することにあった」

「ヘーゲルの体系は、一八一〇年以前に出来上がっていたし、彼の世界観は一八二〇年をもって完結されていた（※つまり資本主義はその姿をととのえてヘーゲルの眼前にあった）。もし彼が、その時代の教養にしたがって、彼のうちにあった実証的な諸要素をもっと度外視して、そのかわりに純粋な思惟から展開していたとするならば、宗教哲学と法哲学は必ずまったく別のものになっていたであろう。ヘーゲルにおけるあらゆる不整合、あらゆる矛盾はここに帰着する」

ヘーゲルの現実直視。現実から出発する、つまりまた、そのように見うる人間の知性への信頼。現実と理性の一致についての、逆向きであるが、確信。それがヘーゲルにとって、世界の全体性、統一性の根本的前提であった。

「シェリングが知らず知らずのうちにフィヒテを超えだしていることを、彼に悟らせたのはヘーゲルであった。その深く内面的な、動いて止まぬ弁証法を今こそまともに展開し始めたヘーゲルは、シェリングの影響が引いて後、一八〇六年に『精神の現象学』において、自然哲学的見地を超え出る大きな一歩を踏み出して、この見地からの彼の独立を宣言した。シェリングは絶望し、すでに当時、絶対的なものを直接的な仕方で、ある高次な啓示の経験的な前提によってとらえようと試みた」

「あらゆる哲学はこれまで、世界を理性的なものとして理解することを課題としてきた。ところで、理性的なもの、それはまた必然的であり、必然的なものは現実的でなければならないか、さもなければ、ぜひとも現実的にならねばならない。これが最近の哲学の偉大な実践的成果へのかけ橋である」

ところがシェリングは、〈世界の理性性（現実性）〉を否定するのではなく、その一方で〈哲学の理性性〉を否定した、その上で、理性的なもの＝ア・プリオリに理解できること＝を〈否定哲学〉、非理性的なもの＝経験的に理解できるもの＝を〈肯定哲学〉にわりあてた。

〈批判〉、それこそ理論や思想の不断の本質に他ならない。そしてこの〈批判の意義と役割〉という問題は、われわれが曖昧に想像する以上にはるかに本質的なものである。批判を徹底するということは、自らを裸にして深化することである。批判しうることの確信において、すでに発展の基礎は与えられているのである。マルクスの『資本論』は、巨大な現実としての資本主義社会へのトータルな批判の試みであった。指針となったのは、まったく純粋な思想と方法への確信に他ならなかった、と言えば不正確だろうか。理論は方法として駆使されたのである。

私の中にはいまもって、思想や理論の大衆的影響力をみれば、日本において共産主義がいくらかでも優勢になるためには、いくつもの関門を再び経るしかないだろうとの確信がある。思想はいまだ、大衆的、国民的な、市井のひとりひとりの日常生活の規範的価値としての位置を獲得するには、はるかに遠いところにある。そしてそのことは、日本の伝統（その内にあらゆることを含めて）

に、巧みにコミットしていない、いやその意欲さえ失っているわれわれの側の弱点をものがたっているのである。

〈政治〉と〈思想〉、あるいは文化全般、〈政治〉と各層分野の大衆運動。これらとの関連、結びつきについて、はたしてどれほどの納得をひろめうる道理と、思想の内実を保持しているであろうか。あるいは、それがめざすトータリズムに向かって、どのように総合的、統一的であるだろうか。私には不充分と不足しか感じられないのである。

一九七七年九月一三日

今朝は四時に起き、風呂に入って冷たい水を二杯飲んで歯に染み渡り、床に臥して寝付かれず、コーヒーを沸かして、こうして机に向かっている。もう五時も二〇分過ぎ。外は明るく雀も飛び交い、そぼふる雨の、その、そこここの雨滴のひそかな音。露のしずくのさわやかなまばゆさ。これらのことは毎日毎日の、途方もなく日常的なことに過ぎないのだが……ある名状しがたい感慨にとらわれ、何を言っても妥当するような感想を思い出すのである。そこに、おそらくはすべてを包み込むかに思える〈生〉という言葉がある。なんとこの言葉にはあらゆる感慨がこめられうることだろう。すべてのことを、曖昧にするかに見えて、しかもただひとつ、もっともたしかなものに触れているように思えるこの〈生〉という言葉。ふたしかではあるが、感じる人間にとってはこの上なくたしかな言葉。

これをそのとき〈実存〉とおきかえてもよかろう。〈存在〉といってもよい。そして多くの人々が言ってきたように、それは〈生きているという実感〉である。

このくずれそうでくずれえぬもの。かぼそく、ひよわに見えて、しかし、したたかにすべてをささえているもの。内容がどうであれ、形はどうであれ、あるいはよかれあしかれ、在ることによって、在りつづけることを宿命づけられ、命令されやむなく生きるにせよ、意図的に生きるにせよ、どうしても、どうしようもなくみずからをみずからの力によってささえつづけなければならぬもの。

これらの感想の裡に、近代の人間がいるのである。そして、それはいまの社会的現実の、全体としてはたしかな鏡となっているのである。

いわゆる実存主義が、または〈生の哲学〉が大衆的な影響を深くもちうることの根本的前提、根拠として、例えば以上のような日常的な生活の場面での平凡かつ普遍的な感慨というものがあるのではなかろうか。

はっきりしないものが人間のうちにあるという漠然と

した感想。はっきりしているのにはっきりさせたくない、あいまいにしておきたいという社会的、現実的生活の多様な葛藤。生きる目的について、その目的をあからさまにしてしまえば、自分の生活の足元が崩れてしまうかのように思うこと。そうして、これらいっさいをふくめて、たしかなものは、ただ私の〈実存〉としかいいようがないではないかという〈虚無〉と〈居傲〉。道理や正義について理解しえても、それを真につらぬき実現しがたく思うところから、むしろ逆に道理や正義にむかって憎み、反抗したくなる心情。

これらが決して〈精神病的人間〉によるものではなく、まったく普通の人間の、個人の、生活人の、一般的現実であるという確信は、やはり大切に扱うべきことのように思える。

はたしてこれらの感想の現実的根拠は奈辺にあるのか。この社会のトータルな把握が、どれほどの思想、理論として充全に説得的であるのか。それゆえにまた、そのように理解された社会的現実の未来と展望はどのようなものか。その展望のうちで〈私〉はどのような位置と役割が与えられるのか。

シェリングは哲学の理性性を否定したが、このゆきつく先はどうか。そのことによって哲学の統一性、あらゆる世界観の全体性が不充分な〈二元論〉へ引き裂かれてしまう。かれは事物における本質と事実、すなわち〈であるところのもの〉と〈あること〉の区別をまずもって設定し、このスコラ的原則から出発する。そして事物のなんであるかは理性が教え、あるということは経験が証明するという。

理性は実在的世界とは無縁な、たんなる世界についての思想にすぎず、したがってなんらかのものの現存を証明するのに無能である。理性は、シェリングによれば〈純粋な思惟のなかで実際に現存する事物ではなく、可能的なものとしての事物を扱うことになっているのであり、事物の本質を問題とするのであって、それの存在を扱うのではないということ〉になる。

したがって神について言えば、神の本質は理性の対象であるが、神の現存性はそうではない。実際に存在する神についてかんがえるとき、純理性的な領域とは別の領域が求められる。

エンゲルスは言う。

「事物は現存という前提を得て、その後ア・プリオリにはじめて、可能的あるいは理性的なものとして、またその帰結において合経験的、すなわち現実的なものとして実証されるというものでなければならない。これがシェリングの見解である」

シェリングはかなり充分にヘーゲルを意識する。その相違は、かつての自然哲学時代のシェリングが、それをさらに発展させる方法を体得しえなかったところにある。それこそが〈弁証法的方法〉であった。そこにシェリングのゆきづまりがあり、それによってシェリングは、理論内容としても、また人間としても、立場として〈保守〉となり、したがって現実政治の無批判的追随者としての安易な道にはまりこんだのであった。

シェリングの〈否定哲学〉とは理性を否定した上に立つ哲学ということに他ならない。そして、そこにこそヘーゲルとの〈対立が全く鋭いかたちでいいあらわされている〉。〈方法〉以前に根本的問題。認識の根本前提。

エンゲルスは言う。

「シェリングは理念への信頼などは超えているのであるが、その理念を素朴に信じるヘーゲルは、理性的なもの、それはまた現実的でもあると主張する」

理性への信頼について。そこには往時の自然科学上の発展についての認識があった。シェリングとちがってエンゲルスは、人間知識の総体への関心と造詣を自己の理論的認識の土台にすえていたのである。

一九七七年九月一七日

レーニンという人物。その人間的魅力ということについて思いを馳せてみよう。かれの日常不断の感覚的な〈水準〉は、どれほど市井一般の人々とへだたり異なっていただろうか。もしそのへだたりと違和が大きければ大きいほど、かれの理論はまことに〈大衆〉をつかむこと少なかったであろう。レーニンのように実践的な政治家であればあるほど、いかなる意味においても、大衆の日々の些細な問題に対する普遍的、類型的な対応を知悉していなければ一歩も進みえなかったはずである。

このレーニンの人間の、いわゆる日常感覚、平衡感覚、つまりは革命家に不可欠の〈コモンセンス〉というようなもの。これらをゆたかに身につけて、なお自分の思想と信念に忠実で、それを鉄のような意思で貫こうとした、そういう人物として私はレーニンにあこがれる。

実はどうしてこんなことを書くのかといえば、藤井一行氏『社会主義と自由』を読んでいて、藤井氏はレーニンの〈真意〉をしきりに探りだそうとしているのだが、それはレーニンがいま読めば、苦笑どころか破顔一笑するだろうと感じられたからである。

しかし、レーニンがつくりあげた理論と実践、その結果としてのいまのソ連。そこにはレーニン自身の予測とははるかにへだたった〈社会主義〉が現存するのであり、それを見ればレーニンは〈真意〉を探られた同じ胸でふかく傷心するであろう。

われわれの感覚としてはあたりまえの、人間としてはしごく当然で共通の、理論というほど肩肘張ったものではなく、そこが大多数の人々の出発点、土台であるようなものとしての現実。そこに、科学的社会主義のあらゆる理論的、実践的問題がある。

この〈潜在的〉ではありえないほど日常的な、しかしそれゆえまことに不充分にしか自覚的、意識的になりえていないもの。これらに即して抽出し、自覚的な問題とすること。このあたりにいまの焦点が存する。はっきりモノを言うことである。目の前にあるものを、そのものとして直視し、分析し総合することである。一つひとつの〈おまえの仕事〉のうちのものを抽象化し、理論化してゆくことである。この努力と持続性において、私はいまじっくりと試されているように思われる。

〈自由について〉の藤井氏の文献学的探求はそれでよい。だが、いまの問題は文献学的解釈にあるのではない。自ら問題を発見し、その問題にふさわしい格闘（実践的にも理論的にも）の上に、新しい問題を解明しうる理論を鍛え上げることである。レーニンに藉口してはならぬ。すでにその骨格を前提にした上に、現実的に新しいものが創造されなければならぬ。

一九九七年九月一八日

A氏——彼のうちにある気分性的なもの、人間の強さよりも弱さに、楽観的なものより悲観的なものに、複雑なものよりより単純なものへ、一様にひかれる心性はよく理解することができる。それは実践的には中間派的立場であり、いわゆるプチ・ブルジョア的心情の特質につながるかもしれない。しかし、おそらく〈大衆性〉ということの内容は、この辺の心情を共有しうる確信の上にのみ獲得される資質なのであって、これらを政治的、思想的に評価してキメつけてしまうことはよくないのである。もし不足があるとすれば、彼にとっては〈文化性〉であり、一定の理論的素養ということにかかわると思う。しかも、それを彼個人の責任において責めることはできないのであって、その地の中・貧農の境遇の内に生まれ育った条件について考えぬわけにはいかない。そこで、党員としてまっすぐに闘おうとしてきた人間の、いまの不足をいうならば、それはむしろ党指導の問題（党がどんな人間を発見し、つくってきたのか）とあいまって反省されるべきが説得的であると思う。私は思う——〈そこで共産党員でありつづけること自体について〉心からの敬意を払うべきである。伸ばすべき能力、力量への批判は不可欠だが、すでに社会的、政治的体験において不足ない場合、ともに向き合う現実の、評価の観点をこそ提供すべきなのである。

一九七七年九月一九日

エンゲルス『シェリングと啓示』。その批判的検討の結論部分にいくと、まだ若い二一歳のエンゲルスはまことに高らかに格調高くしめくくる。そこには当時の哲学の、人間思惟の到達が人類史的視野のもとにおさめられ、ヘーゲルの歴史的、哲学的な位置が的確に把握されているかに思える。

「必然性をうちに含むところの自由のみ、いやそれどころか必然性の真理、必然性の理性性に他ならぬところの自由のみが真の自由である。ヘーゲルの弁証法、この強力な、休むことのない思想の推進力は、純粋思惟における人間の意識、普遍的なものの意識、ヘーゲルの神意識に他ならない。ヘーゲルのように一切のものが、それ自身をつくるところでは神的人格のようなものは余計なものである」

「ヘーゲルは意識の古い時代を完成することによって、その新しい時代を切り開いた人である。このヘーゲルがいま二つの側面から、即ち彼の先行者シェリングと、彼ののもっとも年若い後継者フォイエルバッハから敵視されるというのは特徴的である。フォイエルバッハが、ヘーゲルがまだ深く古いもののうちにつかっていると非難するならば、彼は古いものについての意識は、それこそすでに新しいものなのであること、古いものは完全に意識にもたらされることによってこそ歴史に属することになることを、思ってみるべきであろう。ヘーゲルはたしかに、古いものとしての新しいもの、新しいものとしての古いものなのである」

「自然の、こよなきいとし子である人間は、青春期の長い闘争ののち、長い疎外ののち、自由な人として母のもとに帰り、闘争で打ち殺された敵どものすべての亡霊に対して、その母をかばいつつ己自身との分離、自身の胸のなかの分裂をも克服した。いつからともしれぬ長い、長い格闘と努力ののち、自己意識の白日が彼の頭上に昇った。自由に、そして力強く、自信と自負をもって彼はそこに立つ」

「理念の全能に対する、永遠の真理の勝利に対することの信念。理念は決して揺らぎも退きもせず、たとえ全世界がそれにさからうともそうであるという、この強い確信は、本当の哲学者たるもの一人ひとりの真の宗教であり、真の肯定哲学の土台、世界史の哲学の基礎である。この哲学は最高の啓示、人間における人間の啓示であって、ここでは批判の否定はことごとく肯定的である。いかなる愛も、いかなる利益も、いかなる富も、それが理念に喜んで捧げるにはもったいなさすぎるなどとは思わないでおこうではないか。理念はわれわれのすべてのことに千倍の酬いをするであろう。戦って血を流し、びくともせずに敵の猛猛しい眼に見入ってさいごまでがんばろうではないか」

こうしてみると、エンゲルスが二一歳の前後にしてこのような問題についての視座を獲得していたことには驚くばかりだ。それは当時の彼をめぐる学的環境によるものであろうが、この当時からすでに哲学、思想をわがこととして、人類史的視野のなかに位置づける知性と感覚はみごとだ。

エンゲルスを読んでいて、なにを思うかといえば、私などはひどく単純で、その時の西欧的な概念や人名の随所にでてくるたびに、彼の思考がそれらとの関連と格闘と批判のなかで生まれえたものだと、つくづく感じるのである。ひるがえって、日本におけるわれわれの科学的社会主義の思想史についての論究と叙述はどうか。いまもって〈輸入〉ものであることを自己証明してみせているかに思える。

日本についても、ヘーゲルに先行するカントについての哲学研究があり、またヘーゲルの亜流的な具体化の試みがされた。そんなことよりも、日本の江戸時代にも唯物論的思考は確実にあり、育っていたことを思えば、そこからの批判的検討も不可欠ではないか。それらについての、われわれの側からの思想、理論的研究と批判はどこまでどのように徹底されてきたかという問題。

はたして、マルクスやエンゲルスが、かの地でそれらと格闘し、その批判的克服の道を通ってかれらの理論を打ち立てたように、日本でもそうだろうか。考えれば、マルクス、エンゲルスにとっても、それが現実的影響力をもっている限り、思想に伝統も外来もなかったはずで、日本でも事情は異ならない。ところが私の浅薄な知識では、このへんがわが陣営にとっても未だ不明確に思われるのである。日本のカント、それはやはり日本のカントであって、外国のカントではない。それを批判するのは日本の人間がやるべきであって、かの地で批判、克服されたから、だから日本でもダメだということにはならない。そして他方が外国思想の直輸入であっても、なにか日本の伝統と深く結びついているかの如く言うのに対して、こちらは内在的に検討するよりも、外国の証明をもってきて批判するようなところがあって、余計にこちらが輸入物、借り物の思想のような印象をひろげるというようなところがあるのではないか。まあ、しかし、この辺は、どうも杜撰な印象であって、明白な根拠もない。成果もあるのだろうが、おのれの努力として心にとどめておくべきことだろう。いわば、陳腐に聞こえるかもしれないが、われわれはまだ存分に〈自分の感覚と知性〉、〈自分の頭〉で考え抜いていないように思えるところから脱却しなければ、この道の先はまだまだ遥かに遠いということだ。

エンゲルス一九歳のとき、友人フリードリヒ・グレーバーに宛てた手紙の一節。

「ぼくが罪人であり、心の奥に罪を犯す性癖をもっていることは、ぼくはたしかに認めるし、あらゆる業の義認（説）をまったく認めない（※罪人が神から義と認められること）。しかし、ぼくはこの罪深さが人間の意志のなかに存在しているということは認めない。ぼくは、なるほど人類の理念のなかには罪の可能性は存しないが、この理念の実現のなかには、それが必然的にはいってこなければならぬことは、たしかにぼくは認める。だからぼくは、だれもがぼくに要求できるくらいに懺悔する用意はきっとある。だがフリッツ、ぼくの罪が第三者の功によって許されるなんて、そんなことは思考力のある人間なら信じえないことだ。人間の罪深さは、理念の必然的に不充分な実現のなかに存すること、それゆえ各人の努力は、人類の理念を自己のうちに実現すること、つまり精神的完成の点で自己を神とひとしくすることでなければならぬということだ」

一九七七年九月二二日

県の会議に参加する。いろんな活動経験が話されるのだが、思うことあり。

求められているのは基本的な政治、思想上の意思の統一であり、その上にたった個別具体的な指導の徹底というところ以外にはない。数が出て来ないのは、出て来るような指導に欠けているからであり、その指導上の問題を大胆にはっきりさせなければ引きつづきすすまないのである。

上の立場もこの辺を結局は避けているように思える。きれいごとになっている。下が進まないのは下が悪いのだ――。だが、そこに困難を解決し打開する指導の問題が抜けるのである。うまくコトがすすめば指導がよろしく、まずければ指導というより下部が悪いというのでは民主集中ということの実質を放棄するのにも等しかろう。

〈もろともの責任〉ということは、党の組織の場合根本的なことがらに属するわけである。中央が言うことは直接に対外的な公的政治の場にさらされるから、その配慮は不可欠であるが、しかし、県あたりの内部的指導において、いつまでもタテマエを言い張っていたのでは、伸びるものも伸びがとまり、羽ばたくものも翼がしぼむ。

〈もろともの責任〉ということは〈まるごとの党〉という思想的問題にかかわってくる。どんな状況にあろうとも、おまえはそこで〈党〉であり、おれはここで〈党〉なので、進むときもあり、遅れるときもあり、一人の人間の内面に〈まるごとの党〉があり、一つの支部の内に党そのものがあり、一つの地区の内に党のあらゆる側面があり、県も中央も、同じようにその内に〈党〉というものを持ち、こうして組織上の位置や立場の相違や区別を乗りこえて〈まるごとの党〉〈ぼくらの党〉が存するのである。

この、まことにキザな言葉でいえば、同志的一体感というようなものが、このへんからつちかわれてくるのである。

このなかにあって、党内指導というものは、下部を拘束する以上正確でなければならない。と同時に、指導する側にとっての、その思想的意味は、要するに、不断の自己点検、自己批判というところにあると私は思う。この全身的な知性の機能の契機を、その内に深く持たなければ、党における指導は思想的内実に欠け、指導の〈権威〉はついに実質上確立されることはないであろう。

あいまいな言い方であるが、どうしても私には、今のままでは進めない（少しく遠くを見ての話だが）だろうとの感じがある。

一九七七年九月二四日

昨日娘らを連れて八木山動物公園に行き、疲れて夕方眠り、夜は一〇時頃眠り、いまは午前四時である。なにか最近心にひっかかることのすべてについて夢を見て、うなされていたのだった。最後に目が覚めたのは、ある市議選の開票状況の場面だった。

党は一連の選挙で敗けつづけ、このかなり大きな市（議員定数約二百人というから大きいであろう）の、行政区単位に分立した選挙にかなりの総力をつくしてたちむかった。夢は投票が終わったところから始まった。なぜかすぐには開票しないで、二、三日がたつ。その間に各新聞、世論ともきわめて激しい予測をめぐる討論で沸騰するのである。街頭では市民が予想をめぐって争い、新聞はすでに予測にもとづく当選者氏名まで公表する。ある新聞夕刊がその写真まで紹介したために、ますます市中は混乱する。一切が選挙の結果へ集中される。

いよいよ開票の日が来た。党は開票立会人にそうそうたる幹部を送る。開票所に行くために大衆集会が開かれ、気勢をあげて、なにかもうもうとした雰囲気だ。

「どうだ、自信はあるか？」私は若い候補者に向かって聞く。「もちろんさ、どうしようもない闘いだったからね」と、彼は確信に満ちて笑った。一報が入る。それは都市と農村が混在している地域の状況だった。

「ひどいもんだ○○では、おい、八割だぞ」「えっ、八割も入ったのか?」「とんでもない、八割が無効票だ。議会はもっと市民のことを考えろとか、おれはもうあきあきしたとか、なにしろ市政への注文と批判の文章だらけだ」

一同の顔が一瞬くもった。しかし、報告者は前を向いてこういった。

「でもな、この○○を含めて三～四位で当確は出たよ」「えっ、クニヨシさん（この沖縄の人名がはっきりと出たのである）がとれたのか」

みんなは一様に驚いた。クニヨシさんはとれるはずではなかったのだ。それがとうとう当選したのだ。

どこからか「○○坊はトップだ」と息はずませる声が聞こえた。こんどは人がそっちに向かった。人いきれで息もつまるようなその会場に殺気さえ感じられ、党の決意のなみなみならぬものが伝わってきた。また報告が入りどよめく。私はそんな喧騒の中で「よし、ひょっとしたら三〇までは行く。これで一三議席を倍以上にできる」と考えていた。三〇になれば党は明らかに巻き返しに成功したのである。「しかし、四〇に近づくことはないだろう。いや、あともう少し行くのか、行かないのか――」ここで私は自分の考えがまとまらぬことについて考えていた。それは自分の予測の主観性についてだった。

「甘くは見れないな。だが、こうした場合の判断の根拠はどこに求めればいいのか」

甘く見れば「敵」の強さを過小評価したことに、結果としてはなるだろう。きつく見れば「味方」の力への不確信にもなりかねない。この、甘すぎもせず、きつすぎもせぬ見方の、その根拠は？一体、およそ選挙の時のような場面で、何がもっともたしかな私の判断をつくるのだろうか。

「夢」はこの辺をめぐって空転し、なんの結論もなく、私は目が覚めた。

いま午前〇時を過ぎた。N支部の集まりは一三人。静かな会議だった。秋の空に皎皎と月がさえ渡り一点の雲もなく田のなかを走りすぎると車に暖房さえ必要と感じる冷気であった。

行く途中、巨人対大洋のラジオの牧野茂氏の解説を聞きながら、いくつもなるほどとおもわされたものである。いくたびかスランプに陥った王は二二打席ノーヒットの時、八年ぶりにバントを試みたそうである。「あの年齢で（と牧野氏はいった）精進につぐ精進をすることに頭が下がる」。打つこと、その困難は打率に示されているではないか。いくら名人であっても決して五割、一〇割と打てるものではない。やっと三割だ。確率三〇％が最高の力なのだ。そのための一球一球に打法の工夫をこらし、そこに全力をつくして、三本に一本のヒットが出れば最上なのだ。また牧野氏は、大洋が出発のとき、優勝を争える力をもっていると言われたのに、今ここに来て巨人に二〇ゲーム差になっていることに、アナウンサーが投手陣の弱体を言ったのに対してこういったものである。

「大洋には勝つ野球ができていない。勝たなければならない。勝つためには選手が自己犠牲を知らなければならない。それがチームプレー、組織プレーというものだ。あるときは勝つために犠牲が求められる。それを選手個人にまかせていてはだめだ」

優勝の決まった巨人は、先発に定岡、つづいて小畑を使った。定岡は四点とられて降板した。牧野氏はいった。「定岡の一球一球は立派な球だ。一軍で通用する。コントロールとコンビネーションに問題がある。ノーワインドアップと同じ球が投げられなければ一軍では通用しませんよ」

別のラジオでは別所毅彦氏が解説をしていた。定岡がせっかくの自分にとってのチャンスをふいにしたことに触れ、また小畑がつづけて四球を出したことをとらえ「ピッチャーがストライクをとれないのは最低です。あれは昨日の祝勝会で飲み過ぎたんですよ。よくない。よくないねぇ」と、例の調子で決めつけていたが、そして若手は、将来のためにきびしくきたえなければならないことを強調していたが、あれやこれやのことが、私には野球だけの話とは聞こえなかった。野球も一つの仕事としてみれば、そして人間のなすわざであることを思えば、そこにはやはり一つの決まりが厳として存在するように思えたものであった。

一九七七年九月二五日

ふとレーニンの『青年同盟の任務』を眺めていて、最初に読んだときの鮮烈な印象がよみがえり、なんともいいようのない思いにうたれる。私自身への卑小の感慨（その内実は言葉でいえばごく単純なことなのだが）が全身を震わせるように圧倒するのである。

「――諸君は、これらの知識をただ習得するだけでなく、それに対して批判的な態度をとり、無用ながらくたを頭に詰めこむのではなく、現代の教養ある人間として持たなくてはならないいっさいの事実についての知識で自分の頭をゆたかにするようなやり方で、それを習得しなければならない」

「もし共産主義者がもっとも真剣な、もっとも困難な、大きな仕事もせず、ぜひとも批判的にとり扱わなければならない諸事実を分析もしないで、ならい覚えたできあいの結論にもとづいて大風呂敷をひろげようなどと思いつくなら、そういう共産主義者はまことに困ったものであろう。このような皮相なやり方は断然有害であろう。もし私が、自分があまりものを知らないということを知っていれば、私はもっと多くのことを知るようにつとめるであろう」

一九七七年九月三〇日

「(芥川)氏は〈すべてのものを本から学んだ〉と書いている――我々は小ブルジョアジーの諸属性の中で〈自我に関する思索〉こそが基本的な一線であることを知るのである。彼はこの社会においてなんら伝統的な生活手段をもっていない。従って生活を保証されず、たえざる生活的窮乏の日陰を自分の周囲に見出ださなければならない。彼はどうしても自分一個の頭脳にたよらなくてはならない。こうして彼の唯一のすがりうる生活手段は智的才能だけである。知識に対する彼の貪欲とも言いうる強烈な欲望は、彼の個人的特性であると同時に、ここにその社会的母胎をもっている。知識は第一に彼の生活上の武器であった――」

「こうして彼の行為、思索は常に自我を中心として回転している。彼の問題にするのは本質的には自己である。現実はともすれば自我のみであるように思ってくる。そして最後に彼は自我を愛する――しかも外界は激しい刺激と動揺を彼に浴びせる機会にみちている。かれは自己を防衛しつつ、ともすれば孤独感や空虚感に苛まれるのである。あらゆる厭世主義者のように、氏は〈人間に負わされた永遠の世界苦〉に結論を発見せずにはいられなかった。それは〈自己〉への絶望をもって社会全般への絶望に置き換える小ブルジョアジーの致命的論理に発している。かくて芥川氏は、氏の生理的、階級的規定から生まれる苦悩を人類永遠の苦悩に置き換える」

以上は、宮本顕治『敗北の文学』の一節である。ここに示されるインテリゲンツィアへの、心理的にも押さえられた説得的な階級規定は、たしかレーニンの『一歩前進、二歩後退』で、プレハーノフのインテリゲンツィア規定として引用されたものと同一の論理である。そのことの自身にとっての強烈さを、芥川の世界を借りて確かめようとしたのがこの評論である。ことさらに新しい観点や視野があるわけでもない。しかし、ここには往々にして批評が陥る客観主義が見られない。宮本氏が芥川の経歴と作品に入り込んで、自身と闘う切実さが共感を引き起こしたのである。たしかにこの〈内在的批評〉は〈変革的批評〉たりうると言えるであろう。そうしてまた、この評論が小林秀雄の『様々なる意匠』を押さえて改造の懸賞論文第一席に選ばれた、その昭和初期（一九二九年）の日本の、その時代の社会的、政治的動向が、推察されようと言うものである。これは〈時代の証言〉なのである。

だが、あまりに印象的で有名になり、ある人々の強い賞賛を浴びた最後の〈芥川の文学を批判仕切る野蛮な情熱を持たなければならない〉は、私にはこの評論の弱点、それも容認しがたい弱点だと思われる。それはロシア革命の渦中の、粗野で暴力的な野蛮性を思い出させ、かつ、かのスターリン独裁の野蛮を想起させるからである。それも含めて、私には非常に政治的な傾向をつよく持った時代のひとつの証言と思われるのである。さらに言えば〈敗北の文学〉と言うことで、文学を政治的な〈勝利〉と〈敗北〉とに結びつけて裁断すれば、それこそ前者は〈党員文学〉だけになりかねない。芥川につながる日本の文学伝統は明瞭にあり、続いたのであるから、日本文学史にとっても政治的な裁断の歴史的な〈基準〉とされてゆくことになった。

賞賛だけですまされない負の一面をもっていたことも考えておかなければならないだろう。

一九九七年一〇月四日

ちょっとした印象として。昨夜テレビ映画『ルーツ』第二話を観た。主人公のキンタが逃亡し、鞭打たれながら、奴隷主から与えられたトミイという名を強要される。「お前の名は？」と問われ続ける、が、キンタ、キンタとつぶやく。最後に気力失せ「トミイ……」とつぶやいて鞭はやむ。キンタを可愛がり、逃亡を見のがした老いた奴隷は、奴隷主に懇願して蹴飛ばされる。鞭打たれながらつぶやく――「俺はこの子を救うことによって、死ぬのだ――」地に倒れたキンタを抱き起こし、自分の膝に乗せ水を含ませながら、黒い顔の目が赤くなり、頬を涙が伝う――「白人は俺たちに名前をつける。だが俺たちには俺たちの名前がある！」逃亡を見のがした時、彼は自分の責を痛感しつつ頭を打って叫んだものだ――「あいつは自由になるだろう。ああ、自由というものは、いいものだろうなぁ」

この、例えばこんなシーンの重厚なテレビドラマが、アメリカで五〇％以上の視聴率を得て、まことに世界的なセンセーションを巻き起こしているということに、私は、世界に普遍的な、健康な人間性を感じるのである。人間の理想や、または人間性、人間としての高貴や尊厳をまもりぬくために、どんな境遇や圧迫にも屈せずがんばる、闘うということに、それを貫こうとする誇りや意思の力に、たしかに人間は本能的にさえ共感し、感銘するのである。

それはほんとうに普遍的なものである。人間が人間としてかち得てきた到達は、単に物質的なものばかりではない。

一九七七年一〇月五日

『現代と思想』二九号「現代社会主義論」のいくつかの論考について。

田口富久治の「先進国革命と前衛党組織論」は、彼にしては平易な文章で、問題のアクチュアルな、また問題意識の具体的、切実な点において示唆深いものとなっている。問題提起の域をでないが、これは性質上やむを得ないもので、その結論よりも、この組織論についての問題提起を大切に検討しなければなるまい。

佐々木健「現代社会主義論の一視角」は随想であるが、西欧と東欧の実体験を通じて〈嫌悪さえもよおす社会主義の現実〉ということ。また西欧社会民主主義政党とその政治的役割についてのとらえ方。また〈先進国革命〉と言われる日本とは異質的な問題のとらえ方についてなど。氏は東北大学出身で、私も幾度か小さな資本論学習会で話を聞いたことのある人で、レーニンの読み方についての学生時代の反省など、懐かしく共感しながら読んだ。

「対談・個の問題と社会科学＝山之内靖と古田光」——河上肇の思想史的評価からはじまって、フォイエルバッハの読み直しの必要についてなど、なにか内心から湧いてくる理論的意欲を深く触発されるものであった。

一九七七年一〇月六日

アラゴン編『愛と死の肖像』に綴られたフランスレジスタンスの戦士たちの、処刑前の最後の手紙の印象は打ち消しがたい。今読み返してもそれは決して消し去ることのできない重い歴史の証言であることは疑いない。人間がほんとうに人間であるということが、その時代にはこのような形で証明されたのであり、この人々はそれを自己の生命を犠牲にして、歴史の進歩に貢献したのである。その深い意味について私は忘れることはないだろう。彼らの意識と言葉のなかに、あたかも詩のように、また宗教的感情にまで高められた緊張した心情を支えていたものがなんであったのか。それはそのとき〈ソビエト同盟〉であり〈スターリン〉であり、そして〈党と青年同盟〉であった。それは、そのときすでに理念であるとともに宗教であり、解析しえぬシンボルであった。輝かしい指導者・スターリンの時代。それははるか紀元前のローマ帝国の話ではない。その血なまぐささがいまも残っている五〇年前の話なのである。

この時代を、いかに受けとめ、いかに大胆に克服してゆけるのか、そのことはいまなお正面から突きつけられているわれわれの課題なのである。

藤原時代をまつまでもなく、共産党にとって官僚主義は、とくにつねに問題であった。思うに、〈みせかけの民主主義〉を嗤うはよかろうが、しかし、民主主義とは、その内容と同じくらいに〈見かけ＝形式と手続きと外見〉を重視すべきであり、〈大衆〉はまずもって〈みせかけ〉を見て、その後に〈中身〉に踏み込み、そして共感から支持へとすすむものなのである。

一九七七年一〇月一二日

〈民主主義の最大限の発揚〉などというと、直接にはなにかゆったりとして規律もゆるみ、討論とおしゃべりになるのではないかなどと感じさせるものもあるが、しかし現実に〈民主主義〉をほんとうに自覚的に徹底してつらぬこうとすれば、むしろ事態はいまよりはるかに〈規律的〉にならなくてはならぬのである。

民主主義もまた決まりであり、方法であり、つまり〈民主主義的規律〉としてあらわれるということが、責任ある理解というべきであろう。ここにはいわゆる強権による〈集中制〉は出番がないのである。

考えれば、われわれの活動で、そのもっとも基礎的な、初歩的なところで〈非民主〉が横行している感がある。それは、私から見れば、〈唯物論〉の欠如ということと結びついている。いまのところ、これらの事態は〈方針の具体化の不徹底〉があるからだということになるのだが、しかし問題は、その実践と具体化のレベルにだけあるということではない。離してはならぬ原理・原則として、党建設の思想的立場としてこの辺が確立しているかどうかに関わる。〈いっさいを厳格に民主的におこなう〉その合意さえあればよい。そのための機関の、あらゆるいみでの水準の向上が、もっと意識的、系統的にはかられる必要があるだろう。

一九七七年一〇月一七日

内海和雄「スポーツに関する試論――その本質的特徴と把握の方法――」（『科学と思想』二八号）
これは興味あるテーマである。どこにも理論的問題があり、それに取り組む人がおり、そしてそれがとても貴重なものだと考えさせてくれる。
プレイ論的スポーツ論は資本主義国の論者に共通している。それはプレイ＝競技そのことの意味を通じてスポーツの本質を説くもので、現象的把握にならざるを得ない。例えば、人類の完成への努力、美の追求など。これはまた人間の要求との関連でスポーツを論じるもので、いわば要求論と名づけられる。しかし、問題はその

〈要求〉が、そもそもなぜ生じるのか。その社会的自然的条件はなにかについての解明にある。マルクス主義的スポーツ論は、とくに労働とスポーツとの関係を意識的にとりあげる。しかし、それでもスポーツ活動自体を本質的、構造的にとらえていない。そこで、スポーツ把握の方法について基礎的なところから考えてみよう。

第一に、生産力の発展が余暇を拡大し（本来労働から分離したスポーツが、いまは労働にとって直接的な契機ではなくなって、人間にとって「余暇」の一形態として存在しているのであるが）、スポーツの発展、拡大につながってきたことである。第二に、余暇の増大は人間の身体的、肉体的運動要求の増進に関連し、それはスポーツ要求の一義的源泉となる。第三に、余暇の所有主体が、かつての一部のブルジョアジーから大多数の労働者階級になり、それによってスポーツは国民的規模の要求、運動となった。第四に、そしてこの要求が、歴史、社会的条件を反映した競技様式、ルール、用具を媒介としてあらわれる。以上の点を踏まえること。

「人権の土台としての身体の尊厳という思想、これが運動文化の基底になる。そして、その思想を現実のものにしてゆくための努力と成果、いわば身体運動についての諸制度、体制もまた運動文化であろう」（川合章）

「体育の諸形式はいうまでもなく身体活動の形をとった文化の一つの存在形式である」（城丸章夫）

大切なことは、体育を、スポーツを人間の本質的な価値をになうところの文化（財）としてとらえることであろう。その〈上部構造〉としての本質規定とともに、その独自の理論、技術、ルール等の発展を具体歴史的にあと付けることであろう。内海は、マルクス『資本論』の価値に関する命題がスポーツに関しても有効であると述べているが、それはそれとしても、もっと個別的研究の具体性の中から問題を引き出すことであろう。

実は戸坂潤を思っていた。日常的な、市井一般のいろいろの所にある思想や理論の問題を、それの事態に即してみること、この訓練こそ大切なのであってスポーツも例外ではない。全集を眺めていると、その「思想と風俗」に「学生スポーツ論」がある。それは風俗としての当時の学生スポーツを論じたもので、勿論本格的スポーツ論ではない。戸坂は最初に〈宗教が民衆の阿片だとすれば、スポーツは中層市民の、あるいはとくにインテリ市民の阿片である〉と断じている。それは、当時国家がスポーツに期待したそのイデオロギー的性格を批判したものであろう。

「スポーツは今やいよいよ体育ではなくなってきたわけである。あるいは、依然として体育であるかもしれないが、それは日本精神か資本家企業かの手段としての体育となった。スポーツは、もうそれ自身において喜ばしいものではなくなった。スポーツはそれ自身に神聖なものではなくなった」「そういう意味で発達したスポーツは純粋スポーツ（？）としては、どんなに水準が高くとも、時間も場所も用具も持たない日本の勤労大衆一般にとって、本当はなんらのスポーツでもないのだ」

一九七七年一〇月一八日

セルジョ・ブルーニ（イタリアの歌手・赤旗まつりで来日）の仙台公演に行く。声量豊かな、洗練された風格のある歌手であった。そして私が感じたことは、ここにイタリアがあり、イタリア国民がいて、イタリアの党が息づいているということであった。あのように快活、明朗に、激情的に心をこめて歌う歌をイタリアの風土がつくったのである。ナポレターナ、カンツォーネを、ブルーニという五六歳の歌手が歌い上げるとき、そこに広がる文化・芸術の層、または質は、やはり深々とイタリアのものなのだ。共感を感ずれば感ずるほど、これはいま日本の党にないものだ、そして理念として日本が獲得したがっているものだという、憧憬も混ざった感慨にしばし浸っていた。

一九七七年一〇月二〇日

O同志の自宅を訪ねた。彼の長男は小学校四年生だが、重度の脳性小児麻痺で、いつも母か父に抱かれて暮らしている。目はうつろに見開かれ、手は枝のように細く曲がり、体重は一四キロという。私はその姿を前にして、なんとも言いようのないかなしさについて考えていた。この家族――彼の下には可愛く快活な二人の妹がいる――の家庭生活、生き方というものが、この子のために他の誰よりも辛く重たいものになったのはうたがいない。二才になる妹はいつも兄が抱かれていて自分が甘えられないことに、その気持ちを屈折して表現するという。

「この十年頑張ってきたんだから、あと少しの辛抱です」と医者に言われたら、母親は、あと少しでこの子が死んでしまうように感じてつらかったという。もうどんな不幸がかの女を襲っても、かの女は決してくじけたりはしないにちがいない。じぶんの腹をいためてこの世に生をあたえたわが子の、この姿を目の前に、もうひとつの自分の不幸な生を生き抜いてきた母親にとって、いったいこの他にどんな不幸があるというのだろうか。このかなしい境遇を母親として生きぬいてきたこの強さにまさるどんな強さがあるというのだろう。カラカラと笑い、快活にしゃべる三〇歳を過ぎたばかりの母親に、もう流す涙とてなく、かなしみはもうかなしみではなく、それをのりこえて生きなければならぬ、のりこえるべき自分の心情として、それをふきとばすようなおのれの気力を求めるのでもあろう。もうそのかなしさを自分以外の他の人に分けてなぐさむことなど不要である。それは自分の心の内にふかく沈んでいる。ひとにむかっては、せめて明るくありたい。不幸をほんとうに知る人こそ、ひとに対して暖かく、やさしく、そしてあるときには、どんな不幸をも知らぬようにしあわせに見える。

父親に抱かれて重湯かミルクか口に投げ込まれ、しきりに天井にむかってはなにかを言おうとしていた。「さぁ、おねえちゃんも寝るからね、寝なさい」というとき、二才と四才の妹たちにとって、「自分の兄」とはどんな人としての印象をつくり、彼女らの小さな世界に入り込んでいるのだろうかと思った。心なしか、母親の張りのある声や笑いが、どこかでふかく涙にひたっているように感じられ、それがみずからをひとつひとつ元気づけているようにも思えた。

生活があり人が生きている。ありうべき理想を頭に描いて、それとあまりにもへだたる現実を前にして、ひとはしばしば嘆きかなしみ、それを理由に足をとめたく思う。しかし、足を止めようにも止めようもなく、なお進まなければならぬとしたら、なお生活の現実を生き抜くことによってしか生きてゆけないとしたら、もうなににもとらわれることなく、この現実を胸いっぱいにうけとめて、ほんとうに、生きぬくしかないのである。死ぬまで、生きることを自覚して、生きぬくしかないのである。

そのとき、現実を動かし、変えるものは、自分の心の内側にあるいろいろの感情や気分ではない。気分で現実は変わりはしない。体得すべきは、現実を動かしうる自分の信念と言葉、自分の行動。そしてそれらは浮動的なものではなく確固としたものであるほかはない。

生きるということは、それ自体、ほんとうにかけがえのないねうちをふくんでいる。

O同志は目立たぬ、誘致企業の一労働者である。ここに、温厚で優しい笑顔のひとりの党員が、静かだが、たくましく闘い、生きている。

一九七七年一〇月二四日

堀江正規の本のなかに、ヘーゲルの次の文言の一行があって私をひきつける。

「単純の深みにおいて自己をとりもどすものは強力である」

ヘーゲルのどこにあるのかは知らない。しかし、今の私には私なりの事態に即してこの意味がのみこめるような気がする。たとえば話はこうである。考えても、考えてもどうもよくわからない真理などというものは、はじめから真理でもなんでもないのである。実際というものは、しごく単純であり、その単純ともいえる真理を獲得するために必要なのは、人間の決して単純ではない経験や能力によるしかない。ところが人間のその全能力とは、ものごとをありのままにすっきりと認識するという風にはできていないわけで、かなり余分なものをみずから抱えていて、それでもって対象を見たり感じたりするから、わけがわからなくなったり、自分の立場をまもるために、事態をゆがめたり、自分の利害得失の打算にあわせて対象をみたりするのである。

しかし、あっちゆき、こっちゆきしてみても、結局対象の真理性はまことに単純なところに帰着するわけで、その真理の単純で率直明快なところを、自己の全能力、全体験を通じて、そうでしかないところでつかんだときに、真理はまさに自己のものとなり、自己の力となるのである。

単純なものへ到達するためにさまざまな過程がある。その過程を〈深み〉ととらえることができるであろう。そうして、人は単純なものに到達することによって、自分を自分の言葉ではっきり知ることができるのである。つまり対象を明確に認識しうるのである。そのときに、強力としか言いようのない人間の強さが生まれる。〈とりもどす〉ということには、いったん人は自己を失い、自己をさまようしかないときがあるということ（あるいは本質的に）を示しているのであろう。

「自由主義的な家庭の温室のなかで育った私は、生来の資質ということもあって、はなはだしく無気力な無知識な人間に育っていった。もっとも、無気力ではあったが、じぶんたちは何かの意味で社会に出て、人の上に立つ人間になるのだというようなあてのないプライドがごく自然に私の精神的な構造にしみこんでいたこともしるしておく必要がある。これがある意味では私を無気力だけにおわらせなかった一つの動力だったことは否定できないし、このような小ブルジョア的な、あてなしのプライドが、その後の社会的な経験によって事実上粉砕される一方、意識的な努力としての精神構造にしみこんでいる小ブルジョア的な性格をいかに克服するかという課題が、そろそろ五〇に近づこうという私の歴史を、およそ二〇数年間にわたってつらぬいているからである」（『堀江正規著作集』第六巻）

一九九七年一〇月二六日

寝床で丸谷才一『文章読本』を読みながら、丸谷が名文としてえらんだもののなかには、それが文章の方法の観点からだけでなく、そこに彼なりの思想や立場にもとづく周到な選択が含まれていることをかんがえていた。

それから眠ろうとしたが、私の頭のなかを、さまざまなものが飛び交い、それらはひとつひとつは断片ながらも、全体としてどこかいたたまれぬ印象として私をつき動かしてくるようであった。私はまたもや、私という人間の在りかたについて考えはじめていたのである。今日は、どうしようもなく眠くなったら眠ろう。私はもっと時間を惜しんで仕事をすればよいのだ。自分の仕事について寸暇を惜しんで没頭すればよいのだ。ああ、勿体ないと思いながら、一時間でも二時間でも、時間を仕事のために使い、今のうちにやれる仕事をやりとげればいいのだ。

これもまた、見通しをもたぬ私のひとときの気の持ちようというものか。〈私〉について語ることによっていま、なぐさみ、自己満足以外の、以上の、一体何が生まれるというのだろう。

それはわかりきったことだ。もし私が一つの仕事を努力して行い、一つの達成を得ているならば、〈私〉を語ることはすなわちその仕事について語ることになろうし、それは私を新しい力でひたすことだろう。とくにないま、私は私だけを語ろうとするのか。

再び言えば、それはほんとうになぐさみ以外のなんの意味ももつことはできないのである。どんなに着飾ってみたところで、どんなに理論めかしてみたところで、そこには血のにじむような刻苦のあとはなく、考えぬかれて人をふるいたたせるなにものもない。そのことをいくたびか私は私につよく言い聞かせてきた。私になぐさみが必要なたびに、思うだけでなく、こうして文章として書きつらねてきた。これはだれかの目にふれるかもしれない。こうして少なくとも私は私以外の他人にむかって、せめてここまではわかっていてくれと、切ない、かぼそくひよわな心情を書いてきた。

季節はもうとっくにすすんでいるのに、私は夏の陽下で裸で昼寝をしている光景だ。まわりがどんどんすすんでいくのに、私は一人で草むらを歩いているみたいだ。あらゆるものが変わるべきだと信じながら、私は私を変えようとはしていない。

あなたの目からみても、私という人間のいまが、そう見えるにちがいない。私はゆきばのない気持ちでこれを書いている。かかずにおれぬ気持ちで書いている。一皮はいでみれば、私の心のうちはほんとうに貧弱で他愛のないものだ。あらゆる惑乱と動揺がわだかまっている。その心のありようは決して〈特殊〉ではない。あまりにも浅薄な、あまりにも類型的な、文字通り〈弱い〉人間の姿というほかはない。しばらく目をつむっていてくれ。ちょっと待ってくれ。すべてのことについて考え、なんでも可能と思いながら、私はなにひとつたしかなものをつかんではいないようだ。ふたしかなものの間にみずから身をおき、気分のむかうままに自分を泳がせ、私は私に呆れ、呆れたところでなにかの意味をみつけだそうとしてきたが、しかしそれは無益で無駄なことだった。

ふたしかな現実が、決してたしかな意識をもたらすことはないのである。ふたしかな、不透明な人間の位置や関係は、私をしっかりしたものにするはずがないのである。

ふたしかさが許されていたと、私は感じていた。しかし、問題はちがう。そのようなふたしかさを私が私の責任において許してきたのである。これはあまりにもはっきりしたことだ。これはだれも否定できないことであり、どうしてもみとめなければならぬことがらだ。

こうして私は、いまさらのように、私という人間を生きる自身の責任について気がつくのである。私という人間を生きるのは他人ではなく私自身である。私という人間に、はじめからさいごまで責任を与えられているのは、この私なのである。まったくつまらぬことを書くようだが、いまこのように考えていたのだ。なんでもないことだが、いま私はこのことがわかるように思えるのだ。これは秋という季節のためだろうか。

私の生き方というものを考えたときに、私はいったいなにこだわってきたのだろうか。なにに遠慮してきたのだろうか。なにを生きる上での障害や桎梏だとかんじてきたのだろうか。それは（そのときには直接はそうは思わなかったにせよ）私の個人的な能力、才能というものをほんとうに生かしきれるのかどうかをめぐってであった。私は正しい意味での謙虚は知るつもりでいるが、他方ではきわめてゆがんだ形で自負と傲慢がふかく腰をすえている。〈おれは、こんなものではないぞ〉というような、言ってしまえばひどく俗物的で浅薄な鼻つまみの感想が、私のなかにふかく横たわっている。さきに書いた堀江の感想への感慨も、私がこう考えるところから生まれてくる。

結局はどんなに抵抗しても、このへんの〈個人主義〉〈利己主義〉というものが、私のものの考え方のなかにすわっているのである。これはこれでつらくても現実であり根拠あるものだからしかたない。そして堀江が自分について言うように、私もまたどのようにしてか、このへんをめぐって死ぬまで争い、たたかっていかないわけにいかないのだろう。

過去が、そのときどきの悔悛がこれからさきどんなに重圧としてかぶさり、どのような形の責任や決断をせまるのか、それは予測がつかないが、しかし、そのように考えないわけにいかぬところに、私はいるのである。なにかの仕事をやりぬくということは、その仕事に沿って私を律し、自分をつくるということである。ほんとうの仕事を現にもたず、もとうともしなかった私は、私をそのように律し、統御するすべを失ってしまっていた。活動上のことも、人々の関係のことも、私は私をうちやったままにおいて、もてあそびながら、私についておもいめぐらせていたのだ。

この秋の季節のように、私はさびしいかんじがする。それが〈生き方〉だと思いきれば、ぐいぐいとおしすすんでゆくことだ。理屈はたくさんあり、気分はつねに転変する。しかし、それにいちいちかまって、思うとおりに生きるという道がまげられてはならぬ。ぐいぐいと見えるところで自分をふんばり、おしすすんでゆくばかりだ。理屈はあとでもつけることはでき、暗い気分もやがては晴れわたるだろう。報われるときが今少なくとも、自分が生きる上で他人のせいにはできぬ。〈悔いはあっても、それをふくんで、おれはおれの責任で生きてきた……〉と言える生き方が、やはり一つの尊さをつくりあげる。

もうこのノートのページもさいごにきてしまった。さいごに私は、おまえにむかってこころからの友情と愛情をもって言いたい気持ちだ。波乱というものが途上にはあるものだ。私をめぐり、またおまえをめぐり、いつどんな波乱がむこうからおそいかかってくるかもしれぬ。私の身辺にふきおこるかもしれぬ。しかし、たがいに自分を、ほんとうの自分をみうしなわずに波乱のさなかを泳ぎぬこう。かなしみやさびしさが、いたたまれないほどにかぶさってきたとしても〈私〉というあり方をした一人の人間が、そのまま私の手ににぎりしめられているならば、おそれることはなにひとつとしてありはしない。私は私を生き、そうして普遍的な人間として生きぬくのである。おまえは〈おまえ〉を生き、そうして普遍的な人間として生きぬくのである。そして考え方の上でも、行動の上でも、理にかない道に沿ったかたちで頑強に生きぬくなかにこそ、人間を真に〈人間〉たらしめる生きがいというものがあらわれてくるのである。

〈私〉を押さえ、耐えることによって、人間はほんとうに人間となり、私は私の資格において〈人間〉の名を求めることができるのである。

そう思い、そうでしかないところで、やはり私は生きぬくべきだとつよく言い聞かせながら——。

一九七七年一〇月二八日

前に課題として残してきがかりだったので感想を書き

残しておく。

わが党第一四回党大会についての一般紙の論評に関してである。

「反対意見も活発に出てはなばなしかった五八年、第七回党大会あたりにまじめに取材に来ていれば、諸君も納得したろう。少し時期が遅かったな」というのは、記者連にむかっての宮本委員長の言葉だったそうであるが、日本のいまのようなジャーナリズムのあり方というものは、たしかに興味本位が先行しているようなところがあって、記者にしても、まじめな問題意識やそれなりの政治的見識に欠けるところがあって、どうしても問題の取り上げ方が皮相となるようである。

党大会の翌日、一〇月二三日付け朝刊の朝日、読売、毎日、それにブロック紙河北の四紙を通読したが、その論評を読むかぎり、以上の感慨をまず禁じ得ないのである。

感想の第一はここにあるわけで、わが党大会が現下の政治状況のなかでもつ意味について鋭く指摘したものは一つもないといってよい。各紙ともたとえば次の論評をもっと掘り下げるべきだったのである。

「社会党の抗争が——収拾される見通しは立っていない。とすれば、共産党は独自で反共連合と対決しなければならないわけで、当面は冬の時代がつづくことになるだろう」（読売）「共産党は革新大結集に甘い期待をかけることをやめて、むしろみずから左翼ブロック形成に全力をあげる道をとった、とも言えよう」（朝日）

このところをもうひとつ掘り下げるとなると、果たして革新勢力の結集の課題にむかっての問題点と共産党の路線、方針との関わりがどうかということになるのだろうが、その点については触れられず、次のように逃げるのである。

「今大会は、いわば外向けの景気のよさは影をひそめた」（朝日）「今大会は対外的には目玉のない大会になったが、長期的には、宮本路線の定着化と党再建のための重大な大会だったと言えよう」（毎日）

いったいなにがいまの政治状況にコミットしてゆく方針として打ち出されたのか。単に〈内部かため〉〈再建大会〉だったのか。このへんをつっこんでみれぬジャーナリズムの目は、同時に党の活動、大会のありようについても皮相を免れない。

第二に、党大会、党活動のあり方をめぐる論評である。毎日のレポートはこう書く。「毎日朝から夕方までつづく討論を身じろぎもせず聞き入る代議員の行儀のよさに驚き——党勢退潮のショックがあまり深刻でない様子も予想外だった。選挙に敗けたのは一線党員の力不足が原因と自己批判し、党中央の方針にもろ手をあげて賛成して——その表情はこちらが拍子抜けするほどだった」

これは現実を正直に描写しているであろう。しかしこの記者の頭の中には社会党などがあるのであり、つづけて「社会党大会とは対照的である」という。社会党大会などのあり方というのは、ジャーナリズム全体が言うように〈異常で、わけのわからぬもの〉ではなかったのか。それと比べてというならば、もう少し革新政党の本来的なあり方について思いをめぐらせてもらわねばならぬ。

「大会は論議と言うよりも決意表明のコンクールであり、統一と団結を確認する場となる」(毎日)これはやはり大切なことだ。大会が〈統一と団結を確認できない場〉となれば、大いなる混乱がおこり、事件記者が出動せねばならぬだろう。これを期待しているとは思えぬが、しかしここにも皮相な見方が根底にあると言わざるをえないのである。

河北の論評はどの筋のものか不明だが、かなり異質で「少数意見が陽の目をみないのは、民主集中制という同党の組織原則による」などというところは、独特のものである。

第三に、赤旗、およそ政党機関紙のもつ意味について、もっと真面目にとりあげてもよいのではあるまいかと私は感じたのである。大体が、この赤旗の拡大について揶揄的に取り上げるのだが、この辺はみずからの新聞の役割をどれくらい自覚してものを言っているのか異様にさえ思える。

朝日はコラムで〈赤旗大量拡大に大はしゃぎ〉などと書くが、これはこの筆者の、近代的政党に関するみずからの概念や見識の不足の表明ではないのか。毎日も〈さしずめ赤旗拡張成果報告大会と思えるほどだった〉と書くが、毎日記者はわが身をふりかえるべきであろう。

近代的政党の、ある意味では決定的条件というものは、その政党の政策、方針を日々国民につたえうる機関紙がどれほど大量かつ正確に発行されているかにあることはいうまでもない。もし党機関紙がなく、そのたえざる拡大の努力がなければ、その党はなによってその政策をつたえ、日常的な政治活動ができるだろうか。その分だけその党は未だひらかれざる政治的後進性の諸形態に依存するほかないであろう。記者諸君は、日本のいまだひらかれざる政党を見慣れることによって、政党に関する基礎的概念をもうろうとされてきたのである。

これらの論評に立って「拡大と自然減のいたちごっこが繰り返される中で、この勢いが維持できるかとの疑問がわく」(毎日)「ただ機関紙拡大や党教育など技術論が党勢を復調にむすびつけ、次の総選挙で低迷から抜け出せるカギになるかどうか、自己満足にとどまらないかどうか」（朝日）などという疑問や忠言は充分な説得力と意義をもちえないであろう。

いまのこの時期の、日本の党のあり方として、展望に立って巨視的にはなにがいえるのかについて、日本の民主政治発展の見地からの提起をすべきではなかろうか。党について、ある種の〈自己規制〉さえ感じさせるこれらの論評の内容とレベルは、無理な尺度からの注文としてではなく、皮相で水準の低いものだといわねばならぬ。そしてこのことは、今の一般商業紙の本質的限界を表現するとともに、今の全般的政治情勢の、記者自身への反映の結果でもあろうと思われる。

さいごに、私にも共通の感慨をもたらすこと。

「現在の共産党は、進むも立て直しも、すべて宮本委員長とともにあり、宮本氏抜きでは考えられないことを改めて内外に示した。連合時代にむけ、逆風の中で党の将来をせおっていく宮本委員長の両肩に厳しい政治の姿をみた思いがする」（毎日）

一九七七年一〇月三一日

今朝、寝ぼけまなこで『反デューリング論』を取り出してめくっていたら、やたら傍線を引く箇所が目にとまった。

「人間の思考は至上的なものであろうか？（その前にわれわれは）まず人間の思考とはなにかということを研究しなければならない。それは一人の個人の思考であろうか。そうではない。それは過去、現在、未来の億兆の人間の個人的な思考としてしか存在しないものである」

「じっさいわれわれは、まだ人類の歴史のごく初期にいるのであって、われわれがその認識を――実にしばしばかなりの軽蔑をもって――訂正できる世代の数よりも、将来われわれを訂正するであろう世代の数の方がおそらくずっと多いだろうからである」

こうしてかの有名な命題につづくのである。

「当然に絶対的なものとして表象される人間思考の性格と、もっぱら制限された仕方でのみ思考する個々人における、この思考と現実との間の矛盾にまたも出会うのである。これは無限の進行をつうじてはじめて、われわれにとっては、少なくとも実際上終わりのない人間世代の継起をつうじてはじめて解決できる矛盾である。この意味で、人間の思考は至上的であるとともに非至上的であり、またその認識能力は、無制限であるとともに制限されている。素質、使命、可能性、歴史的な終局目標からみれば至上的で無制限であり、個々の実施とそのときどきの現実からみれば非至上的で制限されている」

一九七七年一一月一日

堀尾輝久が聞き手となって戦前からの民主主義的思想家六人との対談を行い、それが最近『教育と人間をめぐる対話』として新日本出版社から刊行された。赤旗にも藤野渉の好意的書評が出ている。

さいしょの吉野源三郎（『君たちはどう生きるか』の著者で、長く岩波『世界』の編集長であった）との対話に、私は胸があつくなった。私もふくむだれかれも同じようなことをめぐって考え、どこかで語ってきた。だが、吉野の語り口は心にしみとおる。それは私がこの間につれづれに、あいまいに感じ、記してきたことと直接に深くかかわっていることを感じたからである。そこで、私は煩瑣をいとわずに、この対話のなかの吉野源三郎の言葉を私自身にむかって言いきかせるようにして引用しておこう。

（吉野）「私自身はこの年になって（※一八九九年生まれの吉野はこの時七七歳）ふりかえってみて、自分は一体なにをしてきたのかと、空しい気持ちにおそわれることがしばしばなのです。青年のころになしとげたいと思ったことの十分の一もなしとげてはいません。そのときそのときには没頭的になってやったことも、冷静に今日ふりかえってみると、客観的には殆どこれというだけの効果を残していません」

（吉野）「私のみるところでは、今日の危険はむしろ普遍人間的なものへの志向の欠如の方にあると思われるのですが―この志向が人間的なものの全面的な奪回という主体的な意欲となって動きだすこと、それをおいて現在の梗塞状態をつき破ることは望めないのではないでしょうか。私はそれこそが〈民主主義の徹底をつうじての〉社会主義への道だと思われるのですが――」

（堀尾）「ふつうの人間の常識というか、コモンセンスを非常に大事に考える。それこそ教養の問題でもあると思いますが、そういう発想、つまりふつうの人間の健康な感覚への信頼が、私はとっても大事だと思うんです。それを時代の課題として明確に自覚し、論理づけをする上で、それぞれの専門家の力は大きいのですが――」

（吉野）「少なくとも私などの眼にふれる限り日本でのマルクス主義の理論も、マルクス主義の文献学的研究が著しく精緻になり、思想史的研究がさかんであるのに比し、このような大きな現実の変化に肉迫しようとする研究はどういうわけか恐ろしく乏しいように見受けられます。かつて世界恐慌前後にマルクス主義の立場から示された予測のおどろくべき正確さを記憶しているだけに、私などには今日の傾向をみて、これでいいのかななどという不審が抑えられないのです――」

（吉野）「（レーニンに触れながら）眼はたえず現実に向

かって注がれ、現実に対する実践的関心を離れて思弁に迷いこむようなことはない。また新しい現実に肉迫するためには、たとえば帝国主義論の場合のようにヒルファーディングやホブスンの研究からも摂取すべきものは批判的に摂取していますね。どうも私などには、これがマルクス主義の正道のように思われます」

（吉野）「マルクス主義の研究がこれほどさかんだった時代はなく、マルクス主義に関する著作がこれほど多く出版されている時代もかつてはなかったのに、眼前に進行している大きな歴史的現実に関する理論的研究が少なく、みるべき業績もあがっていないということは、私がいまいったことと無関係ではないと思います。私には以前から気がかりになっているのです。マルクス主義が保守的になるということもありえないことではありません」

（吉野）「思想というものは生きた人間に担われて実在性をもつ。それによって思想が現実に食い込み、現実のなかで現実を動かす力ともなるわけです。それは思想の真理性とか客観性とか論理的整合性などとは別な、いわば思想のリアリティーともいうべき事柄で、思想のおびている内延量、あるいは強度といってもいいでしょう。それを支えているのは人間の人格的なインテグリィティー、一言にして言えば、誠実ですね。思想にはまたそれだけにつきない一面がある。ある人に担われて歴史的な現実の中にどれだけ生きて存在しているかという一面です――とにかくある人に担われている思想がどれだけ否定的なものを否定しかえしてきた結果であるかということは、思想の現実のあり方に関して見落としてはならないことだと私は考えています。今日では社会主義者だとみずから名乗ることにはなんの危険もありませんから、社会主義を信奉するにしても、こういう内面的な葛藤ぬきでできるわけです。しかしもしも再び弾圧の嵐がやってきたときどれだけの抵抗ができるかと考えている――」

（吉野）「なにをどれだけ否定しているかがつねに問われなければならないと思います。矛盾をもちながら生きているのが現実のすべての人間のまぬかれない条件で、だからこそ生きているのだともいえるのだともいえるのですね。こういうことを見落とすと人間同士の人間らしい交流というものはできなくなりますし、人間として肝腎なことのわからない官僚的な人間や粗奔な活動家になってしまうことも多いとおもいます。そういう人たちの口からは人の内実に訴えるような言葉はでてきません」

（堀尾）「私はいちばん大事な問題というのは本当に単純な問題、明晰なことなんじゃないかという思いがある

かと思われます」

のですが。たしかに事柄はむつかしいし錯綜している場合は多いし、したがって事態に即して複雑に表現する、それがものごとに即した表現かもしれないが—しかし、そのなかでもっと単純に、端的、直截に問題を提起する。そこに思想の根っこというか、人間の生き方への根源的な問いの問い方があると思うのです。私は全体性を支えている原点の思想、それはある意味では非常に単純で明快、明晰なものではないかと思うのです」

（吉野）「そもそも人生における究極の真理とよばれるものは、人生においてなにが虚無に打ち克つものなのかという問題をめぐっての真理であって、究極の価値はなにかということに他なりません。したがってそれは自然科学や社会科学のような理論として成立するものではなく、また論証によって認識されるものでもなく、むしろ体験によってとらえられるものだと思います」

（吉野）「人間的な本質といわれるものは、現実には社会的関係の総体にほかならないとしても、それはある時代、ある社会に限定されず、時代をこえて歴史の前進とともに展開されてきた人間の社会的関係の総体と考えるわけです。そして、こういう連続の面から考えれば、歴史はそれぞれの時代に激しい階級的対立や分裂や矛盾を蔵しながらなお総体として人間的なものの、その全面的な展開へ向かっての前進としてとらえられるのではない

(二)一九七七年一一月　仙南地区委員長に選出される

一九七七年一一月二日

一日付赤旗と朝日の論壇時評を読んでみて、こうしてみると、ひとつの論考に対するさいしょの直感的批評の感覚というものが、やはりひとつのポイントであるように思ったものだ。

朝日の中野好夫の批評感覚を貴重と思うのは、私にとって、あの『怒りの花束』の随想を抜きには考えられない。『きけわだつみの声』のなかの出色の一編として彼が紹介するのは、学生たちの思想的煩悶をめぐってではなく、家族の日々の平凡なくらしについての描写とそれらと別れることとの辛さと責任について淡々と書かれた学生のものであった。その生活の、他に置き換えようもない根っ子を無惨にも破壊されたことに対する怒りがなければ、戦争のもたらす真の害悪を知ることはできないのだという中野の指摘は、まっすぐな生活者の実感である。かれが強力なのはこのへんをわきまえているからである。

朝日の短評にかいまみせるかれの見地もこのへんをつらぬくものである。そして私などがはっとさせられることは〈つい最近、丸谷の文章読本が知識層の間で大いにもてはやされた〉というところなどをめぐってである。たぶんに揶揄的なところに中野の批判がある。文化は庶民のものであり、庶民に通用しがたい文化は真の文化たりえないという信念は大事なことである。

一体いま文章論にとってもっとも本質的で緊要なことはなにか。中野がいうように〈一般国民の生活言語〉についての考察が問題の中心にすわることはやはり根本的なことであり、いわゆる〈知識層〉と〈広範な大衆〉との間の〈言語上の裂け目〉をどう考え、どうしてゆくのかというところこそ、いま論議さるべきだということには深い意味があると思う。つまりいうならば〈言語は思想である〉ことをめぐって問題があるのであり、そのさいに一般大衆の、思想のあり方との関わりをめぐって言葉や文章の問題が論じられるべきなのである。私などはいつも、いつも、いっかんして、私の言葉がごくふつうの人々の心にどれほどまっすぐに届いているものか、いつも試されているように思っているのである。

一九七七年一一月三日

『教育と人間をめぐる対話』。内田義彦の話を聞いていて、いろいろのことを思いだし考えさせられる。というのも、ここにいわゆる〈教育〉の問題というのは、ある意味で本質的に〈指導〉の問題だろうと思うからである。教育の効果とは〈指導の役割〉に直結するわけで、真の教育とはまた〈正しい指導のあり方〉という問題と不可分に思える。先月号の『世界』の対談の内容も、このへんを一歩突っ込んで問題にしている。

一九七七年一一月四日

県委員会総会に出席する。そこでも、いろんなことを漠然と考えていたものだ。

党の指導や活動の内容で、はたしてほんとうにどこまでリアリズムということが、ものごとをありのままに見つめ発言するということ、つまり唯物論が可能なのか。たとえば機関紙の減少の場合、これを極力過小評価し、回復〈すべき〉ものとして、これを認めようとしない傾向がつねに現れる。常任給与の遅欠配も、過渡期的現象としてつづく。しかし、はたして、そのひとつひとつの問題の、その問題にとっては本質的で絶対的な内容と意味というものがあるのではないだろうか。人間の生活を維持するために給与を滞らせてはならぬことなど典型である。機関紙にしても、拡大の面と減少の面があって、減少すればそのことの責任はあるのだが、ほんとうの責任の自覚とは、恥ずかしくもあり、見たくもない現実を正面にみすえるところからしか生まれはしないだろう。

安易な〈政治性〉〈政治的判断〉、つまり〈ものわかりのよさ〉の思想的基礎は無制限の〈相対主義〉である。あらゆるものが合理的根拠をもって現実的に存在している。すべて解釈は可能である。しかし、問題は解釈ではありえない。これを変革することだ。その変革の主体は人間であり党員であるが、より決定的なのは指導機関の人間、その妥協のない現実認識にある。その上に立って、そこがどれだけみずからの責任において変革の決意に充ちているか。問題はこのへんをめぐってあり、思想はこのへんをもっと深く掘り下げねばならぬ。

現実をみすえるということは責任と自覚、勇気を必要とする。現実をどういう形でか回避しようとするところに生まれるのは無責任と勇気の欠如でしかないだろう。

のか。

私はいまつよくそう感じる。こうとしか感じようがないではないか、と思う。もしこの点が否定されるとすれば、はたしてわれわれが依拠すべき原則とはどこへ行くのか。

厳格な、呵責なき非妥協的な現実直視と現実批判の力こそ科学的社会主義の根本的な精神にほかならない。この見地の立脚点が、ある場合には必要で、他の場合には不要などということはできない。ヘタな〈ものわかりのよさ〉というものは、いま深刻な反省を迫られている。原則において、それをつらぬく真剣や誠実があらゆる面でもっと尊重されなければならぬ。〈妥協なく指導をつらぬく〉、その前提には、絶対的に〈妥協なく現実を見る〉ということがなければならぬ。

組織が肥大化すればするほど、大まかに包みこんでしまうのではなく、一つひとつの小さなものごとについて配慮し、評価する作風がさらに必要となるであろう。そうしなければならぬ。一つひとつの仕事や活動の内容的な評価をきちんとみすえ、そのことに沿った激励と援助を与えなければならぬ。そのためにいまほんとうにわれわれが求められている水準と力量はたいへんなものである。

一九七七年一一月一七日

いま午前五時一〇分過ぎ。雨の降りしきるなか、赤旗陸送を終えたところだ。車のなかでふと考えていたこと。私をはじめその辺の、あたりまえの、ある意味では俗的世間の一般的な、どこにでもいる〈大衆〉の、その一人ひとりの、ほんとうに率直な感性というものにしっかり支えられたところの理論や人間でなければ、結局は歴史を根底から動かすことはできないであろうということ。

ありあまるほどにふだんの人間でありながら、それゆえに、あるいはその上に、なお共産党員であるようなあり方。ということなどと〈大衆迎合、追随〉との関わり。歴史が当初少数者の精鋭によって動かされてきたこととの関わり。科学的展望の認識能力による、と言えようか。多数者革命ということの実際的、日常的な意味は、以上のところに関わる。多数者の共感をひきだして、組織することである。〈戦術〉や〈手段〉としてではなく、人間の、そのありのままのあり方、共産党員のそのままの姿が、たしかなる共感をひきおこしうる力を体得すべきであること。それは素質にもかかわるが、そのような訓練が、その本質的な機能として組織に具備されていなければならないこと。

だからそのときに、一体〈あたりまえのこと〉とはなんであるのかを識別しうる力を持たなければならない。それは経験によってしか体得できない。またその経験が、党の組織においてもっとも良く培われるとすれば、党ははるかに実質的に〈大衆に開かれ〉うるであろう。何十万という党員が、そのようにあらゆる持ち場で言動しうるならば、社会ははるかにわれわれに接近するであろう。

このいわゆる感覚における平衡センスというものと〈政治的であること〉との関係はどうであるか。世間的な意味での〈常識〉と政治的世界での〈常識〉とはどのような関係にあるのか。思うに、少なくともわれわれの理論や思想は〈大衆〉の、一般の人々の、その日常生活のなかでの感性の共感にふれあい、それらをふかぶかともってなお、毅然として見通しを切り開くものでなければならぬことである。

いったんは〈大衆〉の感性の域にのりだし、ふみこむこと。それを包みこんで、それらをまるごとに引き上げる力をもつとき、共産主義は生活となるであろう。生活となったときに、それが現実の、なまの生きた政治をその基底から動かす力となるであろうことは疑いない。

一九七七年一一月二〇日

昨日、光成秀子『戸坂潤と私――常とはなる愛と形見と――』を読みながら、私はひどく衝撃的にいろいろの思いにとらわれていた。それはいわば戸坂の第二の妻＝「妾」の女性の記録である。著者は元党の市会議員でいまも党員として健在である。戸坂との間に一人の娘をもうけ、その娘はすでに成人している。その文章にどんな誇張があるのか私は知らない。しかし赤裸々、告白的に語られる戸坂との性生活のありさまや、そのときどきの戸坂の第二の妻たる著者にたいする態度のなかに、どんな意味を読みとることができるのか。

彼が人間の思想のモラルを問いかけたときに、私はそれを〈倫理〉と読み替えて私自身の不道徳について恥じたものであった。人間理性の強靭ということについて私は戸坂をまるで典型のように感じていたのだった。そしてその時〈強い人間〉の、その中心的な内容の一つは、性の生活とモラルにおいて毅然として潔癖であり、ただひとえに意志的であって、況して私どものように、個人的な性欲に従順になるなどということは絶対的に排除するものであった。

だが、少なくともここにあらわれている戸坂の像は、理知と〈対立〉する感性の人間であり、それを超克することによって強靭をかくとくすべき生身の感性的人間そのものではないか。かれは〈恥じ入ることなく〉第二の妻に自分の娘を生ませ愛情をそそぐのである。

一体、この〈理性〉の正体はなにものなのか。かれの理論とこれらの行為はいかに合理的に統一して理解することができるのか。それとも人間として二心的であったのか。それとも性愛における独特の理論があったのか。いやそれとも、これこそが人間的な本来のあり方とも言いうるのだろうか。

一九七七年一一月二二日

戸坂潤の道徳論を開いてみた。きっと以下が戸坂の言いたいモラル理論であるだろう。性愛は単に心情的なところにあるものではないこと。心理学（サイコロジー）ではなく、そこでも唯物論的（マテリアリスティック）な道徳が科学的だと言う。その理論的ないわんとすることの意味はわかる。しかし、もっとリアリスティックに言えばどうなのか――。

「自由主義者の道徳意識の皮相なことは、実際問題に対したばあいの、その態度決定のやり方の内によくみてとれる。かれらの道徳は心情につきる。だから心情をふみこえた実践の世界ではなんらの道徳的方針もありえない。で、かれらの善良な意識がそれと正反対の結果によって裏切られても、彼の道徳意識はなんらの苦痛をも感じないのですむのである。言ってみれば、自由主義者の道徳においてはサイコロジー（心理学）はあってもモーラリティーは存在しない。実行の世界である外界のリアリティーをつらぬくところの、リアリスティークなシステムからなるモーラリティーがないのである」

「新しい道徳は習俗の不合理性を決算し、心情の非実際性を淘汰することによらなければ決して育っていくことはできないだろう。いわばマテリアリスティク（唯物論的）な道徳が、合理的でかつ実際的な道徳が、その意味で、科学的な道徳が今後の唯一のモーラリティーとして世間の人たちの身につき始めるときがくるだろうと期待する」

一九七七年一二月三一日

昨夜は帰宅したのが午前四時過ぎだった。一〇時に出て、最後のツメを行い、こうして今日は一か月ぶりに八時過ぎに帰って風呂に入った。一〇時半になった。明朝は恒例の初釣りに行く。

この、明日からはじまる新しい年、一九七八年がどんな意味でもすぐれた形をとるように、私はやはり精魂をかたむけて努力するしかないであろう。

私のいまのいくらかの充溢は、私が言葉だけでなく行いに責任を担おうとするところにある。新しい年に向かって雨がそぼ降る。まもなく竹駒神社への参詣の賑わいが始まる。

(三) 一九七八年（昭和五三年）

一九七八年一月一四日

一月五日付の赤旗に袴田里見の除名が発表された。やり方として、それはいろいろあろうが、袴田の党内における特殊の位置を想えば、充分に心情のうえでも私は中央により沿ってものを考えることができる。

私は今のようにして私でしかないであろう。そして確かに抜きがたく私におおいかぶさるものがあろうが、それとの未練は断ちがたくも思えるが、しかし、それさえも私の人生の大局におけるささやかな局面に過ぎない。

すべてが希望そのものであるかのように思える時もあり、また逆にすべてが暗たんたるなにものかと思える時もある。これら人間の心情の動揺というものを〈小ブル的〉といってすませうる人の、その内面の有りようを、私はいまでさえ不可解に思えて仕方ない。

たしかに私は、その生い立ちや経歴、資質からみても、現に充分〈プチ・ブル的〉であろう。しかし、もしもプロレタリアートの真の立場があるとするならば、それは排斥すべきものではなく、包みこんで批判的に統一を組むべき相手であろう。〈プチ・ブル的〉なものの内面の実質を理解する許容量ははるかに広く深くあってしかるべきであろう。

〈プチ・ブル的〉思想を単純に排斥するところのプチ・ブル性こそが、私にはもっと問題にされてよいように思われる。

一九七八年一月一六日

共産党員というものを、私はもっとフラットに、ひらたく、日常的に、平凡に実感したいと思うばかりなのだ。だから私は思う、時折つよく。私自身も、たとえこうして党常任でなくとも、そのままでどこへ行っても人間の力を発揮できるような仕方で生きたいと。生きるということが、私にとってはもはやきわめて限定された範囲の中でしか問題ではなくなっている。だから私は、私の人間を自由にのびのびと羽ばたかせて生き抜きたい。

党はいまたしかに私にとって仕事であるよりも〈生きがい〉に他ならない。今の私はそのように思い、その大きな前進の過程で私の心情に忠実たろうとするのである。

そこに私がいる。私でしかない私がいる。

〈個人主義〉〈プチ・ブル的〉であろうがなかろうが――しかし、自己に忠実な魂は、ついに世界をわがものにすることができるであろう――。

一九七八年一月三〇日

思えば私も三四歳になる。ほんとうに驚いてしまう。かつて、鮮やかにおぼえていることは、二〇歳を過ぎて二一歳になった時だった。〈ああ、なんと私も年齢を重ねたことか。この二〇余年に向かって語りうる一体なにを獲得したというのか!〉などと慨嘆したものであった。その時からさえも、もう一三年が経ってしまった。私は今更のように、この私の年齢に痛恨を感じ、深く微妙な恥じらいさえも感じるのだ。

今日の外は粉雪が舞い、それがそのまま地面に凍てつき、街頭に路面はてかてかと照らし出されるほどになっている。車の往来はほとんどなく、チェーンを巻いたタクシーがすばやく駆け抜けるのが目につく。風もなく、今は雪も降らぬ。

水割りのウイスキーを口に含みながら、私は事務所からとぼとぼと歩いて帰ってきた。とどめようのない年齢の積み上げを、今こうして感じる感性の、その内側からとらえてみようと頭をめぐらせていたのだった。私というものの自我さえ打擲して生きてゆきたいとも思わぬ。普遍を願いながらも、だが普遍に解消しえぬ私の個我にしがみついて私は自身を生きたいと思うのである。

目の前を、私の影を踏みあうように、二人の労働者が千鳥足で歩いてゆく。もはや五〇も過ぎているのだろう。その頃の年齢をかさねれば、その時私は私とこの世界についてどのような位置や立場を獲得しているのだろう。俗的世事のいっさいのことどもに、つきせぬ関心や興味をもち、おもてむきとは食い違うような利己的な、痛ましいほどに〈個人主義〉的な感性をもち、もし〈凡俗〉というならば、このように凡俗たるものはないであろうと自分を評価して、この、これらの上になお〈ええい!それでもおれはおれの思うところを生きてゆくのだ〉と思いつめながら生きている今の私が、これから十何年かたったときに、どんな思いで、どこにたたずんでいることだろう。想像を超えたところに、私の未来を置きたくなるこの心情さえもが、はたして私の未だ青二才の証左でもあるのだろうか。

一人前の、その時には、そのことではたやすく屈しはせぬぞというこの自負は、やはり有りがたいことではある。そして、自分に納得した生き方も、孤立した自分の自足的な快感とは全く異質のものでもある。むしろ、人とのつながりの中で、自己のなにものかを抑えながら到達しうる確信について私は語りたいのである。

結局は、そうでしかないところを、そのまま生きるしかないであろうとつよく思うが、そのところを自他ともにきわめることは決して容易なことではない。なにが自分にとって最善であるのかも、すぐには決められるものではなく、またいつになっても決めかねることであるかもしれない。生き方が人間の生き方である以上、それは個人の個別的な線だけでは考えきれぬところである。私が、私の中の私をみつめるばかりでは、おそらくなにものもつかめないだろうことについての不安である。私というものは、ついに全体に高めきれぬままに個でしかないのか。もどかしく、あせりをも含んで感じる私の生について、いまだに私は現実の中よりも、観想の裡で思いあぐねている。正しいリクツを幾度となく頭の中でくりかえし、しかし私の〈正直な〉感覚は、またこのあたりを徘徊している。

しんとした雪の、凍結した路面の、てかてかとしたあかりをみつめながら、私は人間の存在について考える。かなりなまぐさい現実を截断しながらも、私はしかく〈観念的〉に考える習慣をたちきれぬ。

もうまもなく私のひとつのけじめの日付は変わろうとしている。東北のこのまちの空はしずかで、いまごろ蔵王はふぶいているにちがいない。ときおりすべてに向かって〈さらば！〉と叫びたくなるときがある。どうにでもなるだろうと、私の人生について感じるときがある。結局は、そのときどきに身をゆだねてしまっている私について、はがゆさをかんじるときもある。

もう少しく酔いはじめ、真夜中の汽車の音が空に高く響きはじめた。私はふかく愛し、ふかく理解し、誇りをもってひとにむかいあっている。理屈で言えば単純なことだ。しかし、それにもかかわらず、もう私は三四歳になってしまった。この不足しかかんじられぬ私について、どこが安住の地になることか、ひとえにわからぬ。それでもなお、こうしてそのときどきに生きてゆく、生きのびてゆくことが、すべての人間の、結局は最後にゆきつく生きざまというものか。燃えて、燃えつきてしまうような生き方も魅力ではあろう。

一九七八年二月八日

なかなか機関紙拡大が計画どおりにすすまない。事態は思いの外に重たく、シビアに見るしかない。このことを軽んずることはできない。われわれは、たしかにいま、いくらかふかく病んでいる。そのことの疑いなさを肯定することしか私には考えられぬ。一時の私の気分とも思われぬ。いろいろの問題がそれとして疼き、膿んでウミになりかねて、すべてにむかって痛みを発散している。まるで私の奥の虫歯のように。

一九七八年二月一九日

たまたまＮＨＫの、三木のり平扮する「桂三木助」の生涯ものの、明治座での劇場中継があって、テレビをみながら涙が浮かんだ。ことに、芸人の生涯がどうであろうとも、つくづくと私は、人間の一生について思わないわけにはいかなかった。例えば私は〈年を経なければどうしても納得できぬ人間の貴さがある〉ことなどを考えさせられていた。老人の思い出は、その年齢を生きぬいてきた、生身の体験とともに貴重なのである。

だが、なぜ人は、このように一人ひとりが生き、成長し、死ぬところまでに体験する、普遍的にたしかな内実を、後代に生きる人々につたえきれないのだろう。同じような錯誤や苦悩を、なぜこのように億兆もくりかえすしかないのか。すべての人々が人間的な、意志的な力が克つことによってひらかれる人間的充溢に向かって、なぜしゃにむに、恐れることなく羽ばたこうとしないのであろうか。

不足を言うのは容易なことである。しかし、不完全な個人が、その枠のなかで、完全に生きようと夢中になる姿は、ちっぽけでも美しいものだ。

一九七八年二月二六日

（※二月二二日か二三日、初めて全国県・地区委員長会議が行われ私は発言した。その後、私の発言（要旨）が「週刊・赤旗党活動版」につぎのように掲載された。原文はもう少し詳しい）

「週刊　学習党活動版掲載」
全国県・地区委員長会議での発言
なすべき課題必ず――「決定の実践は「わが仕事」

宮城・仙南地区委員長　鈴木謙次

私は三中総ならびに都道府県委員長・地区委員長会議の方針を地区党組織にただちに具体化し、「袴田転落問題」に機敏に戦闘的にとりくむとともに、「教育月間」の活動を発展させ、一～三月計画をかならず達成する決意をかためています。

地区党組織は、「教育月間」の活動にとりくむとともに、一二月につづいて二月も拡大集中行動をくんで、目標をほぼ達成。日曜版で大会現勢を回復し、日刊紙であと十数部で回復するところまで回復することができました。この活動から教訓をひきだし、指導と活動に積極的に生かしていくことが重要だと考えています。

「たのまれ仕事」でなく

その教訓の第一は、課題を遂行する機関のかまえ、政治的思想的な指導、実際的具体的活動が決定的に大事だということです。

地区機関、とくに地区委員長が、地区の指導を「たのまれ仕事」ではなく、わが仕事としてやる気になる、不退転の決意をもって決定実践の先頭にたつことがなによりも決定的だということです。年間計画の実践が年末活動のなかでこそためされる、新しい年を増紙で迎えようということを合言葉にしました。そのとき、むずかしい話ではなくて、しごくあたりまえのことですが、決定をそのとおりにつらぬこう、つまりいかなる課題がろうと、なすべき課題はそれぞれ独自にとりくむ、読者拡大で言うならば、減る力にうちかつ目的意識的な力、意識性ということを自覚してやらなければ、減る力に打ち勝てない、そういうことで、年末募金などいそがしいときだったのですが、このときやらなければ年間計画もやりきる確信がもてない、ということで、年末ぎりぎりまで取り組み、一月一日申請も、わずかですが頭をだし、一月を迎えたのです。

また、機関の指導、方針の徹底を言うだけでなく、減ったらみずから拡大してとりもどすという決意に立つかどうかということです。拠点である岩沼市を担当している地区委員が、支部と一緒に統一行動をくみ、二二部を拡大して支部を励ましました。機関はやる気なんだということを鮮明にして、その先頭にたつことが、指導内容として大事だと思います。

第二に、われわれ仙南地区党組織、ある意味では発展途上にある地区党組織では、党建設上、自治体議員のもつ特別な役割を正しく評価し、激励してその力をくみつくすという問題です。

ある支部では、議員が議会報告をもち、支部といっしょに、いっきに四〇部を拡大し、日曜版の五月目標までやりきったという経験も出ています。それに関連し、地域新聞、議会報告を、読者拡大の武器にするとともに、読者へのサービスとしてとどける、これに意欲的にとりくんで成果をあげた教訓も生まれています。

第三に、分局の動態をよくつかんで体制をつよめるということです。力のある二つの分局のばあい、議員に大きな負担がかかっていましたが、ひとつは支部の機関紙部長、ひとつは支部長に予定されていた同志を派遣して強化し、一月二月でも大きな役割をはたしました。問題は具体的であり、たえず分局ごとの動態をみて、うつべき手をうつようにしています。

こうして、指導が平均的でなく、具体的指導をつよめることが大事だろうとおもいます。

地区委員を信頼し

仙南地区が新しい機関体制になってから、私がこころがけてきたことは、地区委員会総会で欠席者があった場合、かならず個別にその同志にきてもらって、常任委員会ときちんと打ち合わせをしています。この点では、支部に全員結集を強調しているのに、機関に結集しない状態をのこしているようでは、機関の責任をはたすことができないと考えているからです。

しかし、地区党組織の現状は、初級教育の受講率はまだ四〇％を超えたばかり、一月の拡大も一五％の支部がいずれかの目標を達成したにすぎず、週別目標をもっているのは六〇％の支部にとどまっています。いっそう高い決意をもってがんばりたいとおもいます。

一九七八年三月八日

スパイクタイヤを交換して、もう春の陽気だ。のっこみに入ろうとしている鮒釣りをのんびりとやってもいい。いろいろのことを考えつづけ、おもいめぐらす。いつも、いつも私の頭の中には、この地区内のあれこれの支部や党員の、いろいろのことが想いうかんで、くりかえして感想を誘う。私の、この一人の手に、にぎりしめることはできない。一人ひとりの生活の場面をふかく理解し、そのなかにあって私どもの考える党独自の方針や課題を、納得をえつつしんとうさせてゆくことは、なみたいていのことではない。

こうして実践の矢面に立って想うのは、そのような方針上の了解だけでは決してコトはスムーズにはこばぬことについてである。そこには、生活をもった人間のつよさやかたさ、もろさがあるわけなのだ。そこを溶かし、質をたかめるような、人間の暖かさ、ぬくもりをもった「方針」がどうしても必要なのである。今ごろはあまり言われぬが、やはり、方針というものに、なまみの人間の顔をもたせる意識的な努力こそ肝要であろうと思う。

個々の行動のなかに、無限の理論的命題がよこたわっている。些細な言動のよびおこす波紋の裡にゆたかな理論や法則がひそんで作用している。

党の、組織活動上の非合理を、私どもが力をこめて打開してゆくならば、もっと大きな力がひきだせるであろうと信じて疑わない。

私にとって、たとえ一人でも相手の胸のうちは巨大な未知の世界だ。そこに深くつながっていると感じられるときほどしあわせのときはない。誰かは、邂逅、出会いの運命論的解釈を好んだが、しかし、それはむしろふだんの、日常的なもののなかにみつけるこちら側の努力という点で考えられる必要があろう。あらゆる人間の内側に、その人間に即して了解しうる人間性というものを、それらを発見してふれあえるものを、私はいまつよく体得しなければならない。

一九七八年三月一二日

（※県・地区委員長会議での私の発言後、「週刊・赤旗・学習党活動版」から取材の問い合わせがあった。私は、きてもらってもいいが、とくに記事になるような話はなにもないことを繰り返して申し述べた。しかし、それでも行きますといって老練な岡部武記者がやってきた。実に平凡なことをやっているだけだと話しただけだから、一体どんな記事になるのだろうかと待っていた。その記事が送られてきた。私の「努力」はこういう風に受けとめられるのだということが少しわかったことはありがたかった）

一九七八年三月一二日付
「赤旗・学習党活動版」掲載の記事

宮城・仙南地区委員会

平凡な活動が土台

宮城・仙南地区党組織は、仙台の南、白雪におおわれた蔵王連峰の山すそにひろがる一三市町の広い地域で活動しています。昨年末の地区党会議で地区機関の体制と指導内容を強化してから、地区、支部にかつてない活気がうまれ、「教育月間」と「特別期間」で大いに力を発揮して、日曜版の二月度目標の達成にひきつづき一〜三月計画完全達成にむかって力強い前進をつづけています。おくれた党組織からすすんだ党組織に変わろうと奮闘している仙南地区党組織の活動を現地に取材しました。（岡部武記者＝写真も）

方針貫徹をねばり強く行き届いた指導で支部強化
完全達成へ展望をもって

日曜版の二月目標を達成し、日刊紙目標もあと一歩。一〜三月課題の完全達成に展望をもってとりくむ地区事務所の空気は明るい。九〇％をこえる支部が三中総決定を討議し、初級教育の受講者が読者拡大の先頭にたって教育効果が顕著な支部の表情も確信にみちています。

昨年の党大会ごろ、地区党組織はかつての上級の指導の誤りもあって活動の面でも大きくたちおくれていました。活動に結集しない党員もあって党費納入率はかなりさがり、機関が機関の機能をはたす状態になっていませんでした。この状態を大きく変えたのは、去年の党大会につづく地区党会議で、方針を決定し、地区の指導体制をあたらしく確立してからのことです。

地区機関がもっとも力をいれてとりくんだのは、党の方針を徹底させるという問題です。機関が責任をはたすためには、党の方針を機関構成員全員に徹底させ、非常勤地区委員の力を結集させることにつとめ、地区委員の一人ひとりがはたすべき個人責任と集団指導を徹底してつよめることを重視しました。

地区委員会総会の論議を重視し、決定には地区委員があくまでも責任をもつようにしました。もし欠席者がある場合には、欠席者はすぐ地区委員長から報告をきくなどして、たえず機関全員が党の方針のもとに結集する状態をつくりました。機関の方針をねりあげる討議に参加しなければ、半月から一か月以上テンポがずれ、指導の責任をはたせなくなってしまうからです。

方針がつねに全員のところまで

常任委員会は、そのために会議準備の文書の整備、決定した内容を「地区党報」などで文書化にして支部まで徹底するために全力をあげています。支部への方針や文書がどこかに止まっているというようなことがないようにたえず点検します。方針が支部や党員までつねにとどくようにし、支部と党員の自発性を全面的にひきだし、すべての党員が行動するゆきとどいた指導を貫徹することを、機関の仕事の重要なひとつにしました。こうした指導と活動のなかで、党費納入も先月は約一〇％向上し、さらに三月度は大きく向上させるまでになっています。

鈴木謙次地区委員長は、「この平凡な活動を徹底してやりぬくことに力をつくしてきたことが、地区が変わりはじめる土台になってきた」といっています。

こうした努力によって、地区機関は一体となって活動の先頭にたつようになり、この機関の姿勢、団結が支部にまで伝わっていくようになりました。

支部への方針の徹底をつよめることによって、支部指導部が強化されました。支部の専門部体制を確立し、指導部の任務分担を明確にした活動が、支部長を中心とした指導部の団結をつくりだし、支部活動の支えになりました。こうして、それまであった支部体制のぜい弱さは急速に克服されてゆきました。

この努力は、一二月の活動のなかで芽吹きはじめました。一二月一日現在の経営局申請が日刊紙、日曜版ともに四二部づつ後退した問題をめぐっての機関と支部のとりくみです。

党大会決議の「機関紙読者の拡大は党の意識的なとりくみによって前進できる党独自の任務である」を、ただちに実践し、年末課題と結合して統一行動をくみ、後退をとりもどして増勢で年を越しました。ひきつづき日曜版については一月度も、二月度も前進し、党大会現勢の一〇四％に達したのです。

教育で力をつけて

機関はまた、仙南地区のような発展途上党組織における党議員のもつ特別な任務と責任を明確にしてきました。

地区党組織は、一二月以来五〇〇人をこえる新しい読者を拡大しましたが、その五〇％は一〇名の議員が支部と協力して増やしたものです。

地区機関は、地方議員は住民とのむすびつきの点からも、読者拡大の先頭にたつ党建設の責任をおっていることをくりかえし強調してきました。同時に、地区機関は、議員活動をりっぱにはたしたいという議員の切実な要求にこたえて、分野ごとの専門講師をまねいて議員研修会をひらき、予算の分析研究をおこなうなどして、非常によろこばれています。議員が支持者や読者とのむすびつきをつよめ、読者にたいするサービスをおこたらないという点からも、文書による議会報告、地域新聞の発行をとくに重視しています。

こうした活動が、拡大の武器になり、減紙を少なくしている重要な要因になっていると機関は判断しています。

船岡居住支部は、早朝、議会報告をいっせいにとどけ、そのあと読者拡大で成果をあげています。丸森支部も、雪のなかを減反問題、袴田転落問題の宣伝活動をおこない、「民報丸森」を二千部運用して読者拡大で前進しています。このように居住支部のほとんどが議会報告や地域新聞、袴田転落問題のパンフなどを積極的に活用して成果をあげているのが特徴です。

大胆に分局長に起用

地区機関は一三分局ある分局ごとの機関紙の動態を機関の重要な議題として検討をおこない、機関が積極的に弊害をとりのぞいて機関紙活動が前進するようにしてきました。村田町の分局には、すぐれた経営の同志を分局長に配置することによって短期間に五〇部をこえる日曜版読者をふやし、党大会比一一二％に達する成果をあげています。また大河原町には、支部長に予定していた経営の同志を分局員に配し、議員のもち部数を軽減させ、支部活動を発展させました。

こうして地区機関が、たえず地区と支部の体制全体をみわたして、支部と党員の創意、工夫を一〇〇％発揮できる配置を積極的に機敏におこない、停滞とマンネリをうちやぶっていることが、力を生みだす教訓となっています。

地区党組織の初級教育の受講率は五〇％をこえる段階ですが、「教育月間」での教育の効果はまことに重要であり、初級教育の受講者がどこの支部でも先頭にたって奮闘しています。

教育が党員の目をひらかせ、エネルギーの源泉になっていくことに、機関と支部は確信をもっています。そこから教育を中途半端に終わらせたくない、必ず腰をすえてゆりきりたいという要求は切実な声になっています。教育と党勢拡大の相乗効果に確信をもち、学習・教育の党風を定着させ、一四回党大会がめざす、自分の頭で考え、自分の足で行動する党組織にむかって前進をとげようとしています。

地区党組織は、総選挙、地方選挙を展望した政治目標と党勢拡大の目標を明確にし、拡大独自のとりくみを徹底してつよめ、後退した場合は地区機関と議員の責任で必ずとりもどす決意で一～三月課題の完全達成にとりくんでいます。

一九七八年三月二二日

地区あたりの、活動上の自主性というものについて、その具体性を知悉して激励することが必要なのではなかろうか。どうも思うようにならぬと責めたてて良しとするような指導上の了見の狭量は、この革命の見地と異質に思えてならない。

力というものの内実を重視し、目にみえざるところでの格闘を見続けてこそ、形や実績となって人間を変革するのである。彼岸の口、それを休息日とすることがなぜ次の鋭気を養わぬことになるのか。ビリビリと引っ張りつづけることが力になるのではない。もっと日常的に合理的で常識的なところを指導上につらぬくことを心がけなければ、生活を変えることはできない。

一九七八年三月二六日

党の活動には〈時間と空間〉を無視してはばからぬ課題の一人歩きというようなものがある。量的な積み上げについて主観主義でのりきろうとするような〈頭でっかち〉というようなものがある。専従者の人件費の欠配置は知っているのか。もし〈関門〉を言うならば、党の第一線の常任活動家の生活保証こそ最大の関門というべきであろう。

これをしも私の〈我流〉というならばなにをかいわんやである。この、人間としての常識的なセンスからする道理に背いて、いったいなにが党の力、変革の力となりうるであろうか。と思うのは、私の〈常識感覚〉であって、それに過ぎない。耐えることを知らない〈プチ・ブル〉という人がいても良いが、しかし、その人々に、私とて安心して将来の国民的政治をまかせたくは思わない。道程は長期に見るしかなく、浮薄なものはいつしか消え去るしかないであろう。しかしまた、この全般的な社会にあって、なにが浮薄であるのかは、いまもって定かとは言いがたい。私という小人物が浮薄であることは、謙虚ではなく、事実としておそろしいほどに承知のことだ。しかし、この私をふくめて、社会全体が今の党にむかってどうなのかということが、私の問題なのである。

もっと、やはりラジカルな、より根源的なものが、この党の内側においてこそ、ふれあってもよいように思える。

一九七八年三月三一日

昨日は県委員会で会議があった。私も発言した。

自分の〈感覚〉についてのある種の確信、でなくとも、これだけはかけがえもなく確かだと思えるものとしての〈私の感覚〉というもの。これはこれでなかなかむつかしいものである。

いま私が感じる活動の上の非合理や非常識は、それは私自身の側のなんらかの思想上の欠陥に由来するものなのか、などと日常不断に私は思い悩むのである。

理屈として言えばどうにでも言えるのが、なまのところの事実や感情だろう。しかしこの際も、生活はおそらくつねに理屈であるよりもはるかに〈感情〉であることを考えれば、たとえいかような思想上の欠陥に淵源をもつものであろうとも、そこのところの感情や人間的直覚にもっと信をおいてもいいように思えるのである。

みずからの感覚に疑惑をもつ、もちつづけることほど人間を傷め、委縮させるものはない。そしてこれは現に根深い。なにかまっとうにものについて感じる、その感じかたに不安を思う、などということが、どのように永続するのであろうかとも、私には思えてならない。それはむしろリアルに、唯物論的に現実を直視しうる勇気や決断の欠如につながるものではないだろうか。〈ほんとうのところ〉を言い合ったり、書いたりしてみて、そこのところでいろいろと論議もしなければ、なにか根本的な力にはつねに大きく欠けるところ生まれてくるのではないか。〈政治〉その客観的要請という名のもとに〈現実〉が霞んでゆくならば、それは悪しき政治となって現象し、なによりも後退と堕落に通じるしかないだろう。

長き目でみつめれば――そしてつねに革命的であることはこれ以外の方法ではないはずなのだが――たえず勝利するのは冷徹なるリアリズムでありリアリストであった。ここにおいては、ロマンチストは決して最後的な勝利者になることができないのである。

その際に、一時的な勝利者となるのか、それとも歴史的な勝利者となるのか、そこにおそらく、この場面では小さくはあるが、しかし大局に立てば、決して小さくない決断の意味がかかっているのである。

一九七八年四月五日

時間というものが、一つの仕事には必要なのである。時間量の積み上げを抜きにしては飛躍を語り得ないのである。それも単純に量というのではなく、やはり意識性によって質的に規定され条件づけられていなければならないのである。

もう一歩の意識性。それは私の場合には、もっと党指導という職業の、その体験についての理論化が必要になっているようにも思える。問題意識の一つひとつを大事にしながら、私なりの理論化の試みを目的的につくりあげてゆかねばならぬ。

政治というものについて、一昨日死去した平野謙あたりは〈挫折を知らぬ人間の脆さ〉などをしきりに吹聴してきたが、その主張は、彼の傲然とした居直りの個我として〈貴重〉であろうが、しかしそれを普遍化して他に押しつけるのではこまるのである。

政治とはついに個性を質的に把握しえぬものなのか。私にはまだそこに未練がのこり、その未練こそが、私を今のところにひっぱりつづけているのである。

共産主義的政治の理想は、どのような人間と現実の過程をへて実現されていったのか、私とてもまた、一人の〈実践者〉として歴史にむかって証言しつつある人格でもあるだろう。S――の言う〈三〇年もやってみて、まだ変化はのろく、この先をおもえば、そうたやすいことではない〉ということも、私には深くわかるようにも思える。だからどうなのかといえば、私は私の活動によって、この人々の大義にむかう胸中に、真の人間の高貴について知らせたいのである。党の活動の、喜びや誇りというものを、いかに全体のものにするかについて、心砕きたいのである。

一九七八年四月六日

私はちかごろ、つねに深いところで私の〈感性〉に対するみずからの不確信と動揺について考えるのである。

ひょっとしたら、もっと大切なものを私は見落としているのではないか、もっと根本的なことを忘れてしまっているのではないのか。真実をめぐって私の主張は、私のまったくの主観にすぎないのではないか、などという〈不安〉はいったい何ゆえに、どこから生まれてくるものなのだろう。

一九七八年四月一七日

横浜市長に、自民から社会までの六党連合に対してわが党と革自連の推す朝倉氏が善戦。三四万対二七万票。投票率三六%。

兵庫の朝来町長に共産党員の橋本氏が当選した。かれは解同の暴力にきぜんとして闘い、決して屈することがなかった。それがいまや、町の町長になったのである。私はひそかにあこがれる。党内のあれやこれやのことも含めたうえで、その地のすべての住民に向かい合って政治を執る仕事へ、私は夢をもつのである。

今朝の朝日に、元ボクサー白井義男のインタビューがあって、それが私に一つのつよい印象を与える。それは〈われわれ〉ではないのかという印象から私は解放されていない。

「攻撃は赤ん坊でもできる。こちらの意思でなぐればいいいんですから楽です。防御は相手の出方に対応しなくてはならないからむつかしい。むつかしいからじっくり時間をかけず中途半端になってしまう。防御は経験、運動神経、冷静さ、辛抱、鍛練とあらゆるものが要求される。双葉山は必ず受けてたち、相手に充分とらせて勝った。防御を完成させてこそ名人です。攻めるだけでは強い相手に勝てない。これ、あらゆるスポーツで言えることでしょう」

一九七八年六月一二日（宮城県沖地震）

昨日一二日夕方、午後五時一五分すぎ、仙台を中心に強震が襲いかかった。岩沼の事務所でコピーをとっていた私も柱につかまりながら、表に飛び出した。走る車も停止し、棚からは書類等もくずれ落ちた。その後のテレビ等で被害の大きさを知った。白石、大河原、角田でも死者が出た。同志たちの家のいくつかも壁が落ちたり柱がまがったり、商店はとくにガラス類がひどい被害にあった。

その夜の地区活欠席者会議にも一人しか来れず、流会。

自宅では二人の娘も祖父母に抱えられて外に飛び出した。仙台中心に停電がつづき、電話回線がマヒし、ガスはストップしている。

天災は地球の、自然的存在の重さについて考えさせる。それはいまだ人間の力をはるかにこえる力をもって、人間を圧しつぶそうとするのである。
　今日、玉浦、二の倉方面に行ってみた。貞山堀に沿う土手には大きな地割れがつづいており、古い民家は傾き、押しつぶされ、新しい家でも屋根瓦が崩れ落ちていた。

一九七八年六月一六日

丸山真男はラスウェル『権力と人格』の紹介に触れてこう述べている。
「民主主義の政策学の基本課題は民主的指導ということに帰着する。それはどこまでも少数のエリットの専門的訓練の問題ではなく、むしろ広範な市民を民主主義の基本価値を擁護伸張するような人格に形成し、是に指導者の合理的選択をなすに足る知性と技能とを賦与するという巨大な問題である」

一九七八年六月二〇日

丸山真男『現代政治の思想と行動』
「権力の実態をみきわめるにはいつの世にも裸の王様を裸と認識する澄んだ眼と静かな勇気を必要とする。そうしてそれは〈政治的なるもの〉からの逃走によっても、また逆にそれへの即時的な密着によっても生まれないのである」
アンドレ・ジイドの言葉
「かれらをコミュニズムに導くのはまちがいなくクリスト教の普遍的な人類愛、地上に神の国を打ち立てんとする苦痛なまでの内面的要求である。しかもかれらをコミュニズムに単純に走らせぬ所のものもまたクリスト教の教えた個性的人格の究極性に対する信念である」
「よく理解されたコミュニズムと、よく理解された個人主義は本質的に融和しえないものとは思わない」
ラスキ『信仰・理性及び文明』の、丸山氏の評のなかで。
「本書におけるボリシェヴィズムに対する委曲を尽くした弁護はある意味では、ラスキのなかにひそむ個人主義との血みどろの格闘といえないこともない。これを単にプチ・ブルジョアの根性との闘争と片付けてしまうこともむろん可能であろう。だが少なくとも、そうした〈プチ・ブルジョア性〉こそは、西欧世界に於ける一切の貴重なる精神的遺産の中核を形成してきたことは否定すべくもない。そこに含まれた問題は、今まさに世界的現実に於いてその解決を迫られている。よそごとではないのである」（一九四六年）
　またラスキから。ピューリタンとボリシェビズムの構造の共通性。

「自己に対する不寛容をもっともはげしく攻撃しながら、自分が権力を獲得すると、反対者に対する寛容を峻烈に拒否する点でも両者は同じ。終局的真理の所有を確信しているから、それを強制的に賦課するのがむしろ義務とかんじられる。唯一の罪は弱気である。異説に対する寛容は、行動の混乱をもたらすのみと考えられる」

一九七八年六月二四日

昨日からまた丸山真男を読んでいるが、彼の思考にはやはり人間の個人的な心情や心理の機微にふれて考え抜かれたところがあって、いろいろと私のような立場にとっても示唆ぶかいものである。

「社会主義の思想と運動が今日のように発展したことを人類のために祝福する者は、まさにそれゆえに資本主義世界の内部における運動として発展したものが、その外部に巨大な権力を築きあげたところからくる問題状況の複雑化について、どんなに鋭い注意と周到な観察を働かせてもしすぎることはないだろう。境界に住むことの意味は、内側の住人と〈実感〉を分ちあいながらも、しかし不断に〈外〉との交通を保ち、内側のイメージの自己累積による固定化をたえず積極的につきくずすことにある」

「なぜなら、知性の機能とは、つまるところ他者をあくまで他者としながら、しかも他者をその他在に於いて理解することをおいてはありえないからである」

「しかし、およそ民主主義を完全に体現したような制度というものは、かつても将来もないのであって、ひとはたかだかより多いあるいはより少ない民主主義を語りうるにすぎない。その意味で〈永久革命〉とはまさに民主主義にふさわしい名辞である。なぜなら民主主義はそもそも〈人民の支配〉という逆説を本質的に内包した思想だからである」

「こういう基本的骨格をもった民主主義は、従って思想としても諸制度としても近代資本主義より古く、またいかなる社会主義よりも新しい。それを特定の体制をこえた永遠の運動としてとらえてはじめて、それはまた現在の日々の政治的創造の課題となる（略）。〈政治をなくすための政治〉とか〈権力の死滅をめざす権力集中〉といった、一見弁証法的な考え方も、目標的思考、もしくは巨大な歴史段階論（階級社会の止揚――無階級社会というような）だけが前面に出て、日常的過程を刻々切断する論理が示されない限り、より悪しき害悪を具体的状況の下に識別する規準としては機能しがたいであろう」

一九七八年六月二八日

今夕、仙台でベトナム国立歌舞団の公演が、地震被災のチャリティー公演として行われる。中国、カンボジアとの紛争のなかで、私らから見ると、ベトナムという国により透明な立場を感じる。ベトナム外務省などの声明も、委曲をつくして道理を説く立場が色濃く、そこに正義の自覚がみなぎっている感がする。それに比して、たとえば憤激を感ぜずにいられないのは、昨日の〈ベトナムとCIAによるカンボジアクーデターの陰謀発覚〉などの外電である。毎日は一面に、朝日は外信面トップに掲載したが、これはジャーナリズムの見識を疑わせる。なぜかくも荒唐無稽なニュースがまことしやかにながされるのか。中国国家と党の立場は、なにゆえに今のように常軌を逸してはかりがたいのか。かつて私らは、中国共産党に深い尊敬と信頼の念をもちつづけていた。とりわけその党建設が、人間性と人格の上でなしとげた到達は、まぶしすぎるほどの憧憬であった。今となって、それはニセ物であったとでもいうのだろうか。そうは思えぬところに不可解がある。

人間にとっての人格は、長きにわたってつちかわれるものだけに〈本質的には〉変化しがたいものである。また他方で、その人格の〈本質〉に触れずとも、人間の行動が変化しうることも真理である。

藤原氏の時代、私らが権威に事実上屈服し、おそれて、その時々に常識に外れ、みずから権威をかさにきて、ひどく傲慢な態度ととれるようにふるまったのも、このことを示している。しかし、道理にもとるときに破綻は必然であり、軌道は必ず道理に戻らざるをえない。政治の〈悪〉は今や中国において、すさまじいばかりの実証を経つつあるのかも知れない。権力があり国家の政策があっても、そこには普遍的な人間の倫理がない。いやむしろ、倫理はこの政治的国家にあっては権力の威圧のもとに閉塞し、政策の名のもとに従属していると見える。

個人的道義にもとづく〈反抗〉は、組織された系統的な暴力、権力の下では生命をかけておこなうしかなく、その時に、社会主義の旗の下にある個人の胸中を去来するものは決して単純ではありえない。社会主義の名のもとに直進する悪と非道の横行に向かって、果たして〈真のコミュニスト〉は〈コミュニスト〉の名において反抗し抗議しうるであろうか。その時に党は無限に強大であり、個人はまったく無力としかいいようがない。

輝ける、われらの中国共産党の、変わらざる人間本質が、再びよみがえらぬとしたら、この国の試みの実体と意味は、いったい、なんであったということができるのだろう。

一九七八年七月一一日

終日、県委員会総会に出席する。

指導は正確に量として蓄積されねばならぬ。ところが、今言われるところの指導量をふやすということは、個々の指導主体の活動量、より一層の頑張りをさしているものでしかない。そんなものだろうか。機関がヤル気になって、一層頑張らせることなのか。恰もそれだけが問題解決のすべてでもあるかのような強調は、目の前の具体的困難を直視し、これを具体的に解決してゆくというねばり強い、煩瑣な手続きを、むしろ省略して、一時的、突発的な活動のすすめとしかならぬのではないか。量は蓄積されねばならぬ。飛躍のための準備は必ず必要なのである。量は質的変化につながり、その質的変化はまた新しい量の蓄積をきりひらくのである。

全党員を動かしきることについても、これを自ら行動の先頭に立つことと、実際的に統一しておこなうことは考えるほどよりもたやすいことではない。しかし、まさにここに、機関の側の、ある意味で基本的な問題が存するのである。拡大をやるために全体を動かすこと。そのことのためにはそれなりの力と時間が必要である。ところが、その力と時間をもつ人は同時に拡大行動の中心である。

たしかにこれを解決するのは支部会議などの全体としての意思の統一であり、日常的な、支部委員会などでの集団的な実践と個別的な指導援助であるが、問題はここでも、支部会議の集まりが悪く、委員会体制が本格的に確立しているところはまれであるという支部の実態に直面するのである。個々の力量がそれなりに向上しきっていないということ。そのための不断の努力が不足しているということ。

拡大は日常活動の結果であること。従って、今の場合でも、拡大を頂点とする党の活動のあり方の全体像をたえず追求していくことが必要なのである。ここ何ヵ月間、拡大しなければ一人立ちした党員ではないかのような強調が続いてもなお、拡大していない党員が圧倒的に多数であるというこの実際に向かって、機関はなにを痛感すべきであるのか。

一九七八年七月一三日

毛沢東について〈主意主義的〉〈精神主義的〉にすぎることが言われてきた。その一つが、彼には哲学があっても経済学がないとも言われてきた。たしかに『資本論』や『帝国主義論』に匹敵する毛沢東のまともな経済学の研究はないのである。このことは、実は現代の、世界的な共産主義運動のあり方に浅くはない関わりをもっているように思える。

日本共産党仙南地区委員会（岩沼）

それは、大きくは第一に、理論的、科学的分析における立ち遅れや欠如を象徴するかに見える。

資本主義経済の現段階と客観的な発展方向についての具体的分析こそが、共産主義運動のあらゆる運動の基礎、出発点でなければならない。その分析、研究は、とりわけ資本主義経済の、その時々のあり方と大局の方向にむけられねばならず、またこの面での理論上の達成を基礎に、諸運動の方向が明示されうるのであり、この確信こそが党員の行動力の源泉となりうるのである。

第二に、実践的には経済学の不足は、どうしても客観的分析の態度と方法の不足とつながりがちであることに関わる。純粋政治または政治の一人歩き、またはそれこそ機械的な、あらゆるものに対する〈政治の優位論〉の強調である。その際の論拠は、上部構造の独自的、能動的機能ということであるが、しかし、他面でこの方向は誤ればきわめて危険という他はない。

〈経済構造〉を動かし変革するのは人間である。その人間の能動性、意識性の強調はまったく正しいが、しかし共産主義運動、その政治においての過度の強調は必然として〈毛沢東〉にゆきつかざるをえない。

それは言葉とはウラハラに〈科学の欠如〉であり、〈精神〉または〈情熱、気概〉の一面的強調は〈科学的精神の放棄のすすめ〉に容易に転化しうる。さらにまたいま、客観的、科学的態度ということと〈客観主義・傍観主義〉の区別の正確な理解は、レーニンをまつまでもなく、いまもなおわれわれにとって重要かつ切実な教訓となっている。

一九七八年七月一八日

昨晩、一〇時過ぎに納屋の海岸に行った。月が夏の夜空に明るく、打ち寄せる波に映っていた。満潮から時がたっていないのであろう。太平洋の波高は高く、しぶきをあげ波涛が波堤に打ち寄せる。音は波の音だけだ。空には北斗七星が輝いている。竿先が月の明かりに浮かび上がり、投げる竿が砂浜に弧を描く。

この天と地と海の合流点のただなかに、私は一人でたたずみ、一人で竿を投げ、一人で私について考えている。ひとは、だれひとりおらず、対岸に荒浜のわずかな灯りが見え隠れする。

この自然の巨大さを、人間は自分の力で腹にすえなければならぬ。この自然に対する視野をもって、人間は人間の歴史を開拓してゆかねばならぬ。自然に対する人間の眼の確かさこそ、人間のほんとうの進歩の証しではないのか。

にもかかわらず、この夜は餌のアオイソメをとられてばかりで、なんにも釣れることがなかった。

一九七八年七月三〇日

S――といろいろと話をした。彼の議論は全くそれなりの根拠をもって、歯に衣着せぬ物言いで、私はおもうのだが、その議論の型にはまらぬ、いかにも一面的強調の、非について言うことはたやすいことであるだろう。しかし、つくづくと思わないわけにいかぬことを、その通りに言うことが今どんなに大切か。へんに沽券や面子にこだわり、出来上がった型を、妙なものわかりのよさで保守する立場が、いまどきには、やはりなにかものごとの大きな進展にとって障害になっているのではないだろうか。

築き上げてきた道のりを信ずればこそ、いま言わなければならぬことがあるのである。

生活と大衆とに直結するところでの忌憚のない感想こそ、いまはっきりと貴重とせねばならぬのである。頭のなかですべてを了解することができても、しかし歴史は進みはしない。歴史をすすませる力は、単純な真理であって、それは日常性の中にふんだんに含まれている大衆の気分や感情に基礎がある。

一九七八年八月一四日

今朝の朝日の、若月俊一の「本との出会い」は、私などにとってきわめて興味深いものである。彼がみずからをいろんな意味をこめて〈転向者〉と呼称するのはなぜか。彼の『村で病気と闘う』（岩波新書）には、彼がどのような思想上の格闘を経たかについての苦渋にみちた歴史が語られていたように私は記憶している。

「弱い私は、結局転向した。自殺することもできなかった。それが権力によって強制された、いわば〈ねじふせられた〉ものであったにしても、自分のふがいなさは覆うべくもない。屈辱と敗残のこころは耐えがたいものがあった」

「インテリの自分が、レーニンのいう職業的革命家などにはとうていなれないことはよく分かった。その時にはじめて、愚かな私はほんとうに医者になろうと思い定めたのである。今さら弁解めくが、初心は、圧迫された国民大衆の解放ということにあったのだから、何も〈前衛〉にならなくてもいいのではないか。単なる医師の立場からでも、広く解放戦線の〈後衛〉として働けるのではないか――そう考えた」

「たしかに私たちは左翼書を読み、私たちだけで通ずる言葉を使って、いわゆる〈闘争〉をつづけてきた。しかし、それが一般庶民の生活と一体どのような関係があったというのか。ひとたび暴圧の嵐が吹き荒れると簡単に組織が壊滅してしまったという事実は、何よりも私どもの運動が大衆のなかに根をおろしていなかった証拠ではなかったか」

「そういう暗さの中で私は、同じ転向者である島木健作の『生活の探求』にある主人公の、村のなかにおける積極的な生き方に賛同した――そこには駿介の反省がある。泥沼のような観念の世界の東京からの脱出である――文芸評論家に言わせると、島木の『生活の探求』は〈本当〉の変節であって、精神主義的な農村更正運動の主張は、まさに当時の軍国主義に迎合するものではないかという。きびしき批判である。私も文芸家であったら同罪であったに違いない」

一九七八年八月一七日

林達夫の『共産主義的人間』を読みながらいろんなことを脈絡もなく考えていた。

これはかつて文庫本で読んだもので、そのときの解説者が、庄司薫で、印象としては、ひよわなインテリにとっては、自分の言い切れぬところを代弁しうる人として林達夫はまた恰好の人物であることよ、と思ったものである。正常でも不正常でも、まともなインテリジェンスが共産党（共産主義の理念というより）に向かおうとしたがる心情をうけとめて慰撫し、慰留するのである。

だが私が思うのは、私らにとって、このように言いにくいことをも忌憚なく暴くことの、たいへんな貴重さである。かれの論法の打破しがたい面は、彼が現実の生活と生身の人間の意識（この中心は彼自身であるが）のなかに、思想そして共産主義を探ろうとするからである。反論ありとしても、それを大上段から〈理論的〉にふりかざしてみたところで、たぶんその博識の点で、すぐには林達夫を踏み越えることはできないであろう。だが、私は自分なりに、彼の問題関心を、ひきつけて考えてみようと思っている。

一九七八年八月二四日

地区の常任委員会を、久しぶりに時間をとって行った。

〈政治家〉は役者の資質をもたなければならない、と考えていた。しかし役者は役者の資質によって〈政治家〉にはなりえない。〈政治家〉は自分を演じることによって他人の反響を組織し、こころをつかまなければ用をなさぬのである。

また〈政治家〉はまことに〈偽善〉たるべきかもしれない。みずから善と信じ、意図的にみずからを偽りうる、そのような矛盾を充分に血肉化した人格であるのかもしれない。この点で、あまりに善良な資質は〈政治家〉とは異質であるのかもしれない。

自己を欺き、他人を欺き、そのことを充分自覚的に行いうるときに、ある人々は〈人間〉であることをやめて〈政治家〉になるのでもあろうか。

さすれば、私などの資質は、充分に〈政治家〉的であるのかもしれない。

一九七八年九月四日

昨夕から雨が降り激しく夜半まで降り続いた。

ＮＨＫの「ドラマ・人間模様シリーズ」。黒岩重吾の戦後間もなき時期の、裏町の悲恋もので、なにかの事情で裏に住み着いた男と水商売上がりの女が結びつくのであるが、男は昔に足をかけたがり、ちょっとした隙にトップモデルと自宅で一夜をともにする。女には伯父が交通事故だといって追い払った上で。ふとなにかを思い出した女が家に立ち寄って、目撃する。翌日水死体がみつかる。男はほんとうは女を愛していたのだが。そんな女を田中真理がやって、夏八木勲がくずれかけたに見えるインテリの、くずれきれぬ役どころをうけもっている。〈あなたがしあわせになったとき、そのときが、私はこわいの〉というようなセリフには、今の世の人間の、さびしげな関係が凝縮されている。多様な人間の関係の結び目の中にあるわれわれの今は、いついかようにも激変しうるのである。そうした変化を、人間はふつ

う、こと自分については信じたがらない傾向をもってい
る。この点では人間一個は保守的な本質をもっているよ
うだ。

自分のことはさておいて、歴史の未来を語る方がよほど気が楽だというようなところから、ひょっとしたら、歴史はつねに人間の個性を遠ざけてきたのかもしれない。

一九七八年九月五日

意識性ということは、その表現としては批判性ということではないか。私にかなり欠けているのはこの批判性ではないか。それは即ち意識性の欠如としての。自然成長、感性過多、大衆迎合、したがってまたこれは自分についても自分を充分に統御しえぬ主観性、利己主義、性格的わがままを示している。

別の面からいうと、批判性の欠如は、自己における確信と決断の欠如を表現する。人はしばしばみずからにふりかかる論理のゆえに、他を批判することを躊躇する。批判の論理はまた自己規律の論理と直結していなければ、根本的な説得力をもちえないであろう。

一九七八年九月六日

県委員会の会議で、あれこれの意見がわりと活発に出された。私も発言したが、どうも不完全燃焼。

人が本心では自覚しえずおもってもみないことを〈思想的に引きずり出して〉方向づけ、みんなで叩いて、なにか解決したと思いたがる、いかんともしがたい主観的傾向があるようだ。

いろいろの〈消極思想〉というのも、それが一人歩きをしているわけでなく、現実に根拠をもつところの意識に他ならない。ところがこの〈消極思想退治〉でもって現実の事態が克服されるなどと本気で考えているとするとかなりの重症であるだろう。その効果たるや〈唇寒し〉で、うかつなことは言えんぞと〈消極思想〉はカラを閉じ、沈殿し、以前より堅固に蔓延するばかりではないか。

おそらくわれわれは、われわれが考える以上に、現実の複雑な諸問題の解決に成功していないように思える。党の、選挙での前進は、決して〈思想〉としての党の前進であるよりはるかに日常的な議員や党員の世話役活動の結果なのである。それは無論軽視すべからざる有意義なことである。しかし、その前進をうちかためるためにも、党をほんとうに〈つくる〉という仕事はまだ本格化していない。党がその組織のなかですぐれた人材を育て上げる機能を発揮していない。そのような方向で支部をうごかそうとはしていない。

当面、当面、いや明日、あさっての課題で追い回し、そこには中・長期の展望とそのための保障がない。つくらせないわけだ。こんなことをいつまでもつづけていたのでは、やはり根本的前進はない。

これはあたりまえのことではないか。イロハのイに属することではないか。しかし、にも拘わらず、そこで力をつけるというように目が向かぬ。

一九七八年九月七日

地区の活動者会議を行う。議論を聞いていて思う。

〈しかく、あるべき〉と決めてかかるところから現実は歪む。あくまで事実からものごとを組み立てていこうとする気概は、とりわけ組織内部のことがらに関しては定着していない。情勢からの要求、〈必要性〉というものが人間を動かすわけだ。それはあたりまえであるが、〈必要性〉が独立して一人で歩き、人間をつかまえ動かそうとする。しかし〈必要性〉は空を切るわけである。

〈必要性〉について筋を立てて言うことは誰にでもできよう。しかし、それを生きている人間の現実との関係で、その生き身の人間にとっての〈必要性〉として、行動力に高めるためには、あらゆることが求められるのである。

〈党員であるから〉という感覚ではコトはすすまない。その自覚の水準が問題なのだ。

私は、ほんとうの〈唯物論者〉を育てていく努力の方向について考えるわけなのである。

おそらくつねにわれわれは〈中央の方針〉から出発！することを求められる。われわれの身近な現実の諸関係について、これをよく分析し、どう変えてゆくのかは、その次の仕事であるか、または〈中央の方針〉を納得するための例証としての現実、の意味しかもたなくなっているのではあるまいか。

こうして〈訓練〉された思考の慣習は、いったいどのような意味で、真に身のまわりのことどもについての現実変革の力となるであろうか。

一人ひとりの条件や力にふさわしい、大胆で創造的な思考や行動力はここからは生まれてこない。ということなどは、まことに政治的観点を知らぬ、組織活動をほんとうには知らぬ個人主義者の弁として言い古されてきたことでもあるだろう。

〈もっと主体的自由を〉〈もっと組織の内における個の確立を〉、あるときは、これらはもともと組織人としては無能力な人々が、思想の変節における自己の行動の合理化として叫び続けたものである。

だが、私はこの主張の、一面の、当然の正当性をつよく容認するのである。今、求められているのは〈一人歩きできる支部と党員〉ではあるまいか。〈主体的、創造的な支部と党員の活動〉ではあるまいか。路線の原則で一致するならば、組織と組織活動のありようについては、もっと大胆に意見を述べ闘わせるべきである。組織を担う個性の数ほどに活動方法、形態があってよいのだ、いやあるべきなのだ。そして党員は自分の頭で考え、行動し、創意をうみだし、大衆をどんな条件のもとでも組織しうる力量をもって生き生きと前進すればよいのである。

一九七八年九月八日

イギリスの政治学者ジェームズ・ジョルの『グラムシ』（岩波選書）は最近印象深いものであった。

「グラムシの政治哲学における本質的な点として革命、むしろその準備さえもが、大衆の意識における深部からの変化を意味しているという点があった」

「彼はいかなる政治的、経済的改革も、知的、道徳的な改革を伴わなければならないと何度も主張している。そのような改革の目標は各個人に現代君主、つまり共産党そのものの価値を自発的に受け入れさせることであろう」

「〈党の目的は新しい政治的意志を創造することにある〉少なくとも獄中ノートを書いていた時には、グラムシはこれには長い時間を要するだろうと考えていた。まさしくこの理由からして、革命は二〇世紀では個人ではなく集団によって行われることになるであろう。個人は〈まさにその本性からして長期的かつ有機的な性質をもちえない〉からである。グラムシは、イタリア史、とくに前世紀の歴史を省察するにつれ、革命の進行過程というものは、一九一九年の高揚した雰囲気の中で考えられていたのよりは、はるかに緩慢であることを知るようになった。その結果、彼は歴史の発展、とくに革命は能動的局面と受動的局面との間を交互に経過するという理論を展開するようになった」

一九七八年九月一四日

地区委員長会議が行われ、私も発言した。つくづく考えていたこと。

大所高所に立って物事の成り行きを見、行方について熟考してことにあたるなどというのは、哲学趣味の中途半端な書斎人ではあっても、共産党の第一線の政治家ではないだろう。

果然たる決断が絶えず求められ、課題と日程に向けて、人間の質をとらえて数を動員せねばならぬ。ありていに言えば、それは私どもの場合はなんら〈自主的〉なものではない。組織的な上級の〈指示〉によるものだ。

しかし、このへんは了解しなければなるまい。組織的に行動することと、私の〈自主性〉とは二律背反ではありえないわけだ。

だが、しかし、今日明日の話ばかりで、いったいどこに未来への悠々たる展望と確信が今の力となるような機会があるのだろうか。それをつくらねば、つくらねばと思いは募るが、しかし、党というものは、それをつくらなくとも生きつづけ、ついには未来社会の主役の座をしめるのでもあろうか。

私などの、言ってしまえばこのような〈優柔不断〉の〈プチ・ブル〉の我流と自由分散主義者は、動揺に動揺をかさねつつ、組織への自己規制的な執心にもとづいて、くねりつつも結局は大きい道に沿いながら歩いてゆくほかはないであろう。

このように嘆いてみせることが、私の個人主義の表現である。私の思うようにことが運ばぬ時、耐えることについて私はほんとうにはわかっていない。党についても、ほんとうにはなにもわかっていないのではないのか。生命を賭けてまもるべき価値として、私の〈党〉はあるのか、ありつづけるのか。

そもそも私という人間は、自己を離れた価値や理念を自己のものにしうるだけの人間の器量をもつのか。私は〈私への納得〉という。しかし、それはつねに私自身への〈なぐさめ〉ではないのか、なかったのではないのか。私の理知の力を打擲し、私のむきだしの感性の力にまかせ、私のエゴに合うカラを探し求めている私ではないのか。

なにかとらえようもなく世界が広がり、なぜか私にとって確かにつかまえられるものはなにもなく思える。すべてが、直接の、絶対的な関連はどこにもなく相対的なことに思えてくる。

私は何に支えられているのか。私は何を支えとしているのか。私をほんとうに駆り立てる力はなにもない。私はこうして、凡俗が〈よりよく〉生き抜く方途について、いま狭く問いかける。

あきらめということも、簡単に否定しうる信念とは思えない。あきらめきれぬところを思想や理論としても、感情としてもしっかり体得すべきであることは、私にはよくわかる。あきらめるということについて、私はいま経験を経つつあるのかもしれない。手を尽くした分だけはねかえって来ぬとしても、手を尽くしつづけねばならぬ。

一九七八年九月一五日

私はせめても、みずからの胸の中に、私の戯れ言をしかく叩きこむのである。ここでタラタラと不満や苦情を述べたてたところで、私はこの通りには動かない。ただ、このように私の思いを書きとめて、改めて自分に言い聞かせるわけである。これらが私の〈抵抗の感覚〉を錬磨する。

私の感情は、はげしく軋轢し、私がまともに何かに向かうとき、それは軋んで音をたてるようだ。そこを私はこんどは理屈でもって割りきり、他を説得しなければならぬ。それは〈公的な私〉である。私的個人の心中はそれらに対してどんなに抵抗したところで、そこを充分に踏まえつつ、人間の、公的な、社会的な、客観的な、政治的な役割を自覚して、人間の多様な関係にかかわり、そのなかに位置を見いだすわけである。

プロボクシング、ヘビー級タイトル戦。午後一時と九時、二回つくづくと観た。モハメド・アリがフォアマンに勝った。私はふかく安心し、心から喜ぶ。今日はことの他うれしい。

一九七八年九月二四日

地区委員会総会を行う。本気で考えてくれているのかなどと、みんなのあまり気乗りのしない顔をみながら考えていた。

良質の日本的心情主義と、党をも含む政治全般は依然として現実には統一されていない。これが一人ひとりの党員に根づくために、日本の党はほんとうの歴史の試練をかいくぐってはいない。

獄中非転向は〈神話〉となってごく少数の人間の〈誇り〉を分け与える形でしか継承されていない。権力との生死を賭けた闘争のなかで、人間の尊厳について語りうる共通の体験に欠けている。

だから歴史はさらに人民闘争について、日本人民の闘争と抵抗のありようについて大きな課題を担っているわけだ。

しかし——どんなに〈高い動機〉を解し〈方針の戦闘性〉を了解したとしても、なにゆえにこのような党活動上の弱点が蓄積されてきたのか。そこをほんとうにつかまなければ事態は好転すべくもない。

それは一口で言えば、党指導における、支部と直接つながる地区機関の体制と力量というところに帰着する。そこに人材と必要な指導体制があれば、どんな方針も〈具体化〉される。日常的に支部と党員が手ににぎられれば、それは動きのなかで問題解決に向かうであろう。

どんな理屈や高邁な方針上の観点もくりかえし言うことは不要である。二心や敵意なき点では稀有に統合されている今の日本共産党のありようのなかで、いま絶対に必要なのは地区機関の体制——人間とその教育および財源である。

この点がいぜんとしてそこだけにまかせられている限り、私どもは真剣には〈文化大革命〉の精神主義的、主意主義的誤謬を批判することはできないのではないか。

一九七八年九月二五日

地区常任委員会でわりと率直な、打ち解けた議論ができたように思ったものだ。

力と体制があって観点を正し、正確な指導をつらぬけば、コトは好調にすすむであろう。力がないところは、ただ観点だけではなにごとも好転しない。観点だ、決意だといくら強調しても、物事は一時的に動いても、決して本質的に変化し、変革されはしない。

ただ惜しむらくは、人間または一般に政治家は、誰が見ても力のなさそうに思えるところに、自分の力で力をつくることに、ある種の快感さえ誘う意欲を掻き立てられる習性をもつのである。引っ込んでしまえば〈名折れ〉である。なにがあろうと自分が生きている限り、そのへんで〈勝負〉したがる傾向がある。

コトが血の通いつついくらかでも好調を維持すると、およそあらゆる事象が私に微笑みかけてくる。寒さとて、それは季節の問題ではなくなり、空はつねに心情にむかって開かれ明るくひろがっていた。

だが、私はいくつかの具体的困難にぶつかり気づき、前途に不安したときに、そこにむかって手を尽くしきれなかった。何人かが転勤して穴があき、何人かが後ろへ向き始め、支部のいくつかは滑り出したものの後が続かなくなった。そのときに、私はこれらを結局は静観し、座視した。

そのときに私をふかぶかと〈現実〉というものがつつんでしまった。私は〈現実〉の虜になった。私自身が〈現実〉の一部となり〈現実〉との距離が失われた。すすむにまかせた〈現実〉はその進行にあわせる理論と心情を求めた。こうして〈理論〉が〈現実〉をリードすることができなかった。しかしそのときに、果たして〈現実〉はほんとうに〈私の現実〉であったか。流れにまかせ、また人間がうごかしがたい〈現実〉とはなんであるのか。私の手にあまる〈現実〉の結果は、私の責任にかかわるところではなくなった。〈現実〉はこうして私の手から離れた。

私を含むこの〈現実〉についての責任は、他に求める他はない。私はこれを解釈し合理化するばかりだ。

方針、理論、目的、使命感、責任性、これらのものは〈現実〉そのものの裡には存在しない人間の〈意識性〉の内容である。人間にとって、しかしこの人間機能、この能動的意識を失ったとき、〈現実〉をよくつかんでいるかに見えて〈現実〉は人間から離れるのである。〈現実〉は人間の力によって統御しえぬものとなって、却って人間から遠ざかるのである。

一九七八年九月二七日

たしかにグラムシが評価されるところは、人間の生の理性、感情、意志にしかるべき位置を与えたことであろう。それを別段強意しなくとも、そのことについて積極的、肯定的に評価するマルクス主義はそれだけで印象の深いものである。それは、しかし政治的レベルの、その質の高さを示すものではないだろうか。〈人間不在〉の政治など存立しえない。しかし、また政治とは人間をその個性や質において捉ええないとする議論もある。たしかに現象的には認めうるが、しかし考えてみれば、人間の〈質〉を捉ええない政治はついに永続する政治ではあり得ないであろう。

人間の、存在の、生々しいあらわれを、それとして尊重し評価することを抜きに、人間のつくりあげる組織や政党が好調に維持できるはずがない。

ふりかえれば、マルクス、エンゲルス、さらにレーニンに感じる私の強い共感と敬意は、彼らが理論の体系の枠組みをつくるために必死に格闘したそのときも、あらゆる問題の出発点は現実の生々しい人間であり、日々動きつつ生きて在るものだったというところにある。

だがスターリンが一切を台無しにしたどころか、共産主義をまるで本来のあり方からまったく別物の恐るべき奇怪な思想に塗り替えた。それはなおはかりしれない影響をのこしている。

さらに、毛沢東などによる共産党員の〈修養〉が主意主義的に誇張され、恰もそのあり方が一般的に共産党員のあり方、また共産主義社会における人間心理や感情の〈あるべき姿〉と受けとめられてきた。それは、日々われわれの目の前で踊りつづけている。

これらの事情のなかに、改めてグラムシが振り返られる理由もある。

高度に発達した資本主義は、単純にいうならば高度に発達した人間をつくりつつある。資本主義の発展段階はやはり人間資質の段階を根本的には規定する。ロシア型ではない人間、中国型でない人間。そこには民族としての、意識や思考の独特の伝統が人間に具体化されているのである。

したがって革命は、この人間意識の集団的、歴史的変革を抜きにしては不可能といわねばならない。つまりこの民族を構成する人間の、他と区別される諸特徴の総体を、すなわちその民族の、人間の、個性と質、心理と意識をどれだけ深くつかみきれるのか、変革しうるのかが政治の使命であるとともに、このことを軽視ないし忘却するところからは、革命は真の展望を見いだすことはできないということができる。

一九七八年一〇月四日

仙台で、五中総を受けての県委員会総会があった。あたりさわりのない議論で、なにがいったい前進するというのか。五中総は、総体として見れば、党らしい形式をふんだ深刻な自己批判ではないのか。そこのところこそ真髄と言うべきで、それを建前にこだわり、なにかきれいごとを並べなければ〈下部がゆるむ〉とでもおもっている、その性根が私の肌になじまぬ。忌憚のないところから問題を出発させなければ唯物論が泣くだろう。いま機関の、建前の強調ばかりのやりようで、支部の、なまの党員が確信と誇りをもって頭をあげうるのか。

〈機関〉は下部にむかってたえず〈自己批判〉を要求しうる絶対的な〈批判者〉なのであるか。むしろ害悪はたえまなくここに発する。党はいまだ開かれておらず、良質の日本的な心情は日本の現実の党の政治になじんではいない。

一九七八年一〇月九日

グラムシ選集一。「政治の要素」。ここを読みながら、おお、グラムシもこんなことを真剣に考えていたのかと、共感しきりであったのだ。

「一番基本的な要素は、支配する者と支配される者、指導する者と指導される者がある、ということである。政治学と政治技術はすべてこの根本的な（ある一般条件のもとでは）言い換えのできない事実に基礎をおいている（略）。この事実を認めた上で、どうしたらもっとも有効な（ある目的が与えられるとして）仕方で支配することができるか。どうしたらもっともよい方法で指導者を養成できるか（政治学、政治技術学の第一章は厳密に言えばこの問題にあてられている）。指導される者、支配される者を服従させるためのもっとも抵抗の少ない合理的な路線はどうしたら知られるかということを調べなければならない。指導者を養成するには基本的な前提がある。つまり支配する者とされる者とが永久に存在することを望むか、それともこうした区別の存在する必要がなくなるような条件を作り出そうと望むか。即ち、人類には永久にこの区別があるのだという前提から出発するのか、それともそれは、ある条件に照応する歴史的事実にすぎないと信じるのか――」

「指導する者とされる者、支配する者とされる者とがあるという原則を認めれば、今までところ、指導者を養成し、指導能力を錬磨するためには政党がもっとも適切な様式である」

「党派性が国家精神の基本要素であるということの証明は、もっとも重要なものとして支持すべきテーゼの一つである。逆に〈個人主義〉は動物的要素であり、動物園の中ではねまわる動物のように〈外国人のおほめにあずかる〉」

〈党派性が国家精神の基本要素〉であるということには、政党の、その政党を構成する個人の〈国家的使命〉が表現されている。またヨーロッパの政治的伝統と政治風土との関連も見ておく必要があろう。

政党は、その綱領や政治的立場がいかに現政府に対して反対派的であろうとも政党として国家に関わり、いや基本的に国家の一構成員として存在する以上、それ自体として国家的機構と内実が求められ、それを自覚し、具備すべく努力されなければならないと言えるのだろう。単純なことであるが、しかしその意味を考えるべき点は、〈党派性〉を狭く、セクト主義的にとらえるのではなく、このような広い基盤のもとに理解し体得すること。

「新しい君主論の主人公は現代においては一人の個人的英雄ではありえず、ひとつの政党でなければならない。即ちその時々の条件に応じ、さまざまな国の、さまざまな内部事情にしたがって、ひとつの新しい型の国家を打ち立てようとするあの特定の政党でなければならない」

意識的な、独自の、繰り返しての、党とその理念、政策の学習と討論。そのための素材は豊富であるにも拘わらず、それを活用していないこと。それを〈具体化〉するということは、それをまず徹底して学習するところから始まらなければならない。

〈マルクス主義者〉は、だから唯物論者なのではないことについて深く知ること。はるかに徹底して大がかりに唯物論者は一般生活者の意識そのものであることについて思いを致すこと。そこに現実があり、われわれの変革の基盤があり、われわれの運動と認識の源泉があること。これは現実から離れたところでの理論の問題としては平凡な命題であるが、実践的立場に立つときには、その現実のありように従って、無限に多様であり豊富である。

現実を裁断する〈理論〉は現実そのものによってしたたかに裁断される。理論は生きている限り、理論の内容に〈悩み〉を持つのが当然である。矛盾はあらゆるものが生きていることの根本的で決定的な証明である。

一九七八年一〇月一八日

久しぶりにレーニン『なにをなすべきか』をひろげ

る。一つひとつの警句のなかに、レーニンのリアルな眼差しを感じる。

「とりわけ指導者の義務は、あらゆる理論問題について、ますます自分の理解をふかめ−社会主義が科学となったからには、また科学として取り扱われなければならないこと。即ち学習されなければならないことをたえず心にとめておくことであろう」

「実際、今日の運動の強みが大衆の覚醒にあり、その弱みが革命的指導者の意識性と創造性との不足にあるということは、今日までまだだれひとり疑ったことがないと思われる」

「教養ある階級の若い世代のもっともすぐれた代表者たちがみなわれわれのもとに投じつつある——われわれの運動の基本的な政治上、組織上の欠陥のひとつは、われわれがこういう勢力の全部を働かせ、全員に適当な仕事を与える能力がないことである」

一九七八年一〇月二〇日

レーニンの偉大さ、実践家としての偉大さは、たえず自己の運動についての点検、自己批判、リアルな現状認識のうえで揺るがなかったことである。

最近の県委員会あたりの話を聞いて私などが感じる違和はいったいまたなんであるだろう。言うところは、人間の活動者の心理の機微にも触れて理解しうるのであるが、しかし、この党の下部の現実を含む総体の力量の評価にかかわる認識においてどうか。党の現実政治での役割、比重の相対的重さからのみ、あるいはそこを主な出発点にしての、客観的必要、政治的要請の過度の強調などについて私は考えさせられるのである。

またつねに〈上は正しかった〉というところからの提起のしかた。実は中央自身が深刻な自己批判を核心として提起していること。ところが、おもてむきだから、あいまいに表現されるのか。もっと簡単明瞭に、すべての党員にわかりやすく〈ここはまずかったので、この点はこう改めよう〉というように理解されることが必要ではないのかと思うのだが。果たしてそのようにうけとめさせることができなければ、またなにも根本的には改善されえないのである。

一九七八年一〇月二四日

たとえばグラムシの次の一節に、私は深く共感する。

(選集一巻)

「たとえ混乱や不和の様相を触発するとしても、個人の参加がおこなわれなければならない。それが行われるかどうかは死活の問題である。集団意識即ち生きた組織は諸個人の対立を通じて多様性が統一されたのちでなければ形成されないし、また沈黙が多様性でないということもできない。オーケストラが調子をあわせる時、どの楽器もそれぞれ勝手な音を出すので非常に不愉快な雑音の印象を与える。しかし、この調節はオーケストラが単一の楽器として働くための条件なのである」

一九七八年一一月六日

林達夫著作集全六巻やっと揃えた。翫味すべきところ。

「無神論としての唯物論」。唯物論を依然として〈ただもの論〉〈物質主義〉と同列に考えている向きが、わが陣営のなかにも根強くある。

「唯物論の歴史にとって重要なことは、唯物論の無神論的契機とでもいったことを探ることではなかろうか。これまでの唯物論の歴史的研究といえば、その大部分は判で捺したようにその存在論的契機や、ないしはその自然学的、方法論的契機に重点をおいていた——けれども唯物論とはいってみれば、世界や存在を説明するための控えめな淡々たる教説、またはその冷たい道具ではなくして、何物かを打ち倒すための、ぎらぎら研ぎすまされた、敵側からこれを見れば物騒千万な思想的武器だったのではないだろうか。唯物論の系図屋さんがチェックした〈唯物論者〉たちは必ずしも無神論者ではないが、れっきとした無神論者の方は必ず唯物論者である。つまり唯物論は、反宗教闘争の有力な思想的武器だったことがわかる。だから真正の唯物論の歴史は無神論の歴史を書くことによって、少なくともその根幹だけはおのずから出来上がるのではないかとも考えられる」

この第三巻所収の『社会史的思想史——中世』は、実は私にとって懐かしいものなのだ。高校の頃、私は羽仁五郎や林健太郎の歴史書をかじりながら歴史学への憧れを抱いたものであったが、その頃に羽仁、林、本多謙三あたりだろうか、共著の岩波版『社会史的思想史』という本を買った。それが長らく私の脳裏に林達夫の印象を残し続けていたわけだ。それからかなりたって私は『共産主義的人間』を読んだが、それがなぜか小泉信三の『共産主義批判の常識』と重なってろくな印象を残さず、しかも〈林達夫〉という同姓同名の人物だと、ほんとうにしばらくは思い込んでいたのだからいい加減なものだ。

第三巻において私の実践的問題との関わりでつよく感じたことが一つある。それは歴史と哲学との関係、歴史的なものと哲学的なものとの関連と区別をはっきり認識するということである。

歴史を哲学的に解釈してすませてはならぬ。今必要なのは〈歴史的哲学〉ではないはずだ。歴史を歴史そのものの中から探求し、見通しを立て、一つひとつの歴史の事実を〈絶対的〉に創造する見地こそ必要ではないか。それほどの歴史のいちいちの重さを、われわれが自覚しつつ行動することがなければ、われわれは歴史そのものから手痛い打撃を受けるしかないだろう。そのことを解説の久野収も書いている。

一九七八年一一月七日

林達夫著作集、第三巻。「研究ノート」に五木寛之の文章がある。それが私にもよく分かる。それは一九四五〜五〇年代のことであるが、六〇年代の私にもつながっている。

「敗戦時に外地にいてソ連軍進駐と軍政を体験した私には社会主義国家への、仲間の人道主義的な幻想にどこか違和感があったように、スターリン氏にもかすかに首をかしげる感があった。だがそんな醒めた気分が頭をもたげるたびに私は自分のそのようなプチ・ブル意識を自己批判し、他人に気づかれぬように「シベリア大地の歌」などを口ずさんでごまかしたものだった」

「そんな時期に林さんの『共産主義的人間』を読んだのである。それはひどく危険な書物のように思われた。とんでもないことを恐れずに言う人物だという気がした。私が内心ちらりと考えたり、かんじたりしながら、大急ぎで頭の中から追い払うことにしている、ある〈ほんとうのこと〉をはっきり口に出している文章なのである。私はその忌まわしい考えに感染しないために、あわててアラゴンやファジェーエフの小説をひろげ思想的防疫につとめた」

「しかしその本の中の、ごく平静な声で語られる事柄の逆らいがたい真実味から逃れることはどうしても不可能であった。そして私は最初おそるおそる読んだ林さんの本をすすんで探しもとめて読むようになっていったらしい。ただ他人にはそのことを黙っていた。なぜかと言えば、当時の私がたとえ片方で醒めた視線をもつことを自分に許したとしても、やはりもうひとつの目ではもうひとつの熱狂または信仰をみつめていたいと、どこかで願っていたせいかも知れない――」

林達夫著作集第六巻の巻末で久野収との対談があり、その中で林は最近の羽仁五郎を激賞している。友情かもしれぬが、羽仁の最近の左翼小児病的言動に違和感をもつ私には、そのことに、強い違和感がある。

林のスターリン主義とそれにつながる共産主義批判は実によく分かる。心に染み込んでくる。だが、一言いっておきたいことがある。

私どもは現実の党の政治のかかえる数多の問題と脆弱を痛感するわけである。しかし、それを言うならば同時に、日本の現下の政治状況において日本共産党の果たしている役割を決して見落とすことはできぬのである。内面的思考の陥穽はこのあたりにある。個人的につながる範囲でのみ世界は動いているわけではなく、全体はたえず個人の認識と行動を突破する。自己の、その内面に直接かかわらぬところでの動向に向かって、そこに共感と、連帯を、感じることこそ肝要であり、この見地こそ人間に本質的な謙虚さと勇気を与えるのである。いわずにはおれぬところを言いながら、しかし大局における進歩の方向へ、責任をもってむきあう姿勢こそ、今のみならず長らく必要な人知であろう。

一九七八年一一月一〇日

林達夫。精神の歴史についてのもっともな感想。私はかつてドストエフスキーを森有正によって読みながら、そのときの私の心情も交えながら人間の精神の自立的な働きと精神それ自体の独自の歴史についてもっとマルクス主義が注目し、問題にすべきではなかろうかと感じたことがある。だから林の次の言葉には共感する。

「私の記すのは人の書いた〈精神史〉と名のつく〈歴史記述〉のひとつのジャンルというか、パターンというか、それについての省察なんかではない。その研究の現場におけるあれやこれやの、てんやわんやの操作のことである」

「私の心には、精神史はどんな立場のものであろうが、恰も歴史がその一部門として考古学を必要としているように、名前は如何様でもよいが、いわば〈精神のアルケオロジー〉のごときものを必要としているという、何か飢餓感のようなものがつきまとって離れなかったのである」

一九七八年一一月一三日

酒は一合弱として、昨夜などは寝るまぎわに、紅茶をすすった。一度五時に目が覚め、七時過ぎに起きた。頭の重さはもはや酒のせいではない。眠くなると漠然とした空想癖みたいなもので、雰囲気として、何か重大な使命感にハッとするというのだから奇妙である。それであわてて本をとり出しじっとみつめるが、断片的な印象ばかりで、ついぞ頭には入らぬ。

「思想家・林達夫」について考えていた。歴史を進歩の大道に沿って前進させるためにどうするかなどと、大上段でなくとも、大局における提言の欠如。一貫性は個人的感想の範囲をでぬゆえの特質に他ならぬ。現実に即す限り、誤りあるのもよしとする構えこそ勇気ある知性とも言いうる。一歩出ぬところでの片すみのつぶやきとしか写らないだろうが、それがないために日本的抵抗の一典型のようにあがめられる。

彼、林達夫は、ほんとうはこういうことについても感想をもっているはずなのだ。なぜごく一握りの共産主義者以外が無抵抗と変節を繰り返したのか。なぜ日本ではヨーロッパのように抵抗を運動として組織し得なかったのか。その時われわれはなにをしていたのか。

彼がこれらについて考えているときに、しかし日本の共産主義者はあまりに楽天的に、獄を出てすぐさまはしゃぎすぎた。スターリン崇拝は骨の髄まで染み込んで久しかった。

林達夫は自省の言葉を言う機会を逸してしまった。自らの自省の内容が、戦時下の共産主義者の自省とも重なりあえば、彼の行く道、思考の軌跡もいくらかは変更されたかも知れない。しかしそうはならなかったために、彼はまた自己の感想にとじこもって、戦争中と同じ姿勢の延長に共産主義運動を位置づける。

いかなる意味でも共産主義は、そのときどきの政治の一方の座標軸であり、社会的知性の一つの基準であって、人はそことの距離によって自己の位置を定めるのである。知性が社会的な任を帯び、なんらかの意味で歴史への責任を担おうとするときに、これは必然の道程であるだろう。

彼の感想は個人を脱皮しない。そしてそのことの最大の要因が、彼にとってはなんの恥じらいも感じることなく、そのときどきの共産主義とその運動の〈稚拙と未熟〉にあったということができるのである。それは個人主義であるが、一皮むけた個人主義、一転回して居直った個人主義である。

林達夫は、日本における、自由主義的知識人の一つの典型ということができる。

そして、かれらは、いったん党組織に加わりながら抜け出し、逃げ出した人々にとってはどうしても頭の上がらぬ存在となり、共産主義思想を心情的に理解しながらもあと一歩の、行動への不決断と逡巡にとっては、格好の溜まり場となるのである。

思想の最大の条件の一つとしての一貫性は林の側にあるわけだから、敗残の意識は、いかんともしがたい。

一九七八年一一月一六日

地区党会議せまる。人はそれぞれだ。その人々がほんとうに意気に感じてはつらつと動けばコトはさほど難しくないが、そのようにはママならぬのである。みんな善人で、自分だけは正しいだろうと思っている。その人の内側は決して汚れてはいない。そこに触れあうこちらの問題であるのかもしれない。

だが、それにしても理想は巨大で、理念の輝きばかりがまぶしい。現実は灰色で、なまみの人間は色あせても見える。なにごとか、もっとふくよかで暖かく、なにか人間のすべての知恵を垣間見せながら、私の目の前に現れて芸を演じないものか。

こういう時に、私は私の生をほんとうに永らえたいと思う。死ねばすべてが終わる。あらゆる不服や苦難が失われることは、人間にとっての深刻な不幸のように感じられる。もっと生きるか死ぬかの苦難こそ、人間を確実に高めるものだ。それがないから、おまえはそう言えるのだというのだろうか。しかし、このことは偉大な真理だ。

偽善であることに、ほんとうは生きがいを感じながら、理念の遠大に目もくらむ思いをしている私などにとって、私という人間の、人間性が陽のもとにさらされ、むきだしにされるときほど深く考え込むときはない。その時のためにそれまで生きてきたようにして、私は必死になる。その必死さが、在る時に、私は声を張り上げ、全神経を緊迫せしめ、私を賭けてなにごとかに立ち向かう。それは多くの場合、私を守るために私自身に立ち向かっているのであるが。

私は〈善人〉たりえない。小さな処で小利口な〈悪人〉でありつづけ、たえまなく自己に嫌悪しつつ、人間のおぞましさを眺めるよりもはるかに、そのおぞましさにみずから浸りきりたい欲求を潜在させている。引かれている境界は、かぼそい、消えかかっている一線だ。どんな〈犯罪的〉事実も、人間の所業である限り、それを〈非人間的〉と呼称することはできない。

共産党員が人間である以上、その行動の範囲は、人間のそれと絶対的に一致する。しなければならぬという〈信念〉をあらゆるものごとの前提にすえることだ。

ファシズムを、さらにまたスターリニズムを、人が根底的に批判するために絶対的に必要なことは、その〈倫理的原則〉についての解明でなければならない。歴史叙述はそのとき真の識別を受けるだろう。

それは人間が平板的、平面的、一面的たりえない存在であるということへの、確信と懸念につながる。歴史は〈告白〉され〈懺悔〉されなければならぬ。

人は自己の人間性（歴史的のものと、個人的なものとでおりなされたところでの）に、しかるべき存在の理由を根拠づけてこそ、主体的に、総体的な歴史にかかわりうるのである。

一九七八年一一月一八日

Kくんの父君から『ノーマン全集・全四巻』を贈られた。父君はなかなかの知識人なのである。

ノーマンという人物は日本的であるとともに、真に国際的な知性と良心の水準と典型のありかを示す人間であるように思える。安藤昌益に寄せるあの深く繊細な関心と歴史そのものの内に忘れ去られてしまいがちな雑草に、なによりも想いを馳せる関心の持ち方、知性の機能の方向は、疑いもなく良質な日本的心情主義に通じる。しかも、大局を見、物事のあらゆる関連を通じて歴史の変化の奥底の道程をたしかめようとする欲求は、国際的な教養に裏打ちされた西欧的知識人の合理主義的思考が顕著である。日本のすぐれた知識人が、かれとの親交を深め、かれに憧憬しつつかれに学んだものも、これらの特質と別のものではないだろう。だが、かれは自殺した。

かれはケンブリッジ時代に、イギリス共産党員であった。何に対して耐えがたかったのか。大窪愿二《げんじ》氏は「覚書」のなかで、ノーマンのマルクス主義への傾倒を、その時代環境的対応の面でしか見ず、かれに本来的なマルクス主義者を見ようとはしないが、それはそれで一つの見方ではあるだろう。しかし、はたして、思想をあれほど自己規律と結合し、その合理性で生きつづけようとした人間にとって、なぜマルクス主義だけがかれの〈限定付き〉の思想でありえただろうかとも考えないわけにいかぬだろう。

マルクス主義はノーマンをもとらえたのである。マルクス主義はノーマンの知性に深く触れあったのである。ただノーマンは、マルクス主義を理論や思想としてつかみ、それを実践する〈政治〉については、おそらく学ぶことが少なかったのである。そこに限界というよりも、かれの人間性と思想の〈特質〉もあったのであろう。

数奇なる生涯は昌益だけのことではなかった。昌益の運命への洞察は、かれみずからの運命への予見となり、それは実現してしまった。

一九七八年一一月二〇日

この二日前、宿直の夜。疲れていたせいもあろうが、酔うまいと思いながらペンを持ち、ノートを書いた。字は乱れてはいないが、そこには私の〈狂気への憧憬〉がにじみ出ているようだ。私にはいま〈倫理〉が不明であるということ。〈倫理〉の基準はなんであるのか。そこには人が触れたがらぬ問題が、またはもっと深刻な問題が含まれているのではないだろうかと、私は思いつづけている。そしてそれは、人間についてわれわれがどのように了解するか、しているかに直結している。

古い道徳は、禁欲的な倫理を説いた。共産主義はいま同じような形に、違う内容をこめて倫理の形式を問題にしているかに思える。しかし、そこには政策的対応の正当はあっても新しい〈倫理観〉はあるのか。

レーニンの『青年同盟の任務』はプロレタリアートの倫理と道徳について述べているが、それはしかし政治的立場であって倫理の内容を包括するものではない。ベトナムの哲学者はアメリカ的文化の頽廃について理論的に解明したが、それはベトナム国民の文化闘争の一齣である。

〈倫理〉は、それが人間の転変やむことのない日常生活と表現の多様と多面にかかわるゆえに、理論問題としての解決の困難と不足を免れえないのであろう。そして〈倫理観〉の不足？　は、どういう意味での現実の反映とみるべきなのであろうか。

昨夜も一〇時過ぎ、赤旗の拡大は三〇足らず。どうしたものかと思いあぐねるばかりだが、ノーマン『クリオの顔』を眺めていて、かれの言う〈自主政治〉に関する言及のなかのちょっとした文言が目にとまる。

「現代社会の市民たちがなんらかの決定を下す場合、その情勢についてあらゆる関係事実を提供されるかどうかは、死活の問題となっています」

「（ジョン・スチュアート・ミルを引用して）たとえ有益な目的のためでも、人間が手頃な道具になるように人間の成長を矯《た》める国は、小人によっては偉大な事業を真に達成しえないことをやがては悟るであろう」

人間の理性への信頼。自主的、民主的社会をになうにふさわしい人間のあり方、つくられ方。それゆえにあらゆる情報と知識を伝達し、その政策決定のプロセスに、多様な形で一人ひとりが関わって、みずからを高めること。組織すること。人間を高めなければならぬことを強く感じながらも、そのためになにをどう行うかについて、決して定かではない。むしろ一般的な原則、原理さえもが、あまりにもわずかにしか語られていないのでは、それはその人、その組織の原理、理念にもならないだろう。

つねに原理があり、そこにみずからを〈高める〉自覚の上でのみ人間は具体的実践の意味をよりよく了解し、人間の全身でそれにとりくむことができるのである。

私はやはり党は同じように、人間が育ち、人間を育てる民主政治の、もっとも典型的な〈学校〉にならなければと思うのである。そこだけが共産主義的ではありえないのは無論であるが、しかし、どのような意味で組織と活動のあり方が、具体的に〈民主〉というにふさわしくすすめられているかについて、もっと下から、突っ込んで問題をみなければならないように思うのである。

今は、わからせることだ。伝え歩くことだ。あらゆる党内情報によって、自分の判断をつける力を、私もみんなも一緒になってもつために鍛えあうことだ。そのための苦労が余りにも少なすぎる。そのための苦労を尽くしてなおすすまぬものに向かって、人間に決断をせまる批判の機能が生きてくるのである。それは〈一瞬〉のことであろう。

人間に緊張した時間は決して永続しない。たえまない〈批判〉と〈意識性〉の強調は、そのことによって日常性とマンネリズムを生んで、かえって逆に悪しき、より沈殿した自然成長性に転化するだろう。

人間はどんな場合でも、自己の判断によって行動するしかない。その判断内容がわがものとなり、自分の知識となった分だけ、それだけ行動は持続しうる。それが人間の〈成長〉というものだ。それが自主性ということであり、そのとき自分への責任は同時に組織への責任と同格の位置をしめうるのである。

だから、今は指導の側がもっと自己訓練されなければならないのだ。

わが政治は、かくしてたえず〈上〉からつくられていくしかないのであり、〈上〉とはまたたえず〈中心〉の位置をしめないわけにいかないのである。

私が驚くほど正直に、リアルに、気持ちをこめて「地区党報」を書いて、毎週全支部に届けているのは、そのささやかなる努力なのである。

一九七八年一一月二三日

ノーマン全集四。「ジョン・オーブリ」

イギリスのこの伝記作家の紹介にくわしく労をとるノーマンの気持ちは、たぶん次の言葉に集約されているだろう。この中に、ノーマンがいったいどのようにすぐれて人間そのものを、全体として均衡的に理解しようとした人間であるかがうかがえる。

「伝記作家としてのオーブリの最大の稟質は、主題として選んだ人物の、きわめて機微にわたる問題までも追求しないではやまぬ、その徹底した好奇心にあった—かれの欲したことは、一個の人間の生涯から道徳的教訓を引っ張り出すことではなく、ただ善と悪の錯綜したありのままの男の姿、女の姿を表現することであった。——かれの探求精神は全く執拗なものであったが、その際我々が注意しなければならないことは、かれがなによりもまず人間を愛していたことであり、人間を道徳的判断の対象とすることを拒否していたことである。とはいえ、たしかにかれの人間観が楽観主義的であったことは争えないであろう」

かれ、オーブリが好んだ言葉は、ラムバート将軍の次の言葉であった。

「最上の人間もせいぜい〈最上の境遇の〉人間にすぎない」

さらにまたノーマンは、ある学校での講演で次のように言う。

「科学研究が十分に発達するためには、自由と独立の雰囲気がぜひとも必要である。高等教育の真の本質は、知的誠実の習慣と探究心、さらにほかの時代、またほかの文明の文化的達成への尊敬心を植えつけることにあると私には思われる。人間的価値に対する脅威は、厳密な科学的方法への侮りから起こる。こうしたことはきわめて現実的な危険であって、そのことは政治的、知的自由が息の根をとめられている現代の諸国民の歴史から明らかである」

ノーマンは、しかし、このように人間について、たとえその本質が単純につかみだしえないとしても、非合理主義的解決を拒否した。かれは、科学への人間的信頼をふかめ、その進歩が人間をあらたにつくりつつ、人間についての理解をふかめていくだろうことを疑うことはなかった。したがって、人間への共感と理解も、そこでよしとし、それを〈許す〉こととはつながらなかった。

よりよき人間をつくるためには、まちがいなく人間の現実の総体をリアルにつかむしかないのである。

一九七八年一一月二五日

ノーマンの「クリオの顔」は印象に残る。

「巨匠たちの歴史作品にみられるように、歴史は決して直線でも単純な因果の方程式でも、正の邪にたいする勝利でも、暗か光への必然の進歩でもなかった。それよりも歴史は、すべての糸があらゆる他の糸と何かの意味で結び付いている継ぎ目のない織物に似ている。ちょっと触れただけで、この繊細に織られた網目をうっかり破ってしまうかもしれないという恐れがあるからこそ、真の歴史家は仕事にかかろうとする際にいたく心を悩ますのである」

グラムシ『獄中からの手紙』を読む。

「どんな場合でも物事の喜劇的、漫画的な側面をとらえるという私の精神的傾向が、いつでも私の中で生き生きと働いていて、そのおかげで、たとえどんなことがあっても陽気でいられた」

「私は、たとえば新聞小説のような一番低級な知的生産物の中にでも、興味ある側面をみいだすというかなりありがたい能力にめぐまれています。もしできれば、広くゆきわたった民衆心理の雑多な問題について、何百枚、何千枚のカードをまとめあげるつもりです」

一九七八年一一月二七日

グラムシ『獄中からの手紙』読み終える。

具体性をなによりも尊重するという自分の明言に忠実に、獄中からのかれの手紙の、そのリアリズムは、なかなかに簡明で一貫性があると思う。そしてかれの、このささいな日常生活に対する、人間の機微に対する関心と日常的な反応が、私にはやはり学ぶべき尊さに思えるのである。かれの関心は、かくして妻や家族のことにかなり集中されたかに思える。そのうえで、そのなかにあって、かれはこの社会のトータルな変革の構想をねっていたのである。そこに、われわれの近代というよりは現代の、多数者の革命を標榜する理論や運動との最大の共通性、共感があるように思える。

かれが〈殉教者〉ではなかったという点。かれが市井の平凡な生活人として社会の総体をみようとしていた点。かれが現実に、自己の、自己的な位置について苦悩している点など。その人間的な面はみずからの体験、存在を通じて、決して単なる理論の領域での問題ではありえなかったわけである。

理論は、かれの妻や息子たちや母親や姉や、親しい友人たちのために、その解放された幸福を願う心情の延長の上にのみあり得たということ。ここにかれの理論や思索のユニークさがあったということ。

それはごまかしようがないマルクス主義である。ホンネのところで鍛えないわけにいかなかったマルクス主義だ。結局は、そのことの方がはるかに強靭であることこそ最大の教訓ではあるまいか。

理論における〈自主性〉も、それが活動者一人ひとりの主体的な意志、自覚になりえないうちは、単にスローガンでしかない。その主体をつくることについて、労少ない分だけ、われわれは運動の合理的、法則的前進から外れ、立ち遅れるわけである。だから力をこめて長期に向かって今を位置づけ、今を闘うことによって長期の力をたくわえるべきことを知らなければならない。

それは〈人材〉を養成することに尽きる。個々の人間が成長する喜びを感じられる生活をつくるところに、力を集中すべきであることに尽きる。

党がまだ知的に洗練されておらぬということ。知的洗練こそが、結局はヘゲモニーをにぎりうるであろうことについての、確信と不確信。はたして政治は、知的鍛練を抜きに〈物理的、現実的な力〉によって究極に左右されるものなのか。そうではあるまい。それは短・中期的なひとつのことであって、それ以上ではない。

一九七八年一二月四日

昨日、一年ぶりの地区党会議（地区党の最高議決の場）は一〇〇％の支部が総会を行い、一〇〇％の代議員が出席した。こういうときの組織性は共産党ならではの見事さで、いつになく参加者の顔つきさえ、緊張のなかにも頼もしさのみなぎるものであった。討論、この形式を踏んだ、ややもすれば面白みの少ない発言も、聞きながら頭が下がるものばかりで、いろんな意味で、健康な努力と献身をかんじさせるものであった。

私は、これらの人々の歩く道を、ひどく感傷的に感じつづけていたものだから、最後のまとめ的な発言は、しっかり実感のこもる何かをしゃべろうと考えていたのだが、要するにこんな話になってしまった。

「――コトがうまくいかなかった時に、私としても、私自身の水準や力量について考え込んだものであった。党の専従活動家と言うと、なにか非人間的なところでの生きようではないかと思うむきもあるが、じつはそうではない。まったく生活や活動についての生臭い、人間的な悩みや経験を経過しつつあるわけで、この点ではお互いに鍛えあうしかないのだ。非力を承知でコトにぶちかますわけであるから、行き違い、齟齬も無数にある。ただ、いろんな意見や苦情も耳を傾けたい腹はある。そして、私の構えとして持ちたいことは、機関というものはたえず支部、下部に向かって批判をし、点検をする本来的な権限があるわけではない、それはむしろ、指導の実際を通じて体得され承認される実質的な権威をもたなければならぬということである。ともかく、この地区のごときが強くならねばならぬという気概をもって、お互いにがんばろうではないか――」

元島邦夫『変革主体形成の理論』を読み始める。

一九七八年一二月五日

宿直。仙台では初雪が舞った。なぜか人を待っているような気がするが、実は内心、一一時一〇分からのボクシングを観ておこうと思っているだけのこと。

『前衛』一月号、不破氏の田口富久治批判の論文。理論としての粗雑と主観性。近代政治学への傾斜や事大主義などについて、かなり分析的で、論理を追いやすく感じられる。しかしまた、田口氏の言うところの議論が具体的な動機としていたところは何であったろうかと、理論内容とは別に考えさせられるのである。それは〈焦慮〉ではないのか。そして、その〈焦燥感覚〉は、中央との距離のある中間機関や末端の党の立場からみると、かなり深刻であることである。それは日本の大衆との関連での、党の主体的対応の遅れという問題である。しかし、だからといって、田口氏の学者的議論の道は、ひとえに〈体系〉に向かいたがるからややこしくなるのだが。そこまで話はゆかないんだよと言いたくなる。

私から言わせれば、おそらくわれわれの運動は、われわれのスローガンと方針を、ほんとうにその通りに実践し徹底することが余りにも少なすぎるかもしれないのである。もっと徹底して実践すべきであって、実践者の立場からは、今はまだ議論、理論の具体的段階ではなく、総力をつくしての実践のレベルにある。

私はそう思い、言葉についての実践の不足を嘆じ、指導の非力について自省するわけであるが、田口氏らはいささか実践者の動機から外れ、飛躍して理論化しているかに思える。動機の〈善意〉は疑うことができない。しかし、この場合も、この善意を出発にしながらも、私などは党の会議で、党内民主主義とはなにかについて初歩的なところを強調して実行をせまり、田口氏らは、現実の不足と脆弱を純粋に理論的問題としてとらえ、理論として〈発展〉させようとしたわけである。共通しているのは、この党の現状に対する決して楽天的になりえない不足と弱点でありながら、今となってみれば、やはり道はかなり離れてきたようにも感じられる。

一九七八年一二月一一日

昨夜、午前三時過ぎに目が覚め、『レーニン全集二五巻』「さしせまる破局それとどう闘うか」を引っ張り出して眺めていた。

寝ぼけ眼で、今印象にのこるのは、その問題の所在の、なんといっても明確さということである。レーニンは、大衆に分かるように訴えたばかりではない。学ぶべきことは、その問題の当事者にとって切実なところで切り結び、解答を与えつづけていることである。この点は、全く論旨は鮮明、明瞭であることこの上ない。

かれはここでケレンスキー内閣の欺瞞性を小ブル的な本質のうちに具体的に位置づけ、階級闘争の見地にたって焦眉の課題に政策的提起を与える。銀行の国有化、大独占の（またはかれの言う大金持ち）への統制、営業の廃止、など。社会主義が簿記と記帳、統制にあるとするかれの見地は、これらの文脈の中では全く切実な意義をもつことがよくわかる。

また営業の秘密に関しての、階級対立的な見地についても、まことにわかりよく、説得的に解明されている。日々、資本家は労働者の生活の委細を知りつくし、物のごとく扱っている。ところが立場を変えて労働者がそのように資本家を扱おうとする時には、資本家は憤激する。これはどういう道理に基づくものであるのかと。

ここでレーニンは言うわけだ。民主主義は〈形式的には〉平等を意味する。ことは、今このような平等の形式をなによりも徹底することだ。消費についての規制も平等でなければならない。恐ろしい言葉も出てくる。資本家の銃殺も辞さず、一時的には死刑反対論があっても。こんな言葉は一句でいまの反共主義者を喜ばせるだろう。だがよく読みたまえ。レーニンは法を犯すものへの刑罰の問題としていうのであって、スターリンのかの粛清とは全く異なるのである。

レーニンは、はっきりものを言わなければならなかった。そのへんの文筆屋の書斎談義とは違うわけで、真理は〈生臭く〉かれは生活と闘争の現場から声を発するのである。具体的行動の指針としての理論を求めたというより、かれが、かれの率いる党が、その位置を突破するために、死活をかけて言わずにおれぬ切実さそのものなのである。

〈生きた理論〉ということは、レーニンその人であったということは、いろいろのことを教えずにはいない。

一九七八年一二月一二日

常任給与の支給は依然として不安定を免れていない。〈金＝カネ〉の問題について、結局はあいまいにしてしまう傾向とは、どういう不足を象徴しているのだろうかと思う。それは私自身の欠陥とも連結している。理論的に解明しえても、しかしカネほど現実的、具体的、生活的なものはない。

そこに実際の効果をもたぬ理屈ほど無力なものはない。カネをみずからの手の内に集めきることへの真剣必死とは、たしかにあらゆるものごと、ものの考え方の、現実的なむきだしの尺度とさえなりうる。かくして、この年の暮れの私は、私個人についてみても、このへんで試されるわけである。

さて、この年の瀬は、カネを追いかける亡者よろしく、髪ふりみだしも奔走するか。などと言ってみたところで、またこのへんが、私の日和見と不徹底性というところで、筋を通して一応のところで先をみきわめれば、あとはいかにして自分自身の言動について合理的に説明しうるのか、というところで一旦休息して、そこで手を打ってしまうわけなのだ。これでは、本気の〈政治家〉にはなれぬぞよ。

昨夜はS氏と、開店祝いの花輪を飾る近所の小料理屋に入って、明日から私が本部での会議へ上京する、その餞別のつもりもあったのであろう。二人で飲みあった。鯨の尾肉の美味であったことよ。二人で三合だから、さして飲みもせぬが、いい加減気分がよくなってふらり帰宅。私の腹のなかには、例の田口富久治批判への、彼の受け止め方に、どうも破れかぶれのところがあるようで気になっていたので、酔ったついでにやんわりとそのことに触れたわけである。

元島邦夫のものも読んだせいもあるが、藤田勇などの議論も田口、藤井一行、中野徹三などとは、やはり民主集中制についてのとらえかた、視座が違うわけで、その組織の原則をもっと広く社会、歴史的に長期に位置づけ評価しようとするところが見受けられる。それからまた、藤井一行氏の『民主集中制と党内民主主義』を読んでみたが、そこにはますますむきだしの焦慮の先行ばかりが、行間に感覚的にさえ感じられて、いささか危うしの感がしたのである。

単なる不満や簡単な批判でもっては、現実政治に責任をもって関わりえないことこそ、まずレーニンなどから学ぶべきでもあるだろう。

一九七八年一二月一六日

年の暮れの全国県・地区委員長会議に出席した。

全国の同志らの、多様にけなげなる発言を聞きながら、もうひとつ私の胸にそくそくと迫って来ぬ迫力の不足について感じながらも、むしろ私は、そうした私の感性に向かって、もう一つの私が闘っていることを感じていた。内面的には何があろうが、政治や社会的な責任において現れる言動こそが、つねにその人を〈高める〉ということなのである。内面を告白、懺悔する場所ならばともかく、そうではなく、あるはずがない党のいまの置かれようの中で、私らもまた耐え抜き、個人的なことどもを恐れずに、外に向かって声をあげなければならぬのである。

理論はいかようでもありうるし、個人の言動は多面から根拠を探すことができるであろう。であればこそ、そこの、その個性の多様のみ、互いに突っ張りあうところに合意など生ずるべくもないであろう。それは個人を捨象するのではなく、その個性をふかぶかと承認し前提とすればこそ、その一人、一つにのみ拘泥せぬ統一的なものを、互いに集中して探究するしかないのである。

一九七八年一二月一九日

グラムシを読んでいてつくづく想うのは、グラムシは自分の置かれた場所で、自分の頭、自分の言葉でマルクスを読み解こうとしている姿である。決してグラムシは、マルクス主義の公式をなぞり、繰り返し念を押したりしない。自分はどう考えるのか、自分の言葉でどう言えるのか、その思考の過程が私にも伝わってくる。私のような資質は、そういうところにまず強く共感するのである。

「ボリシェビキはカール・マルクスを否定する。そして史的唯物論の公式がおそらく考えられるほどには、また実際に考えられてきたほどには厳格なものでないことを、実際行動と現実の成果とを根拠に主張しているのだ。しかも、これらのできごとにもまた宿命的なものはない。ボリシェビキは、たとえ『資本論』のいくつかの主張を否定はしても、この書物の内奥にあって、この書物に生命を与えている思想を否定してはいない。かれらはただ〈マルクス主義者〉ではないだけだ。かれらは先生の仕事を踏み台にして独断的な異論を許さぬ断言で中身のない学説をこねあげようとはしなかっただけだ。かれらは、マルクス主義者の思想を生きる。この思想は決して死なない。この思想はイタリアとドイツの観念論的思想の継続であるが、マルクスにあっては、まだ実証主義と自然主義のかさぶたがこびりついていたのである。この思想はつねに歴史の最大の要因を、なまの経済的事実ではなく、人間に、人間の社会に置く。そしてこの人間たちが、互いに接近し、理解しあい、この接触（文明）を通じて社会的意志を発展させ、経済事象を理解し、判断し、かれらの意志に適合させ、ついにはこの意志が経済の動力となり、客観的現実の形成者となるに至るというのである。そしてそのとき、客観的現実は生き、運動し、灼熱した金属のような物質性を獲得し、意志の好むところへ、意志の好むままに、その流れを導くことができるようになる、というのである」

一九七八年一二月二〇日

さらに「われらのマルクス」の次のような強調はグラムシの思想を示唆する内容に満ちていると思われる。

「マルクスは教義ひとつ書いてないし、一連の定言命令に満ちた格言、議論の余地のない絶対的な、時間・空間のカテゴリーを超越する規範を残した救世主でもない。定言命令はただひとつ〈万国の労働者、団結せよ〉。組織しなければならないことが、自らを組織し、連合しなければならないと宣伝することが、かくて、マルクス主義者と非マルクス主義者との区別を示すはずだ。一言で言えば、だれがマルクス主義者でないだろうか？　だからすべての人は、いくぶんかは意識しないマルクス主義者なのだ。マルクスは偉大であり、その行動は生産的だった。無から有を作り出そうとしたからではなく、その空想によって独創的な歴史のビジョンを引きだそうとしたからでもない。断片的なもの、不完全なもの、未成熟なものを、かれの中で成熟させ、体系化し、意識化したからである。かれの個人的意識は万人の意識となることができる。すでに世界の意識となっている。この事実のゆえに、かれは単なる学者ではなく、行動者なのだ。思想における同様に、行動においても偉大で生産的なのだ。かれの著作は世界を作りかえた。思想をつくりかえたように。マルクスは人間の歴史への、意識の領域への、知的な力の登場を意味する」

一九七八年一二月二一日

〈問答〉は果てしもなく、続くしかないのである。ものごとの予測や解釈ではなく、現に進行しつつある運動を担う有機的組織である以上、問題は多面に多様であるしかなく、もっとも極端な予見さえも否定しがたい。あらゆる可能と不可能の絡み合いなのであり、なにが現実的に優位をしめてとびだしてくるのか。

大切なことはなにか。この、あらゆる可能性について全面的に考慮するということ。同時にここで〈主体的意志の力〉について、現実との関わりのもとに、正確に確定し、しかるべき位置を与えること。

われわれの運動の本質とはなんであろうか。それは観念や思想を、現実的、物質的な力と結びつけることではないか。根拠と道理に叶う観念をもって現実を変化、発展させることではないか。

資本主義から社会主義への歴史的移行の必然とは、必ずそうなるということである。では、黙っていてもなるのかと言えばそうではない。そこに、歴史の概念が必要である。そして歴史とは人間の歴史であり、人間がつくる歴史である。必然とは、人間の力にしてはじめて必然たらしめうる客観的根拠と条件があるという、人間の力量を示しているのである。

この場合の人間の力とは、人間ならではの力であり、それは人間の認識と行動ということである。意識性、意志の力とは人間的特質であり、人間の知的、道徳的、文化的水準こそ社会的発展のレベルの表現であるとともに、切り開きうる未来社会の内容をも条件づけるものである。

グラムシは、非常にはっきりと、このところをつかんでいたのかも知れない。それはクローチェの影響だろうか。そして一般的に、観念論もまた深刻な現実経験に根ざしていることを読みとって、ひとからげに投げ捨てるのではなく、その観念、意識の力の正当さをくみあげ、その内実に資本主義分析をおいてみていることの的確さでもあるのだろうか。

一九七八年一二月二二日

朝日山の池も全面がかなりつよく凍結し、鴨らが氷上に遊んでいた。昨日、貞山堀沿いの堀川も、流れの狭いところでは午後も凍結していた。今朝は快晴で昨日よりは冷えていない。空はうす青く、雲もさすがに冬の雲で、その姿さえ氷のように鋭い。どこへ飛び立とうとするのか。揺れ動く雲よ。定形とてなく、いつか空気中に散佚するいのちよ。それは生きているかに見えて、実に不安な存在だ。いつかまた定形を得ることもあろう。雨や雪になって舞い降りるものもいよう。しかし消失したかに見えてまた定形を回復する。

そんなものかもしれぬと私は今朝の空をながめながら感じていた。そんなときに、思いきって単純で、他愛もない稚拙さに、自分の感情を開放したく思うのである。くだらぬと言えないすべてが、人間が生きるということの中にはある。

広く無限に思えば、あらゆるものごとは、形をもたぬ不安の影を持ち歩いている。なにがほんとうにしっかりと安定した確信となりうるのだろう。確信とは一体何なのだろう。

今当面する煩わしさが失くなってしまえば、次にまた人間はもっと重い煩わしさをしょいこむに違いないのだ。平穏な日常とは生きていることの証しとはならない。人間が意識的、能動的に他の人間と関わろうとするときに、形はどうであれ、いろいろな軋轢や障害がつきまとう。破綻の時もしばしばである。だが、持続する意志こそ貴重であろう。

人間が生きるとは、意志の持続性の保障である。人間のそのときどきの関連の中で、私は私に形をあたえる。どうであれ、そのことをわきまえ、あるときは自分の内の中の無惨なものをぶちまけてしまうしかない場合もある。

グラムシ

「カール・マルクスはわれわれにとっては、精神的、道徳的生活の教師であって、杖を持った羊飼いではない。知的怠惰に対する刺激者であり、まどろんでいるけれども正しい闘争のために目覚めなければならない正しいエネルギーを目覚めさせる人である。観念のすきとおった誠実さ、無意味なおしゃべりのためではなく、抽象のために必要な充実した教養に達しようとする激しい粘り強い努力、それらの模範がかれである。言葉がおしゃべりのためにあるとみなさず、心臓の上に手をあてさわってみたりせずに、その本質の中に現実をまきとり、その現実を支配するような、脳の中に浸透し、偏見と固定観念との沈殿をかきまわし、道徳的性格を強化するような、筋金入りの三段論法をつくりだす賢明で思索的な一枚岩の人間である」

「意志は、マルクス主義的には目的の意識を意味する。意志とは、最大の目的をめざしてまっすぐに突き進む力だ」

「カール・マルクスは——大きな澄んだ思索的頭脳であり、人類がその存在と未来についての意識を獲得するために、歴史の神秘的なリズムをとらえ、神秘性を消し去るために、思想と行動においてさらに力強くなるためにする、永い苦痛に満ちた探究の一契機である。われわれの精神の不可欠な総合的な一部分である」

これら恣意に引用したグラムシの、心情の透徹と理知の簡明は、私に新鮮な驚きをあたえる。あけっぴろげの人間が、その天性的な資質の奔放な開花によって、このように一つの認識のレベルに到達しているということ。ここにグラムシ、その人間の教訓がある。

そのときに、私などは思う。一体なにが精神と意志の透徹を阻害するのだろうかと。ありのままの人間が、ありのままの人間的諸力を機能させたときに、たしかに一つの仕事にとって充分な能力を発揮しうること。これは動かしがたく重大な意味をもった教訓でもあるだろう。

なにが、どのような経路を通って、人間的個人を、たえまなく〈阻害〉するのか。その障害の、社会的条件よりもはるかに、私には個人的条件について関心がある。

そのとき、社会を個人においてとらえぬ限り問題は具体化されず、解決にむかわぬだろう。解決が目的である。問題はつねに具体的だ。ということは、人間にとっての問題は、たえず〈個人的〉にしか解決しえないということである。個人においての解決が、人間全般の問題の解決の、決定的な様式に他ならない。ここに重大な真理がある。このことを軽視してはならぬだろう。とりわけわれわれの運動には〈優等生〉、規格に従順な〈模範生〉が多すぎる。それは現実のあまりに生々しい個人的人間と隔絶されている。はじまりの動機の恐れ知らずの好奇心はどこへ行ったのか。生身の人間が顔をだせないであがいている。

私などの現在の心境の下では、例えばグラムシの次のような議論に、ある種の深い感銘さえうけるのである。

「人民の歴史は経済的事実のみでは立証できない。因果関係のからみあいは複雑で錯綜している。その解明には精神的実践的な全活動の深く広い研究だけが役に立つ。歴史は数学的計算ではない。そこには十進法的計量体系、演算の四則をゆるす等価量の累進的記数法、根の方程式と解法は存在しない。人間は、筋肉と神経からできた体重、身長、機械的エネルギーとしてのみ価値があるのではなく、精神であり、苦しみ、理解し、喜び、希望し、あるいは拒絶するものとしてとりわけ価値がある。その人間にとって当面の行動の道具となるがゆえに量（経済構造）は質に転化する。プロレタリア革命においては、未知数〈人間〉は、ほかのどんな出来事よりも未知である」

「もしロシアの歴史に西方の様式による政治的、経済的活動の規範的発展の諸モメントを研究するために構成された一般的、抽象的シェーマを適用するならば推論は、これ〈レーニンはユートピアンであり、ロシアのプロレタリアートはあわれなユートピアに生きている〉以外にはありえない。しかし、あらゆる歴史現象は〈個性的〉である。その発展は自由のリズムに支配される。したがって、探究は一般的必然性であってはならず、特殊的必然性でなければならない。因果関係の過程は抽象的、一般的観点からではなく、ロシアのできごとに内在的に研究しなければならない」

一九七八年一二月三一日

若い常任委員Kくんについて。かれはまだ自己を充分客観的に描写し自在に想像することができない。この分だけ根本的に自我期を脱皮しておらず、脱皮しておらぬ分だけ余分に神経が過敏になっているのである。

あらゆる問題や多彩な人間に、自らが密着して反応する点は得がたい重要な指導者の資質になりうるが、同時に政治的活動においては充分な距離の感覚もまた研ぎすまされていなければならない。そのことはまた物事の本質的な見方にも関わる。物事の軽重や相対的な観点がふだんに必要なわけで、つねに最大公約数を自分の心情において了解した上に、個別具体的な対処の仕方をしらなければならないと言いうるのである。つまり政治的には原理と原則について体得しつつ、これを具体的な人間と状況の中につらぬくということであり、技術的には一定の基本型＝フォルムを会得して具体に対処する訓練ということである。これが個人にとって理論的格闘か実践的試練か、主としていずれの経路をたどって体得されるかは、個人的な境遇と条件に決定的に依存する。

かれの持っている全く正常な人間の均衡センス、したがってまた責任の感覚は、党の常任活動家に不可欠なものであり、これから、とりわけ求められるものであり、この点で充分な経験を経るならば、かれは指導部の一員として成長するであろうことを私は疑っていない。しかし、あのあまりに繊細すぎるがゆえの弱気は、改善されるかということが気にはかかる。

㈣一九七九年（昭和五四年）

一九七九年一月二日

三一日の夜は宿直。紅白歌合戦を聴きながら一〇時過ぎにもう眠ってしまい、目が覚めたのが午前二時だった。その頃からもう竹駒神社の参拝がぞろぞろと、ざわつきつつ歩き始めており、その音だけでどこかもう年が明け、明け始めた息吹きさえ感じたものだった。事務所の灯りはつけっぱなし、どことはなく穏やかであたたかい七九年の年を迎えた。

それから寝つかれぬままに、酒を、ちびりちびり飲み始め、頭の中の神経ばかりが苛立ってくるように感じられ、三時、四時、五時半と過ぎた。まだ外は薄暗く、そして人の足音がかたまりとなって響きわたる。喧騒が狭い参道で響きあい、とてもそれだけでは、そこの個々の胸中に、どんな新しい年に向かう決意があるかなどと想像することもできない。ただ、ひたひたと押し寄せる大衆の、漠然とした歩調の響きだけだ。

六時を過ぎる頃に、空が白み始め、人々の顔を確かめられるようになった。新聞配達のバイクの音が騒ぎ始める。新しい年が明ける。風となく、穏やかな空がひろがる。私も三五歳。一つひとつの仕事の中にたしかな意味を見つけながら、私は堂々として歩いてきただろうかといえば、決してそうではなかった。私はむしろ、私自身に向かってさえ姑息に生きのびて来たように思える。今年、去年とちがっていくつかの中間地方選挙で私らは政治によって試練される。現実による試練でこそ、党は無限に学ぶことになるだろう。

現実は多様であるしかない。変転やむところないより他はない。それらに向かって個人の心理は定めがたい。何によって個人の、精神と心理の条件は確定されうるのか。人間が、前進する姿勢のもとに、物事を直視する勇気をもっていれば、事態は絶対的に好転しうることを信じるしかない。主観が現実に至近しうる。

一九七九年一月四日

今年はどんな目標をみずから持って指導をもっと効果的にやるべきか考える。

いろいろの人間が存在し、その個人としては全く脈絡もなく多様な生き方のうちにある。そのいずれも断じて人間として無益な存在ということはできない。有益たろうとして行う努力の集合こそ歴史的な力を合成しうる。人間の、個人の、一人ひとりの、その一つひとつの〈逡巡〉というものを集めきってみれば、それは歴史的、人間的未来に向かう現実的な課題を明示する一鳥瞰図となるかも知れない。

個人はつねにためらって生きており、決断と優柔の間をさまよっている。個人は個人としてはつねに自らの条件をおもんばかって、可能であろうことさえも、あきらめと執着の間の葛藤を感じ続けている。しかも、個人の決断のもつ意味は、いざとなってみれば他愛のないものだ。つねに人間は、個人によって個人を生きるのではなく、歴史や社会によって、そのあり方の選択を迫られるしかないのである。

一九七九年一月五日

新しい年は私にどんな試練を与えるのか、わからない。

頭の中が錯雑としている。まだ深く気分的なものから脱皮しきれていない。これを、なぜかと自問するところからは生産的なものは生まれないだろう。それが力となるのは、その個人にとってなぐさみとなる時だけであり、従って救われる人は、人間になぐさみが必要だと考える〈人種〉に属する。

他愛もなく、意味もない。ただ私は、心象の風景をいたたまれずに書きつらね、そのことによって私の内側の他人に向かって私を跡づけるだけのことだ。

誰かに向かって確実に、私はいまの私を表明している。それはいつか私がその時なんであったのかを証し立てるだろう。この精神の自慰的な機能に託し、私は無益な私について執拗に描写してみせようと努力するわけなのだ。

正直申し上げて、私は今辛うじて私の〈立場の自覚〉によって支えられている。私は〈立場〉という客観的な形式によって支えられている。さもなくば、私の内実のあからさまな実体はどこにも存在の意味を主張することができない。これは正月ボケの、ここ数日間の私の心理のあり方だけであるのかもしれない。

ただ、たしかに言い得ることは、人間は辛くかなしい事態をとにかく乗り切ることによって、うれしさや喜びの、ほんとうの値打ちを体得できるということだ。私のように、生活や経済のうえで、これといった自覚的な責任を担うことなく、また辛酸も体験していない人間にとって、あらゆる生活上の困難な課題が一つひとつ大変な重さをもって私にのしかかる。つねに観念と自我の裡でのみ人間をみつめ、人間の多様な現実的、生活的関連におよそ無知であった私を、一つひとつの人間の関係とその矛盾が重たい意味や値打ちをもって揺さぶる。

真剣には、すべての〈生活〉が私にとっては〈初めて〉のことなのだ。あらゆるものが頭の中でだけ理解されていたために、それが現実となった時に、私はいちいちに対して私の〈すべて〉をもって立ち向かわないわけにいかない。私にはかつて〈生活〉がなかった。私は三五歳になる今もってほんとうの苦難の試練とは距離があり、また私の責任において距離を保守している。その分だけ私は私以外の人間に負担を預けてきたのかもしれない。私の妻は私に生活上の苦難をかむせようとはしない。かつて私の父や母も、子どもとしての私らにそのことで責任を担わせようとはしなかった。私は〈自由に！〉育った。私は生活的、肉体的であるよりもはるかに観念的、精神的であった。やはり私は知識や論理への憧憬に頼って生きてきた。

しかし、にも拘わらず、私はその知的、精神的な仕事を完成させることもできず、その能力も私に具わっていないことを思い知らされ続けてきた。言葉の真剣な意味で、私は〈中途半端〉と〈不徹底〉な存在であり続ける。

結局、私は私自身を承認し、追認されることを世界に求めた。私の生活の知恵はそのとき、生活とは〈限度を知ること〉であるかのように私を決めつけた。そして、私に残されたのは、ある種の論理や知識的なものへの憧憬に支えられた私の、このむきだしの私という存在そのものであった。それは私個人の、生身の〈感覚〉に他ならない。私の財産は私の〈感覚〉であり、もはや現実の生活でも、また現実の知的生産でもなかった。私には〈感覚〉だけが研ぎすまされてゆく。

こんなつまらぬ独白を誰か読む人がいれば、例えば二〇歳を過ぎたころの私の娘らが見れば、やはり奇妙な驚きを禁じえないかもしれぬ。ここには、私の現実との格闘の真摯さが欠如している。三十数年もかかって、一定の〈政治的生活〉の体験を経てなおこのように自我と観念をめぐって右往左往する人物を見たら、心ある人は慨嘆するほかないであろう。これらは、目標とすべき人間の精神のあり方であるどころか、つねに人間が克服すべき個人的精神の現実の、一つの卑小な存在様式でしかないであろう。だが、未来は、この現実を――。

一九七九年一月七日

具志堅用高、七度目の防衛戦をKOで飾った。マルカノも屈強であったが、わが具志堅用高のあの強さと鋭さは全く私を酔わせる。天性のものがあるのだろう。精神の気迫もあるのだろう。このボクサーは後世にのこる。九日、ロイヤル・小林が挑戦する世界タイトル戦。これなどは万が一のラッキーを祈るばかりだ。私の応援するボクサーが勝つと私の心は解放される。私の精神のあり方など、かなりいい加減なものだねぇ。

一九七九年一月八日

カンボジア救国民族統一戦線がついに〈ポル・ポト政権〉を打倒し、今朝カンボジア全土を解放した。ところが一般報道はすべてベトナム軍の〈侵略〉を同時に伝え、その背後にソ連があると推測している。夜のNHK特集はベトナム戦史を振り返るドキュメントを放映した。ベトナム人民と民族にとって、振り撒かれる火の粉を振り払う権利と必然はあったとしても、隣国をあえて〈侵略〉する必然はない。そしてベトナム国家はみずからの血でもって民族自決を擁護しぬいた歴史をもっている。従っていまのところ、これらの報道はすべてを信用する必然に欠け、充分な説得力に欠ける。あまつさえ、アメリカではカンボジアに〈ベトコンが侵略した〉と言われるようでは、これらの背景に中国も含む戦略の臭いさえ漂ってくるというものである。

一九七九年一月一〇日

加藤周一著作集第三巻。『日本文学史の定点』

彼の才気溢れた論理と修辞は、私にとってついてゆきがたい気障りのものだったが、彼を思想家として認知したのはまったくあの『羊の歌』を読んで以降であった。それからしばらくいろいろと彼のものを集めたりしはじめ、私なりの共感をもって読んだものだし、その過程でまた森有正をも追うようになった。

この文学と文芸を評論する彼の観点については、たとえば親鸞、一休、新井白石や富永仲基らについての個別的な論考を読みながら、彼が個別専門的な研鑽の上で、普遍を志向している点に敬服するとともに、ここにまた一般的な教訓もあるように思ったものである。またヨーロッパ的なものと日本の伝統文芸を、思考の上でこのように自在に対比交流させる知識のスケールについても学ぶことは多い。意識的に、知識人的に生き、考えようとするその専門家的姿勢が、同時に学際的、普遍的である有り様は羨ましくもある。

その「月報一号」の高田博厚（彫刻家、渡仏後ロマン・

ロラン、アラン、ルオーなどと交遊があった）の加藤周一に寄せる文章が、私にはよくわかる、なかなかに含蓄のあるもので、長いが引用するに値すると思われる。

「長い年月をかけて積み重ねられたヨーロッパ意識を、明治以来の性急な影響と模倣で作り上げられたいわゆる〈日本知性〉が〈ヨーロッパ知性〉の底の深さと幅を、部分的〈専門〉化してしか受容できなかった、その意識の浅さを、私自身ヨーロッパに生きてきて痛感した〈実感〉を、率直にかれらと語り合ったのである（略）。この〈実感〉とはなんだろう！〈思想〉と〈感覚〉との調和、というより〈思想〉そのものが、感覚の土壌の上に形づくられなければならぬということであり、言い換えれば〈思想〉と〈観念〉を混同してはいけないことを意味する。ところが日本では〈観念〉と〈概念〉とは混同し、〈思想〉と〈感覚〉は遊離して考えられた。そして〈知性〉あるいは〈思想〉は、〈社会〉から離れ、象牙の塔にこもるものとされた（これには、大正以後、知識層に広まった社会主義が、一辺倒的日本人的性格に多大に作用したためだろう）。このような、実感の上に立っていない思想経験の浅さは、戦後の日本知性にも多分に作用し、しかも〈人権〉とか〈民主主義〉とか、かつて日本人が歴史の中で感得しなかったものを〈社会制度〉として押し付けられたから、それが知性者の自己内部に一層の矛盾をもたらしたのだろう（略）それで、加藤と語りつつ、最も〈感覚的〉な美術や音楽について〈一つの作品を見て、すぐそれを解釈しようとするよりも、その作品に感動する自分とは一体なんだろうという反省が大切だ〉と、たびたび言ったはずである。この〈自我〉への反省がなければ、自分の〈純粋感覚〉は生まれない。このことは、日本の美術家、とくにヨーロッパの〈新しい傾向〉にすぐ飛びついて真似する美術家にとっては反語となる。つまり、根の浅い自分の感覚だけに頼っている彼らの作品に〈知性〉の欠如となって現れる。〈知性〉とは知識ではない――〈自我の思想〉のことなのだ――」

さて、前後の脈絡もなくグラムシの断片を引用してみても、その感覚、センスがうかがえるだろう。以前の引用につづくところだが。

「――かれらは人間と人間の組織が分子と分子の集合体とは違うように、歴史が自然の進化とは違う自由な発展（自由に生まれ完成される、自由なエネルギーの発展）だとは考えない。自由とは、あらかじめつくられた、あらゆるシェーマ（形式）を粉砕しきる歴史の巨大な力だとは考えない。社会主義の俗物は、社会主義学説を思想の雑巾に変え、汚し、かれらの意見を尊敬しない人に向かって道化役者みたいに立腹する」

「自由主義のシェーマは解体した。マルクスの命題が実現される。共産主義は、総合的人間主義である。それは歴史において経済的な力と同じくらい精神的な力を研究する。それらを相互作用において、本質的に経済的である資本家階級と、本質的に精神的であるプロレタリア階級との間の、保守と革命との間の不可避的衝突からふきだす弁証法において研究する」

また、グラムシの「党と革命」（第五巻）を見よ。全社会の中での〈党〉の位置と意義。いわゆるヘゲモニー論との関わり。党の思想的、文化的権威。そこにこそ党の役割をみるその見方。

一九七九年一月一四日

中村真一郎『夏』をよみはじめる。性の問題にまつわる一人のインテリの長年にわたる歴史、というような面からの関心。執着ということは、人間の生涯的な美徳でさえあるだろう。作者みずからの神経や精神のあり方にみられる執着は〈能力〉とは異質に感じられる。〈偏執〉とでもいえる個別、具体的、特殊的なものへの個人の集中、執着心。これは必ず普遍性につながる貴重なものといえる。

人間意識の〈多層性〉という概念は重要である。それは立体的、歴史的な多層との意味で充分に納得される。〈個人〉を解きあかす上で、むしろマルクス主義が、このへんを試行的にも突っ込んでみる必要があるだろう。その際の問題は、個人の、人間の普遍的意識との関連や結合ということに、ひとつはあるだろう。ところで、意識それ自体を、客観的な科学的研究の対象としうるのかどうか。人間の汲み尽くしがたいものとして個人の意識の世界があるのか。わりきれるのか、わりきれぬのか。わりきる確固さとともに、わりきれぬところでの人間の喜びや悲しみというもの。そんなことはまた、わかりきったことだと言わないでくれ。知ったかぶりの、分別臭い、世界に解明しえぬなにものもないと〈解釈〉し得意気に吹聴する人々よ。私には、そんなことを恥ずかしげもなく断言できるあなたの神経が理解不能なのだ。

変革とは、また未知、未踏なるものへの、謙虚な虞《おそれ》を持たずして、いかに本格的に可能であるのか。

一九七九年一月一六日

昨夜もまた『夏』を丹念に読む。

たしかに人間の個人的心理と自己意識の仔細な分析的描写は興味深い。作者はこうして個人の自己意識を追いかけることによって何を獲得しようとしているのか。

人は、〈個人〉について多分、多くのことを知らない。

知らなさすぎる。しかし、この無知、あるいは無関心が、人間の生活の好調、安穏な維持のための秘訣であるのかもしれない。

一体、何が個人にとってたしかなものであるのか。人間、人類にとって、それはありうることだ。しかし、たえまなく人間にとって普遍的なものも、そのままでは個人的なものに成りがたく、その逆も言える。この懸隔と矛盾。この根本的対立をどのようにして統一するのかの課題も、個人としては一定の年限を経なければ、その〈構え〉さえも体得しがたいものだということ。

中村は『夏』のあるところで、こう言っている。

「私の青年らしい理想主義は、最も純粋な夢を託すに足りると信じていた共産主義思想が、現実の政治家という人間の形をとって現れた時、大きな失望を味わったあとで、次に、私の前に現れたその卑小な折衷主義に対して、真面目な反応を呈しえなくなっていたのは当然ではないだろうか」

だがこれはごくごくあたりまえのところではないのか。また無理な注文というものだ。理念がそのまま人間の形をとることはあり得ないのだ。

〈思想また理念と現実〉との関連、したがってまた〈思想と人間〉の関連は、このようなあり方以外にはありえないのではないのか。

関連して思う。理想や理念だけでも、また具体的な現実や行動だけでも人は生きられない。人間の普遍的な意志は、そのままでは個人になじまず、個人のどんな必死さも、それを人間の普遍的意志と主張することはできない。

芥川龍之介の心情の複雑も、言葉にしてみればあまりに他愛ない単純に帰着した。その必死さ、それはみずからの存在を抹殺するほどに切実であったにも拘わらず、彼以外の大多数に向かっては〈根本的には〉ほとんどなんらの切実感ももたらすことができず、そのことは、彼の死に至る必然性が、絶対的に〈個人的〉なものでしかなかったことを証し立てている。

普遍的な意志を担う個人の重たさ。その重さ、大きさだけ個人は〈悩む〉だろう。担いきれるものではないのだ。そうして、この意味で、個人は、人間は、あまりにも孤独であるのかもしれないのだ。その個（体）の孤独に〈耐える〉ことが、人間の生涯の課題であるのかもしれない。

いかに個人の、その耐えがたい堪えがたさに克つことができるのかをつかんだときに、人は真の連帯へ向かって他人と関わり、大勢の人々とともに生きる勇気や確信や誇りをわがものとするのかもしれない。

私は、私の仕事について夢にまで見ても、しかしそれによって、私の自意識を追いかけているのである。私は私以外のなにかに固執するのではない。私はたえず私の〈自己意識〉に固執する。なぜ人は、自分から離れ得ぬ自分についてもっと公然と固執しないのか。果たして〈利己主義〉でなき個人があるのか。〈エゴイズム〉という名は決して人間への蔑称であるはずがない。問題は、どんな個を愛するかということだ。その値打ちさえ定まれば、人間は限りなく自分自身を愛する。
　人間は〈個（体）〉としてしか存在しない。人類史的課題も、その解決の場所と様式は〈個（体）〉を措いて他にはない。ここがいまあらためて大事なところだ。

一九七九年一月一七日

　都知事候補、社会党が太田薫氏に決定。が、その選考がイコール〈革新〉候補と錯覚させるほどの社会党の非常識がさして問題にされないのはなぜか。参院選地方区ではわが党の得票の方が多い。これは現実の力関係でありながら、国会では格段の開きがあるということ。社会党は日本の政治風土の中で、どのような部分と関わり、またどこに依拠しているのか。公明党は中道を称して公然と保守につらなり恥じ入るところがない。現実政治との関わりを名目に政権党と連合し、しかもみずから〈革新〉を名乗って恥じぬ感覚は、一面でどのような日本の大衆感覚と合致しているのか。

一九七九年一月一九日

『回想の戸坂潤』（勁草書房）が、ふと丸善で見つかる。これはかつての三一書房版の、大体において復刻であって、古在由重の、あのなんとも言えぬ文章の躍動によって私に印象づけられていたものであった。
「日本における人民革命の、その旗じるしとしての科学的精神の、その武器としての唯物論哲学の、屈することを知らない前進の道のうえに、戸坂潤の姿はたかくそびえたっている」

一九七九年一月二一日

中村真一郎の『夏』。おりふしに読みつづく。氏は加藤周一らとともに戦後初期に登場した文芸批評家でもある。
　意識の多層性の描写を意図して人間の性の問題に迫ろうとする。ねちっこい文章で、心理の内面のひだを一枚一枚はがしてゆくところも、ゆっくり読むとわかるが、しかしそれにしても作者の意識の多層を共有しつつ追うことは、まことに神経的には疲れる。一人の女《ひと》との関わりが、他のさまざまな女との関わりで位置づけられ、ある一人の女との関わりで、他の女の個々の相が異なる。

人間の心理的な動きは、しかくひだをなす意識の諸相に対応している。その当人の意識そのものが、他の人間の意識をあるときはよびさまし、回復し、あらたな意識を生産し、与える。そして人間は文字通り関係のなかを、関係において生き、人間とは関係が生み出した〈関係〉そのものであることが、繰り返してはっきりとさせられる。

一九七九年二月四日

『君主論』。マキャベリのこのパンフは、いわゆる権謀術数についての書であるというのが俗説であるが、しかしこれは、一六世紀の書としてはすぐれて近代的、人間的で、生きた人間がおりなすものとしての政治の世界を扱って興味深いものである。グラムシが獄中の書簡集を〈新君主論〉と名づけたのも、むべなるかな。そしてまた、政治の世界を、もっと生き、活動する人間の、さまざまな個性の錯綜、葛藤の関係として見つめれば、そこにはどんなに人間的な、あまりに人間的な諸相が充満していることであろうかと痛感させられる書である。

戸坂潤を称して人は、彼にはみじんも自己省察的なところがなく、決して思弁的たりえない自然科学者の精神を持っていたと言ったが、それに比せられる三木清の性向の方が、まるでレベルは違うが、私のような人種と共通しているのかもしれない。

政治とは心理学でもあるだろう。つよく私はそう思う。あるいは政治は本質的に〈政治経済学〉であろうが、それは理論的にそうなのであって、それ以外の生の現実の舞台では、人間の現実的心理学の枠である他はない。

あらゆる詐術や偽善が横行し、あたかも化かしあいの場でもあるかのようにも言われるが、こうして一つの政治の局面に身を置きつつ反省してみれば、そこには〈常識的〉なところが必要不可欠なわけで、最後につらぬくものとしての〈道理〉を信頼することなくして、決して人間的に政治に関わることはできないのである。問題は、この〈道理〉を〈常識〉と結びつけ高めるところにあるだろう。

そしてこの点で、政治家には本来的にマテアリスティクなものと、デモーニッシュなものの結合が求められるわけで、つまり戸坂的なものと三木的なものが、人格において具体化されていなければならないだろう。それはむつかしいことではなく、この区別を自覚して行うことで可能なのだ。

それは素人としての、非職業的政治の有り様だと言われるかもしれぬが、必ずしもそうとも言い切れぬと思う。それは〈大衆〉との接点の規模と近接の度合いを、政治の側がどれほどに必要としているかにもよるが、しかし、いろいろ考えると、いわゆる近代政治学が、政治を型、形式、量的なものにおいて整頓しようとすることは、必ずしも現実に合致しないと思われる。

人間の質や個性を、政治は本質的にとらええないものだとする命題も、政治の一面であって全面をとらえるものではない。人間の質をとらえ、その個性の全面開化をめざすその志向に、どれだけ実際に忠実であるのかは、いろいろあろうにしても、少なくとも共産主義をめざす政治が、理念として掲げ、現実にその理念との矛盾、葛藤に苦闘しているということは、正直に見れば理解しにくいことではあるまい。

そもそも共産主義をめざす政治は、その理念の性格からして本来的に非職業的なのであって、〈政治家〉は、まずは思想家としての権威をもって現れざるを得なかったのである。つまり、人間的理性の、広範な大衆（労働者階級を中核とするところの）への説得の力を持たなければ歴史に登場しなかったのである。それは人間の〈精神＝理性〉への信頼に立って、人間の多様な〈心理＝属性〉を現実的に踏まえることによってしか生き延びてゆくことができない。こう考えてみてもマルクスと『資本論』登場の人類史的な偉大な意義は計り知れないものがある。

かくして共産主義をめざす政治は、巨視的に見て、人類と人間の巨大な実験と模索といいうる。それは、やがて人間の質と個性を現実に全面的に開化させる使命を担う。

一九七九年二月二六日

ベトナムに対する中国の侵略依然としてつづく。繰り返される中国の〈制裁〉〈懲罰〉の発言。なぜこのような非常識な、増長した発言が平気で出てくるのだろう。実は中国共産党指導部には、思想的確信はないのだ。物理的な強制力にたよる以外に、かれらにはたよるべきものがなくなっているのだ。これは根本的なことだ。

戦略と戦術、政策についていろいろのことが言えるであろう。また内部的には、政府と党内での予測をこえる激しい矛盾、変化があるのだろう。それを一旦は外へ向かわせて内部を調整することだ。しかし、壁新聞に公然と自国の〈大国主義〉批判が言明されるくらいだから、かれらの行方は知れている。結末は、しかし破局的にはならないだろう。この国家間の紛争は、社会主義の理念を現実そのものによって打ち砕いてしまったかに思える。わが党の〈自主独立〉は再び光彩を放つが、しかしいま党内からだけ、党の立場の正当にのみ目を奪われてはならないだろう。

問題は、落胆や失意にあるのではないことは明らかだが、このチェコとも違うアジアの一角での、自主を標榜して苦闘の末なしとげられた〈アジア的社会主義〉の国家間の紛争が、日本社会主義の展望とも関わって、深く私どもを考えさせずにはおかない。

一九七九年三月七日

各紙とも一面トップに、中国の提案をベトナムが受諾したとの報道であるが、同時にベトナムが、党も国家も総動員体制を敷いたことを報じている。たしかにこうして見ると読売の社説なども、中国なくしてアジアの安定はないという形式論が前提され、従って中国にも悪いところもあるが、いまの焦点はベトナムの自制にあるというのだが、こんな議論がもっともらしくふりまかれるようでは、現今の一般ジャーナリズムの見識など全く安っぽい代物という他はない。

この辺については、全く疑うことのできぬ重々しい事実をもち、確かめながら論議をすすめるべきであって、そのことをその立場の中心にすえる科学的社会主義、唯物論的観点こそ貴重であり、またここを外さぬ限り、たしかにこうして見ると〈党派性〉の貫徹は、著しく〈全面性、真理性〉を保障しうるものと確信される。だが、理念と現実、つまり党の理念と国家の政策との間の矛盾はどのように考えられるものなのか。

一九七九年三月九日

昨日、わが赤旗ハノイ特派員、高野功氏が中国とベトナム国境のランソンでの取材中、中国侵略軍に狙撃されて死去したニュースが衝撃的に報道された。高野氏の実家はこの地区内、川崎町にあり、父君はれっきとした党員であり、しかも実兄が、あの三菱樹脂闘争、高野事件の高野達男氏である。戦後まもなく関西地方から、開拓民として川崎町に移り住んだ父君は、苦労を重ねながら農業で成功した小柄だが頭のきれる腹の据わった人物だった。私も何度か家に伺ったことがある。小さな支部である。

ことは極めて歴史的事件の意味を持っている。どの角度から見ても、日本共産党機関紙赤旗の特派員が、中国人民解放軍の兵士に狙い撃ちされたという事態の重さは他に比類すべからざるものである。今日の赤旗は一面の大半を使って報じた。

「中国のベトナム侵略糾弾。正義と真実の報道つらぬき高野功ハノイ特派員が殉職。ランソン取材中の七日、中国軍の狙撃うけ」

それでもなお中国が、〈社会主義国!〉であるということ。党が権力につく国家の国軍が、他国の党の機関紙特派員を公然と狙撃したということ。これは両党の歴史に重たい一頁を記すであろう。

一九七九年三月一七日

加藤周一著作集第六巻、「近代日本の文学的伝統」を読みはじめる。彼は文芸批評家ではなく文字どおりの文明評論家であることがよくわかる。

芥川についての指摘は私の身に即してわかる。

「彼は彼自身を最後まで扱いかねていた。自己を歴史的に位置づけ、それによって逆に歴史にはたらきかけようという操作は、扱いかねる自己の内面を探求する精神にとって常にもっとも困難な事業であった。彼は彼自身の役割をどういう言葉でも規定したことがない」

また高校時代、ルソーの『懺悔録』に驚いた私にとって、その衝撃の意味をいまになって知る。

「ルソーは人間の自然（本性）という観念を用いて近代的自我の内面と社会化とを同時に行ったのだ。『告白』の原理は自己のなかに普遍的な自然（本性）を信じる信念であって、自己の特殊性を特殊性として記録する暴露趣味ではない」

一九七九年三月二二日

高野功氏の実家、川崎町の地区委員会を代表して、その葬儀と納骨式に参加した。

出棺の頃から雨が降り始め、冷たい風とともにみぞれに変わり、二〇人ほどの人々が歩くうちに、それは蔵王おろしの風とともに重たい雪に変わっていった。川崎町の、釜房湖の近くの、蔵王の麓の、かつては荒涼としていた開拓部落に、吹き抜ける肌を刺す寒風に立ち、私は、棺を墓に埋めるスコップに手をかけたその時に、せきとめようもなく溢れる涙を押さえながら〈イサオ、イサオ、アタシはイヤだよ！〉といって、その小箱の命に、みずからの涙をかむせることを峻拒してうずくまった老いた母親の姿を見て、思わず目頭が熱くなった。

奥さんのみちこさんも〈ああ、これでもうほんとうにさいごの別れ。あの人はこうして土に回帰したのだ。生きてゆくのはこれからは、私と娘だけになってしまった。くずれてはならぬ〉と健気な表情で佇んでいた。娘のエミちゃんは五才。あどけもない。人々の顔を見て珍しげで、位牌をもってはしゃいでいた。墓に掘られた深い穴を覗きこんで〈どうしてこんなに深く掘るの？〉と言ったとき、私もまた身の上に置き換えて気持ちがつまった。

同じ支部の、町立病院のレントゲン技師である党歴の古いO氏が弔辞を読んだ。彼はかつて中国の抑留経験をもっている。「イサオくん、あなたの背後に輝く蔵王の銀嶺が見えますか」「あなたが、あの輝かしい中国共産党と中華人民共和国の、その凶弾にいのちを失おうとは、だれが考えることができたでしょうか――」寒さに震えるからだの中に、なんともいいようのない複雑な思いと怒りが旋回する。

中央からは、自らもかつてハノイ特派員であった国際部の土岐強氏が最後まで参列した。父親に彼は語っていた、「実は、あたしがイサオくんを特派員に推したんですよ。そのとき一つだけ条件を出されましてね。行く前の二か月間、英語を勉強させてくれ、とね」

私はこの地区の責任者でありながらイサオ氏とは一面識もなかった。彼は私と同い年だった。

ひとの死をめぐって、私個人を動かす心情の深さは、その人間の死がもたらし及ぼす多様な人間の関係の広さ、深さに関わる。死によって、個人はだれの目にも個人を超える。個人は死によって普遍化される。非存在を証し立てることによって、他の人々の生身の存在の感情を激しく突き上げる。〈いない?〉にもかかわらず、そのかたち、その役割と普遍性が、人々を動かす。歴史の一点に過ぎないが、イサオくん、あなたは歴史にその名を刻み、歴史的な存在となって、天に向かう。さようなら、同志、高野イサオ!

一九七九年三月三〇日

寝床でまた残しておいた加藤周一の鴎外に関する三編を読む。いくつも印象に残るのだが、とくになんだか私どもへの警告とも思える箇所を引用しておく。

「西洋の文化的伝統を最も深く理解したものは、同時に日本の文化的伝統に最も深く根ざしているものであった。相手の理解は、もしその理解が同時におのれ自身の自覚を深めるという逆説的な意味をもたないものであるとすれば、創造的な力の源とはなりえない。おのれの中に克服すべきものを多く持てば持つほど、自己否定の必要が大きければ大きいほど、相手からの影響は直に影響としておのれのものとなる。おのれの閉じた意識を打ち破り、そのようなものとしての自己を否定することによってしか、普遍的な精神は得られない。また普遍的な精神を得たあとにしかおのれ自身の真の自覚は成り立たない。一般に自覚は、そのような逆説的過程によってはじめて成り立つものである。自己とは、常に自己否定のあとに再発見される何ものかである」

「一国の文化的伝統は、もしそれが創造的な力を持っているとすれば、外国の文化による自己否定と更に普遍的な見地からの自己の再発見をくりかえし、その過程で豊かになってゆく(略)。鴎外、漱石、荷風、杢太郎、辰雄の誰一人として例外なく、西洋の文学からみずからの作品と人生とに本質的なにものかを受け取ることに成功した人々が、中国の影響のもとに発達した日本の文学的伝統に、同時代の誰よりも深く根ざしていたという、誰の目にも明らかな事実はあらためて注意されるに価しよう。精神の事業においては不徹底な仕事はすべて無にひとしい。一切か無か——ほかに気の利いた原理はどこにもない」

一九七九年四月一日

昨日読んだ丸山昇氏の「思想としての文革体験」(『現代と思想』三五号)は実に深く考えさせられる好論考である。それに関する感想を書き留めておきたく思う。

平易な、それはまたおそらく論者が中国文学を専門としているからであろうが、思考と漢字と論理がとても追いやすく感じられる。そして重たい問いかけを何度も繰り返す。

「——あらゆる政治と同じく、文革や毛沢東を考える場合にも、その主観と客観的結果との間には、思想方法上も、運動論、組織論上も、無数の中間項が存在するのであり、それを軽視することは、ときにむしろ問題の重点を見失うことになるということである。そして従来、マルクス主義はさまざまの政治現象を、その思想的、階級的根拠の問題として究明する点では少なからぬ成果をあげているが、その中間項のメカニズムの分析、位置づけがきわめて不足しており、文革の場合も例外ではないということなのである」

これは簡単に言えば〈理論〉と〈行動〉との関係の問題であり、〈行動〉を説明する場合に、すぐにその〈理論〉的根拠からだけでは決して尽くされぬということである。〈理論〉または〈主観〉自体の問題と、〈行動〉その結果自体の問題、それらをつなぐさまざまな関係の中間的な媒体、項が存在する。

つまり、それを担う人間の具体的な、個別的な、生きた関係が存在する。それは、そのことがらや人間に即した分析の要求であるだろう。割り切れぬところを、マルクス主義は簡単に割り切りすぎることによって、問題の重点を見失うことがないだろうかと問題を提起するのである。

たとえば次の文章を見よ。この事実から、私などはなにを〈学ぶ〉べきなのだろうか。言われてみれば当たり前の、しかし身をもって貫くことのどんなに至難かということについての私自身の体験と、しかもなお繰り返し、このことが、理屈のこととしてではなく、現実に、社会主義のその〈党〉の内部で起こり、論じられつづけているということの意味について。

「(黄克誠の語る彭徳懐について)彭が、共産党員として高級幹部たるものは、自分の政治的観点を隠してはならない、誤ったことに対しては何ものをも恐れず闘争しなくてはならないと、日頃周囲のものを戒めていたと言い、さらに一九五六年、ソ連代表団が訪中したとき、彭がミコヤンに対して『スターリンに欠点があったのなら在任中にどうして意見を出さなかったのか、死んでからやたらに彼に反対している』と言い、『当時はそんなことはできなかった、したら首が飛んだ』というミコヤンの答えに『死を恐れて何が共産党員だ!』と言ったという事実を述べている。今日の中国でこれを読む読者が、毛沢東のことを連想しないと考えるほうが無理であろう」

（彭徳懐＝「中国国務院副総理、国防部長、党中央委員会副主席、党軍事委員会副主席をつとめたが、大躍進政策を批判したために失脚。最後は癌に冒されたが治療を拒否されるなどし、紅衛兵による吊し上げの中で死去」）

一九七九年四月三日

中国共産党の主観主義的な指導方法防止の保障としての〈大衆路線〉に関して、丸山昇氏は次の問題を提起している。丸山真男氏も高く評価していたこの〈大衆路線〉は、しかし文革経験をつうじて「こえがたい限界をもっていること。それは大衆路線が有効な枠をこえた問題においては誤りに対する阻止力をもたず、むしろそれ自身が他のものに転化してしまう危険をもっていることを示した」

問題は、その〈保障〉の内容と条件に関わる。文革をつうじて〈大衆路線〉は〈大衆動員〉に転化してしまった。その転化の要因、契機はなにか。

「第一は、（必ずしも主要なという意味ではない）、中国共産党が権力を握ったということであろう。党が権力を持たないとき、その政策の誤りは、ただちに大衆の離反という形であらわれる。しかし、党が〈権威〉をもち、さらに〈権力〉を持つようになると、その誤りもただちに大衆の離反というような形では現れない。その結果、ある政策が誤っている場合、それが誤っていることが認識されるまでに比較的長期間を必要とすることになる。そしてその間、その政策が現実に適合していないゆえにさまざまの障害が生じるにも拘わらず、その政策は推進されなければならないから、中間の幹部はますます命令主義、動員主義に頼らざるをえなくなり、誤りが拡大、増幅されることになる」

「第二に、〈大衆路線〉自体、基本的には長年にわたる封建的支配にじっと耐えてきた〈もの言わぬ〉農民大衆を組織する活動のなかから生まれたものという性格を刻印されていた。〈大衆路線〉を説く中国共産党の文献を読み直してみれば、そのなかに、農民大衆の閉ざされた心をどこからどうやって解きほぐすのか、どんな行為は農民の心をさらに閉じさせてしまうのかについての無数の配慮と深い洞察を読みとることができるはずである。しかし文革体験は、中国の民衆が今なお多くの負の遺産を背負っていることを示した。（オロオロして自己保全をはかる広範な大衆。民衆、人民という言葉が抽象化され、概念化していることなどを引いて――）このような大衆のなかでの活動から生まれた大衆路線が、全国的規模での経済政策、外交政策などにまでわたって、その〈正確さ〉を持たないのは当然であり、そのことを指摘することは大衆路線の意義を否定することではない」

〈大衆路線〉は、正確な意味で中国的現実が生み出し党の活動方法についての特質を概念化したものである。〈大衆路線〉は、活動方法、組織方法であり、この範囲でたしかに一般的に思想、思考の方法をも指すだろう。しかし、これはなんら〈内容〉を示さない。この方法には前提はいらない。これはまたやはり中国的現実を反映する特殊性をになっている。

このあたりは、たとえば中国共産党の路線、政策の〈スローガン〉にも共通してみられる手法であるとも考えられる。曰く〈大躍進路線〉、最近とみに声高な〈近代化路線〉。なにがその内容であり主な課題なのか。具体的問題は漠然としてすべてが包含されてしまう。見ようによっては〈寛容〉だが、雑炊的であることに変わりはない。

そこには政治、経済路線から党や大衆組織の活動方法から、さらには人間の思考の方法までをも、漠として包み込んで、なんとなくわかるが、つっこんで考えると、とらまえようのない曖昧さと無原則に充ちている。私はふと毛沢東の『実践論・矛盾論』を思いだし、その弁証法の説明を思い出していた。そこでは床屋の作法までも弁証法で説明できた。

これはどうしてこうなのか。やはり中国の現実、主要な現実の側面、人民の多数の現実と意識のレベルを反映し、そこに根拠をもつのだろう。そしてこれが、いかなるいみで〈社会主義〉あるいは〈社会主義途上〉といえるのだろう。

そのような現実の特徴は、つまるところ、現実そのものの未分化、非専門化というようなところにあるのではないか。これは経済の発展水準に決定的にかかわり、したがって文化、教育の水準に直接規定されるものである。それぞれの領域で社会全般が発達しておらず、未成熟であり、大衆はそれを忠実に反映し反復しているのである。しかも、社会主義を名乗る以上、マルクス主義またはレーニン主義を意識せずにはいられないゆえに、ただ〈党〉のみが単一化、一枚岩化、鉄の規律化、人民の〈前衛党〉化していったのである。

多様な価値の承認、自由闊達な意見の交換、そこからの統合と結束は、そこにはない。制度、思想としての民主主義の経験はなにもない。あらゆることにせき立てられ、急がないわけにいかなかった中国は、建前、看板としての〈人民民主主義〉を〈マルクス主義〉を〈社会主義〉を、足を地につけぬままに突進させないわけにいかなかった。人民の思想は変革され前進したか。民主主義は開花したか。丸山昇氏は〈大衆路線とは別の次元に属する民主主義の問題〉を独自に探求しなければならないと指摘し、次の文章を紹介する。

「今に至るまで、真に思想を解放したものは、まだ少数に過ぎない」(「人民日報」一九七九年一月一一日。特約評論員論文)

一九七九年四月四日

丸山昇氏は文化の問題にも触れて次のことを述べる。「第三に、全国の解放、とくに都市の解放である。私は以前、中国文化のもつ底深い二重性、不均衡性を指摘し、それは文学、芸術に関わるだけでなく、都市と農村、工業と農業、大工業と小工業等々、中国のすべての分野にわたって現代中国の抱く根本問題のひとつではないかという見解を述べたことがある」

丸山氏は言う。この「格差は想像していた以上に大きく、その矛盾が多くの面で蓄積しており、それが文革があのような形をとったことの要因の一つとなったのではないか」と。

そしてこの矛盾を〈解決〉しうる理論や思想の原理は、どこかに無理を生むことになるのではないか、というのである。双方、それぞれの問題を独自につめていきつつ、両者の関係を考えてゆく必要がある。

この考え方によれば〈遅れた中国〉と〈すすんだ中国〉が、経済、政治、文化的にも、その格差をもち、ある面では拡大しつつ、地理的に一つにくくられているのが今の中国の現実である。そして丸山氏の言うように、これらの現実を一つのものとして認識し、それを一つの目標に向かわせようとする時に、理論はこの最大公約数としての、極度に一般的、抽象的理念になる他はなく、単純化された〈スローガン〉は、こうしていかんともしがたい矛盾の表現となるのである。解放戦争のさなかにあっては、あらゆる矛盾は、その条件のもとでも多様に解決に向かうことが可能でもあった。一つに団結しなければ、戦争に勝って国土と財産、生命を守ることができなかったからである。

しかし、戦争という出来事、国家とともに個々の人民自身にとっての、切羽詰まった切実な状況から離れてみれば、現実の矛盾はさらに強く大きく現出するしかなかった。毛沢東の理論の有効性とその限界も、この戦争を焦点に検証される必要もあろう。

丸山氏の示唆に従えば、毛沢東理論のどこに〈無理〉があったのか、それを現実の具体的、歴史的分析にもとづいて見る必要があるだろう。したがってまた、中国がそのトータルにおいて、〈社会主義国家であるのかどうか〉という設問も可能だが、その場合にも、コトをもっと分析的、歴史的にみることが必要であるだろう。

「都市を含む全国の解放、とくに建国直後から朝鮮戦争、第一次五ヶ年計画といった復興期を終わったとき、中国はそれまで一時的に表面から退いていた社会的、文化的二重性と、もう一度向き合うことになった。言い換えれば中国共産党は、従来と質的にちがった現実の前に立たされたのである」

私など六〇年代のはじめに党の活動に入ったものにとって、当時の中国の党と国家は、あるまぶしい印象をもつものであった。中国共産党員の姿は、現実の私のように〈汚れ〉てはおらなかった。〈プロレタリア的〉であり〈献身的、自己犠牲的〉であり、およそ一切の〈プチ・ブル的〉な優柔不断と無縁であった。その〈単純な純粋さ〉こそ、私の高まるべき人格の目標であると信じていた。例えば『紅岩』の主人公たち。『雷鋒』や『王《おう》杰《けつ》』の手記。かれらとの距離が私らのプチ・ブル性のリトマス試験紙でもあったが、そのことに〈感銘〉する私の感覚は〈かれらのようには決してなりきれぬ〉自身へのコンプレックスの表明でもあったのだ。生まれた子に〈紅〉と名をつけた人もいた。

〈こうあるべきだ〉と思い込んでみたところで〈こうでしかない現実〉は微動だにしないだろう。『共産党員の修養』を説いた劉少奇の本は、まともに、正視して読むことが出来なかったことだけは、覚えている。私は、今はこのように言うことができる。しかし、そのときは、そのようにはっきりと言うことも憚られる雰囲気が色濃くあった。そして、と私は考える。あれは何であったのか、何であったとはっきり言うことができるのか。それは今もなお、曖昧な形の残像ながらも、私の心情や感覚の〈原点〉となりつづけているのではあるまいか。これらの体験は、思想の問題としては私自身のことなのだ。そしてつまりそれは、中国に近接する私ども日本の党自身の問題なのである。

丸山昇氏は言う。毛沢東自身くりかえし〈大衆の声に耳を傾けよ〉〈大衆に学べ〉と教えていた。そのような毛沢東が、結果としてもっとも〈大衆路線〉に反した。なぜか。例えば毛沢東は主席としても、しばしば地方を回った。

「だが、彼のような〈権威〉と〈権力〉をもった最高指導者が、民衆に直接会って話をしたところで、民衆の真のナマの声が聞けたかどうか。そこには、自らに責任が及ぶのを恐れる〈中間機関〉の幹部たちの〈工作〉のみならず、〈毛主席が来てくださっただけで、どんな苦労も吹き飛ぶ〉といった素朴な信仰をはじめ、毛沢東に対する敬意が生んだものであっても、民衆自身の意識しないものも含むさまざまの自己規制があったに違いない」

また人間性ということに関わって、趙樹理の描く農民の楽天性と、魯迅『阿Q正伝』の精神勝利法が同じものの裏表ではないのかと述べ、

「後者の農民たちは、精神勝利法の否定という過程を通らず、その楽天性に見られる積極面だけが成長して、否定面が問題にならなくなるという形で解放された人間、なのではないか」と指摘しているのも、きわめて原理的な問題にかかわるのである。

（趙樹理＝（一九〇六年～一九七〇年）一九七〇年春、病院を訪れた際に医師に「あなたが作家趙樹理か?」と聞かれ、「今の時期に、別人が私の名前を騙るわけはない」と述べたり、娘が労働者や農民になりたがらないのを見て「幹部の子弟がいまだに封建時代の誤った階級観念で労働者や農民を下に見ているのは問題だ」と嘆いたりもした。また後期の「霊泉洞」は、共産党員の指導性に距離を置き、農民・人民大衆の自立への願いを込めたものだった。このように、「本来の共産主義とはいかにあるべきか」というテーマを追求した、実直で真面目な人格は、中国近現代史にあって稀有の存在だった）

一九七九年四月一三日

竹内好は、かつて日本近代文学の主人公の多くが、自己をとりまく集団と切り離され、それと対抗することによって自我を確立しえたのに対し、趙樹理の主人公たちは、集団のなかにいるまま解放されているという特徴を指摘した。

中国は〈近代〉を経ていない。それが人間にどのように具現しうるのだろうか。そもそも〈近代的人格〉とは何か。そこにある普遍的原理はなにか。中国的、民族的特質は、人間の人格にどのような経路と内容で浸透しうるのか。

そこには、まことに巨大な問題が深淵を垣間見せている感がする。人間についての理解ということだ。例えば私らが〈共産主義的人間〉として予見しうるものも、かつてはそのまま〈イデオロギー的人間〉、全く非の打ちどころがなき〈イデア的タイプ〉であったが、そうではないこと、ありえないことが、現実の〈社会主義〉にお

いてしたたかに示されることによって、今度は逆に、人間の基盤でみれば、根本的にはなんら変わらぬということになりかねない。

たしかに私らが社会主義を〈つくる〉のであり、人間精神の一切が歴史的に持ち越されるわけであるが、そのなかから人間の意識、人間の人格は、何を克己し、かつ何が否定され現れるのであろうか。人間自身の〈さらなる高次の段階〉とは何を指していわれるのだろう。私などは、それを考え始めると気が遠くなりそうだ。

一九七九年四月一七日

丸山昇氏の話を締めくくっておこう。彼は結論的に言う。

「文革の全体験が示したもののうち、もっとも大きなものの一つは、現実の社会主義が持っているさまざまの困難や矛盾を〈階級〉や〈土台〉の変革に直結させ、それを〈階級闘争〉や土台の変革を急ぐことによって解決しようとする考え方の危険性ではなかったかと私は思う」

丸山氏は〈現実の社会主義〉を前提にしているのだが、逆に言えば、〈階級〉や〈土台〉の未成熟はそもそも社会主義の成立と結び付かないという〈革命の根本問題〉を、ここでも明らかにしたということなのだ。無理の上に付け焼き刃的な無理を重ねればどんな危険性を生み出すのかということだ。権力はおいつめられて凶暴化するのである。

「文革の発生原因を含めた全経過は、政策決定のメカニズムから末端における指導機構にまで及ぶ社会の全分野にわたって、また学問的には、法学、政治学、社会学、文学芸術論等々をはじめ、主として上部構造論にかかわる各分野にわたって、科学的社会主義がまだとりくまなければならない問題の多さを示した。そこに現実の問題を哲学の問題に解消してしまう傾向や、レーニンが戒めた日常の具体的問題を世界史の尺度で考える誤りが生まれた」

私にとって痛切な感想は、例えば私における〈藤原問題〉がなんであったのか、そのことをめぐる思想の問題が私自身、未だ不鮮明ではないのかということであった。あれは、思想の問題に深化させられてはいない。さまざまな角度からの問題がありながら、こと思想的なあり方にまで突っ込まれてはいない。

スターリン主義、またこの文革における毛沢東の役割。党という様式の内にある誤りといわぬまでも、誤りに転化しうる危険の高さ。それは必死になって防ごうとせねば、決して防ぎえぬ重たいものなのではあるまいか。そして、それは外へ向かっての闘いと同じ質の、あるいはそれよりも複雑で力量の要る〈たたかい〉を、いつも私らに求めているのではあるまいか。

しかし、どうも私のように、内向的で観念的傾向のつよい人種にとって、政治とはそれが否応なく外向きであるために、その基本的な矛盾に苦しむ場合が多すぎるようにも思える。

いずれにせよ、これらは単に激しく批判するのみならず、いうまでもなく日本共産党の場合も〈わがこと〉として絶対に手放してはならぬ教訓なのである。

一九七九年五月二日

クラウゼビッツの『戦争論』読み直す。彼の戦争論の立脚点は〈戦争は別の手段による政治の継続である〉とところにあり、彼の人間観は「戦争を完遂し、所期の目標に到達し、もって有終の美をなすためには、内政および外交の高等政策に対するすぐれた知見を必要とする。戦争指導と政治とはここにおいて一致し、将帥は同時に政治家となるのである」

この書は一八三二年～三四年、いまから一四六年前も前のことであるが、今に通じる。日本でも日露戦争前にすでに翻訳され陸軍学校でも教材であったという。ここには不思議なほど生臭い話はないのである。この〈戦争哲学〉を文字通り世界が実践していたならば、世界の風景はずいぶん変わっていただろう。エンゲルス、レーニンもこれをよく研究したという。

話の本筋から離れるだろうが、私などにいま印象的なのは次のような一節なのである。

「責任に対する勇気＝つまり心の危険に対抗する勇気である。このような勇気を仏語では精神的勇気と呼んでいる。この種の勇気は、もともと知性から発するものだからである。とはいえ勇気は、知性の働きではなくて、情意の働きである。単なる知性だけではまだ勇気にはならない。実際、非常に怜悧でありながら決断力を欠く人たちのあることは、我々のしばしば見るところである。それだから、知性はまず勇気の感情を喚起し、これによって支持されねばならない。危急に際して人間をつよく支配するのは、思想よりもむしろ感情だからである」

わが身に即して、まことに耳の痛いことをこう書いている。

「情意の強さとは、どんなに激しく興奮している場合にも、また奔放な激情の嵐のさなかでも、なお知性に随順する能力のことである。つまり我々が自制と名づけるところのものが情意そのものの内に揺るぎなく存在しているのである。要するに、強い情意を具えている人たちの心には、興奮した激情を絶滅するのではなく、これと均衡を保つような別個の感情が存在するのである。そして知性には、かかる均衡によって初めての支配権が保証されるのである。このような均衡は人間性の尊厳に対する感情に他ならない。これは人間に具わる高貴な矜持である。また人間がいずこにおいても知見と知性とを具えた存在者にふさわしく行動しようとする最も深い内心の欲求である。強い情意とは、いかに激しい興奮のさなかにあっても、決して均衡を失うことのないような情意のことである」

一九七九年五月一〇日

芝田進午『実践的唯物論の根本問題』を読む。かれの議論の興味深さは、問題の多様に関わり、その内容の分析を踏まえて抽象的理論化の方法に集中しているところにある。その、ある原理の、実際的な有効性、つまりその理論の検証としての具体的実践をたえず意識的に踏まえるところから論理の明快さが生じるのである。従ってたえず原理と原則に立ち返らざるをえないのである。この人の学者としての真剣さ、真面目さ、生一本さなどが、言葉の端々から伝わってくる。しかし、私など理解力の弱い人間には、なぜかもう一つストンと腹に落ちてこない。氏の資質は、私などと違う実に真面目で誠実な党員そのものなのである。

一九七九年五月一七日

石母田正の『歴史と民族の発見』を引っ張り出してつれづれに読んでいる。「歴史学の方法」についてなど、いま読んでも啓発的であって、やはりかれの往時の実践的気迫が感じられる。スターリン評価は、批判以前であるからやむを得ない。それと、この学者に特有なのは、自己省察、自己変革ということが意識されていることであって、これは歴史家にとって不可欠な資質として、その後にも受け継がれた〈方法〉と〈思想〉を示している。

永原慶二の『歴史学序説』と対照しつつ読んでみようと思っているわけだが、読んでいて、石母田氏の立場と学問はすでに古典的な値打ちをもつものであって、並べて比較すべきものでもない。芝田進午氏などが、石母田正氏をたんに歴史家というより〈思想家〉として評価していることなどは、大切なところである。

一九七九年五月二二日

朝出掛けに『鴎外選集五』の「安井夫人」をながめていた。醜男に自ら嫁いだ夫人の、淡々とした挿話的なものだが、まことに情意を省き、読者に歴史の事実と個人の動向をさりげなく示すことによって無限の想像力を引き出す文章の力量は、憧れをよびおこすものである。鴎外に石川淳は傾倒する。それを加藤周一が賞賛する。

　そして、ふと私などは、あの『小倉日記伝』あたりから出発した松本清張あたりこそ、今のところは鴎外を一面で深く継承している作家ではないかとさえ思う。

　これも短編だが「最後の一句」なども、すさまじくもある物語のエッセンスだ。

　グルッピ『グラムシのヘゲモニー論』を読む。グラムシとレーニン。グラムシとルカーチ、などをつなぐところ。思想や理論がどのような現実を反映し、かつその現実に対する変革にいかに関わったのかというところを見なければ〈関連〉は恣意にとどまるしかないだろうことなど。

一九七九年五月二九日

NHKの、戦時下の「日本ニュース映画」の記録は痛切なものだった。あの学徒出陣の神宮外苑の雨の風景を、こうしてしみじみと観ていると、雨に濡れた地面にしばし向けられるカメラの位置、カメラマンの視線には、広範な国民の心情の位相が反映していたことがよくわかる。しかもいま、国会では、玉置某や民社党などによって、宮本委員長の資格争訟が議運にかけられようとしている。

一九七九年六月六日

鴎外の『ヰタ・セクスアリス』をじっくり読んでみる。高校の時に私は、性的な関心の普遍化を願ってのみこの文章を読んだのだったが、こうして読み返してみると、そこにあるのは、あたりまえの人間の、あたりまえの感情生活のあたりまえの一駒一駒であるとしか感じられない。むしろ落ち着いた鴎外のある種のヒューモアさえ感じられる。

　ふといまは、さまざまな事柄について、自分の感性をいかに抑制しうるかについて考えているわけだ。結局は、行き着くところは一体何であるのだろうか。重たく感じることについても、とどのつまりは、なんら重たくないものではないのだろうか。私の〈思い込み〉、私の〈想像力の内向性〉がもたらすものではないのだろうか。

一九七九年六月一一日

指導部のその資質に関して。一般的にはまさにクラウゼビッツの、いわゆる将帥の資質が求められるのであろう。

　最近きわめて図式的に、単純に私は考えることがある。それは政党の指導者に関することであり、また一般に指導者に関することであり、さらに一般に専門家に関することである。それは一言で言えば、全体の中の〈部分〉を専門的に代表すべき役割を果たす。スペシャリストとしての自覚、指導部としての自覚は、この仕事における、あくまでも全体を見渡しつつも、みずから担う〈部分〉についての尖鋭な自覚であるだろう。

人間は、現実の生活や意識において測りがたい多様と多面をもっている。それゆえにこそ、その中の一部分、一側面の一つひとつに光をあて、それを引き上げ、そのことを通じて人間の〈全体〉を高めていくことが可能だし、やらねばならない。指導部がその構成員を動かすとき、求められるのは、その全体を理解しつつも、党的な部分、側面における、その逡巡をふっきらせることでなければならない。

党員はすべてが政治家であるのではない。またその個人にあっても、すべてが党的、政治的関係にあるわけでない。しかし、あるいはそれゆえにこそ、党の指導部は、その個々人にとっての政治的関係のうちでは、専門的な指導、援助者でなければならない。これは当然のことだ。

しかし今のような党の活動では見落とされがちなのだ。われわれ党の指導部は、まさに日常的に、その仕事の専門職にふさわしい研鑽を励み、力量を向上させなければならないのである。

私がその点で心がけているのは、私の話のもつ説得力を格段に高めることである。その際に大事なことは、ある命題、主張あるいは党の方針、政策でもよい。それを一旦はつよく否定してみることである。その上で、再度否定したとき、私の言葉が相手に正確に説得力をもって伝わるかどうかが試される。

これは、私の場合は、思考の癖みたいなもので、なんにせよ、打ち消す、無意味なものに見え感じられる。つまり非常に虚無的なところが濃厚であるから、そこから自分が脱却しない限り、どんな言葉も出てこないのである。私の言葉にならない。私の言葉にならないうちは、私の確信は決して相手の心に届かないのはあたりまえの道理である。自分のなかで激論してみる。投げやりになってみる。そこから自分が立ち上がる。なんでもなさそうに見える方針や指示も、伝わりかた、受け止め方ひとつでまるで違うということ。私がこの間に感じてきたことは、ごく普通の真面目な党員でも、ほんとうに心が動かないと、確信をもって困難を越えて行動に踏み出せないということだ。

否定しても、否定しきれないところで言葉をつかむ。そのとき必ず言葉が、つまりは思想が、力を相手にあたえるものとなる。それは難しいことではない。平易な言葉の並べ方、強調の仕方、言葉の繋がり方ひとつで、伝わりかたはまるで違ってくる場合がしばしばある。これが実は、言葉つまり思想が物質的な力に転化するということの、話術における秘訣であろうと、私は信じて疑わない。私には高等な理論はない。深い見識や教養も希薄だ。そこを乗り切るために、と言えば些細なことなのだが、対話や報告、演説で心がけているのである。

月間課題。私どもの地区は立ち遅れ勢いもない。だがやるべきことを一つひとつ手を打つしかないわけだ。体制のことども、それは理由にはならぬわけだ。ともかく今朝から幾人かの議員を集める。それで動かしてやるしかない。確信は?と問われれば、それはつねにある。私の内面でのつまらぬ独白に反比例して、そこを超えたところに私には確信についての豊富はある。人がいない。だが人をつくらねばならず、そのためにはいくらかの射程をもってものを考えるべきであろう。据えるべき腰。人をつくる。しっかりした党をつくる。私の性根をすえて人を見る。そのことしかないだろう。

ああ、雨が、雨がつよく降りだした。

一九七九年六月一三日

グルッピ『グラムシのヘゲモニー論』

グラムシの思考と方法における〈批判的吟味〉〈科学的分析〉。現象的なものの、現象的記述によっては本質がえぐり出されない。現象の内になく、見えぬもの、現象相互の関連を合理的に認識すること。理論的認識方法。それはまた社会的関係にあっては、あらゆる階層、分野、活動と関わることによって得られる〈階級的認識〉と一致する。真に理論的、理性的であるためには一個の階層、一個の分野に埋没することによっては不可能なのであって、たえずそこを脱却する努力が求められる。もっと言えば、個人に埋没し、個性に関わりつづけ、結局自己を中心にすえるところからは、決して〈階級的〉また〈理論的〉認識は発展せぬだろうという点。絶え間なく個人と自我的自己から離れる、その距離によって個人の役割は測られうる。そのための人間的な刻苦の中に個人としての役割がある。一寸したことばのうちから、単純な一般化を試みれば、しごく当たり前だが、痛切な教訓が導かれる。

さらにまた認識。受動的な直観ではなく、対象への主体的な介入。〈主体的〉ということの両面は〈能動的〉かつ〈個人的〉ということである。

グラムシにおける〈過程の感覚〉とは、歴史的感覚の謂である。歴史と社会の前進と発展に即すること。そこに個人の立脚点を置くこと。それによって個人の認識の向上をはかること。

とくに『獄中ノート』に関する評釈は、私自身、あまり意義が鮮明にはわかりかねていただけに興味深い。詳論しかねるが、過程の具体性に対する感覚。党の本質的な役割。党とは階級意識と指導のモメント。従属階級における行動と理論の統一の欠如。この階級がこの統一、政治と哲学との統一過程に踏み出さない限り従属階級にとどまること。支配階級によって支配させられる〈従属階級〉の覚醒。ヘゲモニーとは上からの権力的支配だけでなく、その主導権によって、社会的な合意をつくり支配する構造。支配は、支配への合意によって成立すること、など。

一九七九年六月二九日

昼過ぎまで会議をやる。私のつたなき焦慮はまこと私の人物の卑小を証しだててくれる。ほんとうは〈無力感〉への誘惑を断ち切れず、そのやり場のないと思い込んでいる感性を、やみくもに他人にむかって吐き出している。紙代も危うい。党費も今日からだ。一人休めば書籍代も工面しなければならない。「党を知る会」への動員も冴えない。見苦しきばかりの私の、この内面の深い惑乱の有り様は、なんといって評さるべきなのだろう。夜、呆としてテレビドラマ「沿線地図」をみやりながら、思いがけぬ人妻の浮気をめぐる葛藤に思いを馳せる。それがまたなんであるのか。

人間の生きようはさまざまであるが、そのほんとうのところの値打ちは、容易にわかるものではないだろう。切実な問題を避けるために、人は抽象的な自問を好むのでもあろうか。しかし、ある人は、その抽象のために生命をも賭けうる。食うためにのみ生きる人々もいる。食えぬために生命を落とす人もいる。

ひろく柔軟に思い込んでいる自分の脳髄の機能の、予測もできぬ狭小に、私はいままた焦慮する。いかんともしがたいところだ。

一九七九年七月五日

朝四時過ぎに目が覚める。青紫蘇の種をプランターに撒く。茄子もトマトも日陰から急に日のあたる場所に置いたためか萎えてしまった。日陰では葉が繁っても実を結ばない。ほうれん草もやや生長がとまった。小松菜だけは勢いよい。三色の朝顔もうまく生育し花をつけてくれればと案じる。サツキは九鉢ある。晩手の赤い花がいまごろ開いている。

もうたっぷりと朝だ。空はまことに抜けるように青く、夏の空だ。いまごろは三時を過ぎると空は明るみ、今五時になると向かいの三階以上は陽がまぶしい。バイパスを行き交う車の音。タイヤのビタビタという音が、汽車の音と入り交じって空を覆いながら伝わってくる。

「──常任説得者、それは単なる雄弁家ではない──それにも関わらず、抽象的な数学的精神よりもすぐれている──。かれは、技術─労働から技術─科学に、そして人間主義的、歴史的な考え方に達するのである。この考え方がなければ、かれは〈専門家〉にとどまり〈指導者〉=〈専門家プラス政治家〉にはなれない」（グルッピ）

一九七九年七月一〇日

昨夜夢を見て早く起きた。詳細はわすれたが、ある長い書物についての数枚の書評を求められたことだ。そんな長いものについて、しっかりしたまとめを書くにはその本を充分読みこなしていなければならなかった。しかも枚数は少ない方がよいという。一般的なことを書いて書けなくはないが、文字通り中心をつかみださなければ一行もすすまない。私は夢のなかの長い廊下を歩きながら、何を感じ、論じたか。

つくづくと私が、確かな知識を持とうとしていないこと、ある角度からする専門的な知識と観点にひどく疎く、お粗末であることを、痛恨の思いで語った。筆はとることもできなかった。私は悩みこんで、私についてまた激しい悔悛を感じ、夢の中の痛みで目が覚めてしまった。

芽を出し始めたプランターの菜を見ながら、ふと手の届く所に置く『ヴェルコール』を取り出し、その内容を追いつつ加藤周一の「解説」に目を通す（『海の沈黙・星への歩み』）。

「人間性を守るべき抵抗が、自らを力に組織し、力として働くために、しばしば人間性を犠牲にするという、おそらく避けがたい矛盾を、彼はどのように解決したのか」

「苦しい思想的遍歴の後に、その主人公はついにあらゆる思想の相対主義の中から、文明の歴史を一貫する原理〈人間を手段としてではなく目的として扱え〉というカントの原理を見いだす。ただ彼の、カントと違うところは、カントが推論から導き出したものを歴史と経験の中に認めたということだ。彼は〈もし何かの教養あるいは指導者が、人民を目的としてではなく手段として扱おうとするならば〉あえて自己の非政治的な立場を捨て、そのような教養あるいは指導者と戦うために立ち上がろうと決心する。〈いかなる政党にも入ることを望まなかった僕が、抵抗に身も心も捧げたのはそのためである〉。それは〈抵抗が政党ではないから〉であり、抵抗が人間を手段としてではなく目的として扱うからだった」

「アラゴンは『共産主義的人間』のなかで、抵抗があらゆる立場を超えた、何よりまず人間的な行為であったという。ブロック・マスカールは、『抵抗の記録』のなかで、非人間的な力としての抵抗は、政治的な損失を予想する場合にも、敢えて虚偽と宣伝を用いなかったという。サルトルは『沈黙の共和国』のなかで、最高の指導者も一人の伝令と全く同じ危険を冒し、同じ責任を負う抵抗の世界ほど、真に民主主義的な世界はなかったという。あらゆる証言によれば、抵抗は人間を手段としてではなく目的として扱った。少なくとも原則としてそうであったし、そうであったからこそ、単に政治的な意味ばかりでなく、深い人間的な意味を持ち得た。そのことは疑いの余地はない」

「しかし常に戦のあらゆる機会にその原則が貫かれたのではないだろう。人間を手段として扱う必要があり、事実人間が手段として扱われた場合もあったはずである。しかもそのような場合は、偶然にあったのではなく、力と力との激しい対立がある以上、必然的に伴わざるを得ずして伴ったにちがいない」

一九七九年七月二四日

二日間、党員拡大ゼロであった。今午前〇時半。昨夜は後援会の会合に出た。眠ろうとするが寝つかれず、妙に気持ちばかりが昂って、こうして起きてしまった。〈仕様がないなぁ〉と思い続ける。最近の私のこの有り様は、私の後世に残る俗物ぶりの証拠だろうなぁとつくづく思いながら、私はなお短期を見て、気持ちの焦りに敗北し続ける。

真下信一著作集。彼は私に最も印象深い人のひとりだ。その中の「原口統三君を悼む」の次の一節が、今の私には痛切だ。

「(武田麟太郎、戸坂潤) 彼らの〈人間〉は〈芸術家〉や〈哲学者〉をはみ出していたが、同時にまた、彼らの芸術や哲学を本物たらしめていたのは、彼らの〈人間〉が本物だったからである。彼らの場合〈芸術家〉や〈哲学者〉と〈人間〉が不一不二だった」

これを〈政治家〉と置き換えてみることも可能だろう。私らは〈政治家〉たらんとして〈政治家〉になったのではない。本来的に政治家向きの人間などというものはいない。そして誰しも、人間である以上、政治家であるとも言える。だから〈素人〉であることを強調することもない。〈党的政治家〉についての主観的イメージを作り上げ、それにもとるところを見つけて自己のひ弱と不足を慨嘆してみせることも要らない。なによりも、この自分の持ち場が、人間的な一切のものと矛盾すると思い込み、思弁し内向することもない。

人生の持ち場、そのポジション。人間は、本来的に〈そこ〉だけに収まりようのない存在なのだ。〈そこ〉だけに収まっているかに見えるとき、大した仕事はしていないのだし、それさえも、広く豊かな内容を加えつつやりとげられてはいないのだ。

眠ろうとして眠れぬとき、例えば今のこうしたとき、私を突き上げてくる衝動の内実は――。そのときには、私にとっての、鬱々とした悩みではなく、おのれに向かう自暴の刃でもない。

むしろそのとき、例えば私は――諦めと闘うこと。闘ってこそ生きる値打ちがあること。それはつまり、思想としての虚無との闘争であること。自覚するか否かに関わらず、諦観との闘争に、自己の存在の究極がかかっていることを、思い知らねばならぬこと、など。

それはまた、従って、不断に宗教との闘争であること。〈神〉を信じようとする内面が〈無神〉を現実と行動において突きつけられ、そこに激しい軋轢をかもしていること。人間の具体的存在は唯物論的であること。むしろ恐れずに言えばよい。人間の本来的な有り様は、まったく観念論的であるのだ。唯物論は〈自覚〉されない。

そして、唯物論は観念論のある体系と闘う時に自覚される。古代の唯物論は決して近代唯物論に直結しない。その中間項の歴史にいま振り返るべき真実が含まれている。無神論は宗教との対決を通して生まれた。つまり無神論は宗教という前提の下に生じるしかなかった。この無神論の発展こそ、螺旋を描いて高次に発展した哲学的唯物論につらなってゆく。

〈神〉も〈仏〉も、人間の現実的歴史と精神史にとって不可避だった。観念論は日常性のなかに蔓延している――。などなどと、まとまらぬ理屈を無限に回転させる。そのうち、私の眠れぬ頭の中に、支部の姿が、一人ひとりの党員が、浮かんでは消える。そして私は、大勢の人々にむかって呼びかけたくなる。私は、私という〈人間〉を率直に吐露しよう。

そう、例えば経営支部の君たちにむかって決断を促す言葉を選び始めるのだ。いろいろな関連が思い浮かびはじめる。

例えば、藤田省三の次の言葉が思い出される。「林達夫はゾルゲ的方法の中に〈反語的精神（言葉を逆さまに言う方法）〉を発見すればそれでよい。しかし、それを抵抗の一般的方法の一つとして理解するものにとっては、その方法が可能となるために必要な思想的資質が問題となる。虚々実々の欺瞞のテクニックの世界を歩むとき、その闘争技術の世界に埋没することなく、逆にそれを徹頭徹尾内容的に否定しながら、しかもテクニックを貫徹するためにはいかなる精神構造が必要か。〈自由を愛する精神〉だけでは不足である。おそらく、自己の人生を、超主観的理念の一個の道具とみなし、自分の生を、成否の不可測の実験に供しつづけるという志向が、ミニマムに要求されるだろう」（『転向の思想史的研究』）

どこでどう繋がるのか。今のところはどうでもよい。私の関心のふくらみが、最近読んだ本の内容を吸引しはじめると、私はますます昂る。一切の、具体的事実を抜きにして、私の生き様と感じ様に関わるすべてが一挙に全身に覆い被さってくる。

もし、徹底して私が〈狂気〉であれば。もし私に非凡な〈才能〉でもあれば。もしも私の〈出自〉が並外れていたならば。だが、私のいかなる空想にも拘わらず、その空想が可能であるという私の思考が、私の比類のない凡俗ぶりを証し立てている。やむをえぬ。どんなことも抜きにして、このままで勝負するしかないところに、私の私たる所以があるとすれば。

ここでまた、藤田の一節を反芻する。

「階級が万事を決定するという理論が決定されたとき、その理論の成果として、ほかならぬ、階級移動の自由が人類に与えられたのである。ここには、われわれを瞠目させる逆説がある」

つまるところ、私の内心を占拠する感性は、この二日間、党員拡大がゼロについて、どう受けとめるべきかに関わっていたのだ。

これはこれで、もう夜が明けるだろう。何事も動いていないように見えて、動きは激しく進んでいる。これを自覚する力だ。全体の動きを視野に収めることだ。そのときに、私は、私の仕事の、いまは動かぬに見えて、やがて動きはじめる真の力を認識し、私の一時的な気分を晴らすだろう。

一九七九年七月三一日

こうしてせっぱつまったところで、動かぬものは動かぬものよ。一つひとつの具体を詰めてゆかねばどうにもならぬことよ。事務所に出る。するとまた疲れるだろう。苛立つだろう。追いかけられて神経がすり減ることだろう。

俗人よ。節操のない男よ。小心の、本質的に指揮官にむかぬ小心翼々の小人物よ。お前には一体、どんな腹に座った構えがあるというのだ。党員が今日、明日、一人や二人、増えたの、増えないので一喜一憂していたのでは、なにがまともに大きく変革されるというのか。

一九七九年八月二一日

ラルフ・ミリバンド『マルクス主義政治学入門』

なかなかに興味深いところが多いが、訳文が充分にこなれていないので、はじめから読みつづくとひどく頭が痛くなる。とくに「階級と党について」。田口富久治氏らの一つの拠り所。発想のヒントの一つもこのへんにある。しかし無益な議論とも思えない。

制度の上での党内民主主義とて、一般的にそうなのであるように、組織を構成する個々人の自覚の水準に大きく左右されざるを得ない。モノが自由に言える権利も、その権利の意味を自由に使いこなしうる人がいなければ絵に描いた餅にすぎぬ。だが、その餅の絵を責めることはできないのだ。制度について、その非と責を言うことはできないのだ。普遍化しようとする精神は、思考する精神として貴重であるが、そのことと、具体的で現実的な行動における責任の回避というものがあってはならぬはずだ。

一九七九年八月二九日

時間はあるが、時間がとれぬ。そんなとき、私は私自身の肉体上の健康こそ大切だとつくづく思っている。そのときどきの、あれやこれや、いちいち気がかりで、せっぱつまってコトを運ばねばならぬなどと言うことは、もう二〇年近くも変わらない。

高校時代もそうだった。一方で受験勉強らしきことをやりながら、私は私の本を読み、よく遊んだ。この季節さえ過ぎてしまえば、あとはどのようにでもなるだろうと強く思っていた。しっかりとした目的も、その時にはなかった。大きなところで、どういう風にか、私の腰が定まっていなかった。

もう無理はせぬで、たやすいところへと仙台に来て、それからはまたセツルに夢中になって学校へ通わず、危うく進級できぬという時に、夜を徹してドイツ語を読んだ。四年の卒論の三か月、私は夢中になって百枚の〈論文〉を書いた。その題は『室町幕府御料所の一研究』というものだ。今となってはその中で何を言おうとしたのか、ほとんど覚えていない。図書館で「蜷川文書」を読んでノートを作り、下宿に帰って妄想にとりつかれながら、書き終えた。今思うと、よく百枚も何か書くことがあったものだ。

その後も、そんな時期がいくつもある。いつも、その時期を我慢し、その大切な時を、私はその苦しさを早く逃れたいために、過ごしたのだった。だから私の記憶は、大切なとき、私が悩み、考えた、その時が、ほとんど空白だ。襲いかかってくるように思う、私にとって嫌なことが、早く過ぎ去ってしまえばよいとばかり思い込み、結局は、流れに身を任せ、私は私の観念の内の〈闘争〉に逃避し、打ち込んだ。内面は、たしかに小さく複雑化したが現実は変わらず、私の現実も根本的には変わっておらない。

この一五年間、政治とは私にとって、経験的技術としてしか体得されていない。

私は〈政治〉に追い回されているのだ。その客観的な動向をにぎりしめ、そこに主体的に関わって行動してはいない。姑息と言えばこれほど姑息の極みはないだろう。いつも諦めの立脚点を探し求めるがゆえに、人に向かって、それと闘うことを説く。いつも目が内向するがゆえに、私はつねに外側へ向く目を尊敬する。私の内側のなにが確信や価値なのか、未だ測りがたいがゆえに、他人のすべてのことを賞賛したくなる。それは私の〈寛容〉ではなく錯雑とした〈狭量〉だ。無定見と無節操だ。原則がない。そして、私はなにごとも測りがたいと思い込み、相対的なものとして世界を了解したがる。一貫した傾向はこうだ。

そうして三五年も生きてきても、私はあの高校時代からあまり隔たっていないように思う。この感覚はなぜだろう。

それは高校時期の、あの自我的生活をなお引きずりつづけているためか、または、この一七年間、私には、私の時代と生活を画するなにものもなかったことの証しでもあるのだろうか。

例えば結婚して、二人の娘の父親となった。一〇年の間、私は義父母と同居した。この間三度入院して胃を切除した。例えば私は、セツルと学生運動を過ぎてから民青の常任を二九歳までやり、仙台地区や県の責任者もやった。いくども、いろんな場面に出くわし、会議に出てしゃべり、いくつかのモノを書き、街頭での演説に立った。若さに任せて夜を徹して活動に没頭した。いくつもの大きな闘争もあった。それから、例えば私は党の県の仕事についた。藤原時代のことだ。経験もなく、恥を内向させながら、いくつもの選挙を歩き、みじめさと自負が交錯しながらも、私は誇りを求めて歩いていた。そしていろんなことが重なる中で私は仙南地区に来た。ほとんどの地方選挙に関わった。私は生活にまみれる人間を見た。党は、そこから作られねばならぬと思われた。私は地区委員長になって、こうして今に至る。

これらの間に一体なにがあったのだろう。私には、その時々の、自ら果たした〈役割〉についての悔恨の念しか残ってはおらない。ひとが、いささか揶揄的に私に向かって、私の〈役割〉について言うとき、私は言いがたい痛恨の情を禁じ得ない。思い出されるのはつねに浮薄な自己像だ。すべて過去に向かって私は、これといった印象をもっていない。そのときに、そのことを、私も含めてみんなで作り上げたというような場面を、強く思い出すことができない。これはほんとうだ。

時代は変わったはずだ。私も変わらぬはずがない。しかし私は、ずっとむかしの、かつてのままの私だ。

なにが大局的に正しいと言える根拠となるのだろう。私の選んだ道の〈正しさ〉について、どれほどの経験と確信に立って開陳しうるのだろう。そんなことはできそうもない。

ていねいに話をしなくとも、単純なことを大仰に強調する効果も覚えたようだ。真に事実と道理にもとづくことは、下部にとっては建前であって、実際にはつねに、そのことについて厳密に考え抜かぬ思考や態度さえも不可欠であることも知った。

私は、この理念と理想の無限の可能性について、中学生の時代から憧れていた。実際にぶつかってみると、私は私の感性の誤りについてではなく、その疑いなさについて深く確信していった。

あたりまえのところを、そのゆくがままにおもむかしめよ。それが人の不断に生きるいのちというものの正体ではないのか。そうでしかないと思うときに、私はまた深いところで、結局はなりゆきにまかせる自分自身に自己満足を与えた。

つねに私は、こうでしかないゆえに、これをいさめ、これに反する教訓を、他人と書物に見るとき、胸を打たれ自省した。そのくりかえしだ。私を慰撫する力は私の内に蔓延している。私を叱咤し、激励するのは私を傷めつける力だ。

一九七九年八月三一日

一昨日、中野重治が死んだ。あれはどういう人物であったのだろう。彼の、見えるところよりも、彼の考える考え方の内容に即して、一体なにがどうなっていたのか知りたいものだ。それはやはり彼が一つの確かな、時代の普遍的人間の典型ではなかったのかという思いにとらわれるからだ。あまりにも簡単に抹殺して、済むものではないことも知っておくべきだろう。

一九七九年九月四日

先日、朝日の「論壇時評」で、松下圭一が、『前衛』での「不破・田口論争」に関して、田口が〈良いマルクス主義者と悪いマルクス主義者を判定するのが不破哲三なのであろうか〉などと書いてあるのをとらえ、こんな問題はすでに六〇年代に出尽くした古い問題であって、改めていま議論になるようでは、日本のマルクス主義学者もどうしようもないものだ、というような論評を記していた。そのあとに議論はなく、結局この論評の余韻には、一つは党について真剣な議論の対象になりえぬという一般的なマルクス主義とその党への不信と嘲笑が、他方には田口氏がそのあたりもわきまえず党につながっていることへの揶揄が含まれているのである。

しかし内容がどうであれ、党とマルクス主義の学者の、実際社会に及ぼしている影響力は、以前と比較にしえぬほどに核心的なのであり、そのへんをこのような形で回避してたのでは〈社会学者〉の名が泣くというものではないか。

松下圭一タイプの、利口な学者は、マルクス主義と党をめぐるあれこれは、もう体験済みで、思想や理論としても結論が出た過去のことだということになるのだろう。だから田口氏も心情でなく、責任を担う構えをもって理論的に問題をつめていってほしいと思うわけだ。

西郷信綱『古典の影――批評と学問の切点――』（未来社）

一つの専門をきわめつつある人の、広い素養を基盤にした発言の重さを、またも痛感させられる。こういう人の、平明な文章の含蓄は大したものだと思う。

一九七九年九月一九日

中野好夫『すっぱい葡萄』（みすず書房）

これは彼の自叙伝でもあるだろう。しかも書誌に公表された限り、文に対象が客観的に措定されている。だから変化がある。対象の動きと自分の関わりが、一つの歴史的な意味をもっている。彼、およそ三四歳以降の文集であって、彼らしい面目躍如として興深い。私とちょうど同じ年齢の頃だ。

そうして眺めながら、私など、動揺やむかたないのであるが、こうして特定の党派に属している者がもてる記録というものも、もっとまともな形でありうるのではないのかなどという感想に誘われる。

気弱な党派人――それはなんら学ぶに値せぬ人格でありながら、しかも、人が〈政治〉に近づいてどうなるのかというところでは、全く広く普遍的なテーマではあるだろう。〈政治〉を恐れすぎるのが日本の風土のもとでは一般的風潮であるとすれば、その恐れを不断に内包しつつ、そこに直接関わったところで、その経過と内容を確かめてみるという事柄も、言うならば人間的にも歴史的にも、一つの意味があるように思える。しかし、いずれにせよ、やり通さねば、その値打ちはつかまれない。

一九七九年一〇月九日

総選挙の結果が出た。台風によって全国的に投票率は大きく低下した。これはほぼ一〇％得票に影響している。庄司幸助氏は七万九千票で勝った。一区は自民三、共、公各一。社会党は共倒れだった。全国的に党は三九。革新・共同と合わせて過去最高の四一議席となった。社会党は一〇七、公明は五七、民社は三五議席。自民は二四八で単独過半数をとれず明白な敗北となった。激烈な出来事の一つの幕が閉じられた。

一九七九年一〇月二六日

西郷信綱『古典の影』

「学問のあり方についての反省」は、ほんとうに今の私の胸にぐいぐいと迫る。生きるということの豊かさについての表現。何かを選択するということは、他の何かを断念することだ。真理はどこにもないという主張は、みずからの主張の真理性をも主張することができない。丸山真男氏への論及。遠山茂樹氏への率直な感想。小林秀雄氏への内在的批判。

要するに私は、この人の考える考え方の透徹さにうちのめされるように思ってしまう。ことに今の私には痛切だ。〈考え抜く〉ということ。それがどんなに私にはできていないことだろう。ひるがえり、しかし果たして私に考え抜くに足る何かの対象、素材があるのかと自問してみたくなる。私は〈考え抜かず〉に生きている。考える必要から意図的に私を遠ざけている。そのことを考え始めると、私はおのれの浅薄に鳥肌さえも立つ。一体なんであったのか。今なんであるのか。

こうしてよしなしのことどもを、上っ面を、私の感性の、しかも都合の悪いことは大きく回避しながら、一般へ、抽象へ逃げ込もうとする私の、この精神、いやそれどころではなく、私の人間のあり方というもの。

対象に目的もなく、私の思考は浅瀬をパタパタとさ迷う姿だ。深く、沖に出る勇気も力もなく、まるで浅瀬で水を浴びながら、水着の女を眺めて鼻の下を長くして、淫らな夢想にふける類いのものだ。私の精神は、今だけでなく、ほんとうに詰めて考え抜いた経験を持たない。なにごとも掘り下げようとはしていない。どんな試練もほんとうには通過していない。

西郷氏の含蓄あるいくつかの断片を「科学主義の破綻」から恣意に引用しておこう。

「丸山真男氏は『日本の思想』で〈私たち知識人は色々な形で庶民コンプレックスを持っているから（庶民の実感）に直面すると、弁慶の泣きどころのように参ってしまう傾向がある〉といい、また〈マルクス主義的知識層に対するスマートな逆説家と庶民の（伝統的）実感―もしくはそれに寝そべるマスコミとの奇妙な同盟〉が日本で成立しやすい所以を鋭く分析しているが、私が〈常識〉にふれたのもこれと関連する」

「遠山茂樹氏の『昭和史』批判もあたりまえの日常感覚とか、国民の体験的感覚とかいう角度からなされたものだった――（批判者は）そこに人間が描かれていないといった。しかし遠山氏も答えたように歴史学はなにも文学のように人間を描く必要はない。問題は歴史学がどこまでも人間にかかわる学問であり、その人間にかかわるということがいかなる意味をもつかという点につきる――最近ブームの歴史書は、あまりに人間的あまりに人間的な、水ぶくれした人間がしきりに登場する――それはともかく、歴史の学が人間に関わるということの意味が、マルクス主義でも大して真剣に問われてないとすれば〈人間にとって根源的なものは、人間そのものである〉というマルクスの言葉は鬼哭しないであろうか。学問上の客観性にしても、個人の経験から安全に擁護されるものではあるまい。なぜならそれは、何らかの概念装置によって捕獲できる、たんに人間の外にある事実の様式ではないからである」

「経験の世界は、まさにあるがままに見える世界である。この、見えるということを、たんなる見かけとして否定し、この否定によって学問の世界が成立するかのように、私たちは考えがちである。だが問題は、否定だと思っているものが、実は経験世界にしかなっていない点から生じる。かかる排除は罰なしにはすまされない。排除された現実は、概念や理論の網目をくぐってひそかに潜入する。見まいとしても見えてくる。見えるほど非科学性、あるいは個人的体験として排除される。そうなれば、その概念や理論が化石化してくるのは時間のもんだいである。学問を判断するのに、それが何を言っているかということより、何を単純に排除しているかが一つのめどとさえなりうる。現実のトータルな変革を引き受けようとするマルクス主義において、この排除が報いる罰の鞭は、当然もっともきびしいものがあるはずである――」

「さきには、小林秀雄氏における経験的自我の固定は、理性や真理や科学や自由などの問題へのしんけんな問いかけの停止を意味したといったが、一方〈個人的体験〉の不法な侵入から客観性や科学性を守ろうとする遠山氏の場合には、〈柔軟さ〉の強調にも関わらず、逆に学問が生きた経験世界を排除する結果にならざるをえなかった――」

「私の主たる関心は、人間を社会過程の一片としてではなく、あくまで人としてとらえ直そうとするとき、科学性や客観性の概念が、いかなる変容と革命を余儀なくされるか、しかも単なる自己主張や主観主義にあとじさりせずに、それをいかにひきうけることができるか、という点にある」

「出発が離反ではなく、真の出発でありうるためには、私たちをとりまく制度化された文化世界を中断し、それに覆われている、かの原始的にしてオリジナルな経験世界にたち戻り、戻るまでもなく、実は私たちは、そこに生きているのだが、そこにあくまでとどまりながら、それの持つ意味を根本的に問いなおし、この前科学的世界の、原的な構造そのものによって、つまり下から上へと、科学または学問が、理性的にいかに動機づけられるかを探究することがどうしても必要となるであろう。暗い大地にしっかり根ざすとともに、その枝々を哲学のおこす気流にたえずそよがせていなければ、学問という樹木は枯れしぼんでしまう」

一九七九年一〇月二九日

朝食後、横になりたくなる。昨夜の具志堅用高もみごとだった。安定的なものに対する心理的な傾倒を感じる。

それにしても、昨日曜日も、好天の秋空で、いたたまれず外へ、日中釣りにでかけハゼ二〇尾ほどを釣りあげた。夕方はパチンコに行って、そのへんのオヤジさんの夢中さに肩を並べる風情をかんじ、えもいえぬ気分になったものだが、しかし思えば、私は正真正銘の俗的人物であることよ。

俗的世間とはちがったところで、ちがった風にものを考えるという私の習慣は、そろそろこの仕事とぶつかりはじめていたのだ。もっと、考える以上に世間的なところの内実を体得せねば、私を捨てて裸になり、泥にまみれてしまわねば、そのような覚悟のほどがなければ、もうこの仕事をつづけてゆくことができぬだろうと、一方では思っていたのだった。私は強くありそうで、ほんとうに危うく、もろすぎるところが感じられる。私には実労働と実生活の経験がない。

こう思いつつ、いくらか私について測りかね、思い過ごしてきた私は、個我を捨てきれず、それどころか、その〈高み〉から一足飛びに、世間並みのところを飛び越して、ある意味では異様な、非常識の、別の世界を作り上げてしまったのだ。そうなると、見上げる空は手が届きそうもなく、いまいる私の居心地も、人間のもっとも基本的なところでの葛藤となって、根本的に私を動揺させるものとなった。

かくして、私にかつても今も、状況は全くかわったにも拘わらず、正常な意味での俗的世間はなく、その体験が経過されないことになってしまった。正常で、常識的な人間の社会的関係は、私には習慣としては体得されてはいないのだ。

そうして私にあるのは、頭の中の、思考というよりもはるかに感覚的なカンと、組織的関係を処理する経験的技術と手法にしか過ぎない。

今のところは、私は一面ではこう思っている。極限まで、そのそれぞれを拡大してみせ、たがいの存在意義についての主張をさせてみることだ。これは居直りで、現実に、無限定に追従することだ。これほど楽なことはない。しかし、これほど辛いこともない。その落差の現実は、私をどこへ連れてゆくのか。

一九七九年一〇月三〇日

五木寛之エッセイ全集。『旅の幻燈』

彼の性の回想はやはり一つの文学的世界である。私は読みながら、私ら個人の生きざまの、特殊性や偶然性には大きな隔たりがあるにも拘わらず、そこにひろがる人間の、普通の、必然的の成り行きに、ごくあたりまえに納得し、安心する。もう〈卒業〉してしまったと思い込んでいたいにもかかわらず、私の足はいぜんとしてこのあたりを、せわしく徘徊している。

一九七九年一一月七日

昨六日、午後。総選挙から一か月を経てやっと特別国会で首班指名。大平正芳が決戦投票で一三八。福田一二一。白票と無効二五二。大平の議席比率は二七％であった。新自クが大平にまわったが、公、民社は今回動ききれなかった。

一九七九年一一月一三日

中野好夫『酸っぱい葡萄』。また折りふしに読みつぐ。彼は自分の人間観の位置と座標について、一九四五年、つまり四一歳の頃、つぎのように述べていた。

「いうならば、私は社会主義を信じる保守主義者である。人間観としては、人間が、いわゆる天使でもなければ獣でもない、中間の謎のような存在物であると信じている。進歩は否定しないが、ユートピアの夢はもたない。ただ論理的だけに首尾一貫徹底した思想に好意をもたない。むしろ矛盾はあっても、深く現実を愛する思想を好む。モンテーニュの懐疑とエラスムスの寛容とは、私自身の信条でもありたい。漱石のいわゆる〈冷たい頭で説かれた深い思想よりも、熱い心臓から語られる平凡な言説を尊敬する〉に共感する」

これなどは今頃の私を感服させる。社会主義を信ずる保守主義者であるというのは、一見すると曖昧模糊としているが、現実を正確に言い当てて妙である。そして、これは社会主義を信じるすべての人々の現実だ。しかし〈論理的だけ首尾一貫徹底した思想〉とはマルクス主義を念頭に言われるのであるが、当時、人間的であるよりも〈論理的〉であることに夢中であったマルクス主義への批判として、首肯しうるものである。

いつまでたっても私の印象から離れぬことがある。一九六二年の五月頃だったか。私は仙台に来て、すぐにセツルに入り、民青に加盟した。仙台郊外、南小泉の下宿の隣室は、工学部四回生のS氏だった。彼は実に二枚目の好男子で、常識的で人間的な人だった。出身は富山の中部高校で、京都を落ちて仙台に来たことも、私に親近感を抱かせた。何度か、文化横丁に呑みに連れてゆかれたが、その頃、夜中にふと私は、深刻そうに訊ねたことがあった――〈Sさん、Sさんは、日本がほんとうに社会主義になったらいいと、本心から思いますか?〉と。Sさんは、色白で、目の大きく、通った鼻筋を斜めにみせながら、いくらかとぼけた様子で――〈そうだね、ボクは、本心から、その方がいいと、思うねぇ〉と、ぼそりとこたえた。

私はしばらくその後、そのことで悩んだものだった。民青の俺の懐疑はどういうことだ、と思ったのだ。民青でも党員でもなかったSさん――仙台のワークキャンプの一員ではあったが――の言葉は今もなお、私の心の奥につよく印象づけられている。そのときの情景は、襖一枚隔てた部屋の雰囲気とともに、あざやかに、なぜか時折ふと浮かびあがるように思い出される。

一九七九年一一月一六日

忸怩たるありさま――というような、私についての感慨がいや増す。もうモノにはならんぞ、というような居直りが色濃い。中野好夫の三〇数年前を読みながら、私に突きつけられる常識的なモノサシでさえ、私にとっては痛いばかりだ。健康な感性こそが、ついにはなにものにもかえがたく、なにものにもたちむかって、さいごにはつらぬくという感想は、私の〈心根〉にはなっていないような――。

一九七九年一一月二七日

ここしばらくは、朝の一時間くらい、もう少しゆっくりと本でも読みながらものを考えていたいとおもうのだが、私の不摂生からそれができないでいる。思えば私の心緒は、無惨にも不安定だ。くりかえしていう。これは私の主観的判断のことではない。私の言動に即しての、絶対的な事実なのだ。

だからまた、私はこうしてここに形をきざむ私のなぐさめに、なぐさめられずにはいられないのだ。こんな思いは、どこかでハッキリと記して残ると言い聞かせながら、私をなぐさむのである。もし、この不安な心情と混乱をきわめる思考と、表向きには予測もできぬ行動などについて、こうして、このように書き記すことさえもできなかったら、私はどうなるのだろう。

他になにも私の仕事などあるわけでなく、今頃に、この仕事にとって私が向きであるとか、不向きであるとか騒いでみたところで、それもたいしたことではないだろう。しかし、向きであるかないかというよりも、私の最近の思いは、適格性、基本的な資格に関することなのだ。どうにでも、他人からは見えて、言うことができるものだ。

長く見れば、ごく一時的なことである、ということは、真理だ。同時にその長さとて、一時的なことの積み上げでしかないだろうということも正しい。そして人間は、長さを生きるよりもはるかに、そのときどきを生きて、生きつづけるのでもあるだろう。

いろいろのことに、いちいちムキにならずに生きること、生きるすべを体得しなければならぬだろう。しかし、その起点が、もしも諦観に基礎づけられているとすれば、それはやはり容認しがたいことなのだ。私の歴史に人類の歴史を重ね合わせ、私が過去のいっさいをうけついで存在していることを考えるなら、もっとつっこんでなにかをおいもとめるべきであるだろう。

実は、もっとなまなましいことについて私は感じるのだ。しかし、こうして私は、私をめぐってつれづれに書きながら、それらの具体性そのものではなく、そこに関わる私のありようにのみとらわれるのだ。これを思想の主観主義といい、行動における個人主義という。

一九七九年一二月八日

○時を過ぎ飲んでも眠れぬ。こうして起きてみる。しかし、まとまって本を読む気もしない。それよりも私について語りたくなる。まるで我慢のできぬ手淫の習慣と似て、私はこうして私の脳髄をなんら傷めることのない安易なこのノートにたち戻ってくる。
ほんとうにこのノートに向かっては、私は凡そすべてを、まじめに、まともには考えておらない。自分のその時々の、気向きの感性を、しかく、しゃべるがごとくにかきつらねるばかりだ。しかし、これが〈歴史〉であるのかもしれない。今という時代のこの渦中に、一方の〈旗手〉たるべき陣営にはさまって、なおこのようでしかなかった意識のレベルを、私は生身をもって記しつつあるのかもしれない。などなどと、ふと苦笑しつつ感じたのは、今日の昼下がりのことだった。だから、だ。私は凡々たる自分の、ありきたりの不安な日常の中に、もっともらしい意味を付与してみたくなるのだ。

あとで読んでみても、われながら得心のゆく文章を書いてみたいものだと思う。この、こういう形でのノートをつけはじめてからふりかえっても、そのときの気分を、まちがいなくなめらかに、ありのままに書くことができたこともない。思いきって書くときも、私は小心にまわりをおもんばかり、私自身に向かってさえ本当の勇気に欠けて、じくじくした風な、覇気のない文章になってしまう。これは作家的技量の不足ではなく、私の〈人間性〉に由来する。迫力に欠けるところの――。

一九七九年一二月一八日

一昨日、テレビの「日曜名人劇場」で、あれは落語家か、林家染丸とかいう人物の、なりふりかまわぬ浮気、痴話のあれこれを描きながら、その妻である女の述懐（これを蝶々が演じるのだが）が展開される。

また日中「笑点」で故六代目円生の「浮世床」をやっていた。芸人の世界を見ていて、それ以上のものはなにもないのだが、しかし、今の私は〈ああ、なんという腰の座った人物だ〉と思うばかりなのだ。

染丸とかいう人物へのあこがれなどではなく、そのように、それ以外に道はないかのように芸人として生きていること、それがこうして語り継がれていること、そのことだけがつよく印象に残る。円生の芸は、そのことの上にまた、芸そのものの研鑽があって、いわば二重に生きているところがすがすがしい。

一九七九年一二月二二日

このノートを付けはじめてから、七四年の春先の頃だからもう五年がたつ。それまでも折ふしになにかのグチをこぼしていたのだが、こうして毎日のように書きつけることになったのは、どんな動機だっただろう。あの藤原問題のころだ。

統一地方選挙で、党はかなり大きく、とくに県議レベルなどでも後退してしまった。闘争の過程では戦術をめぐってかなり激しく矛盾が顕在化した。その〈指導〉は、弱味をみせ、後退的傾向局面に向かうと、おどろくほどみじめな姿をとる。攻めているうちはよい。しかし、そのときでさえ、必ず存在する運動上の弱点や欠陥の要素を見ようとせず、すべて〈下部〉の責任として押しつけて消去しさるわけであるから、溜まりに溜まったウミのような〈弱点の患部〉は、後退するときには、その後退を加速するように噴出するのである。

藤原氏の〈没落〉は、このころを境に表面化し、とどめがたくなった。そしてそのあと、決定的となったいくつかの〈事件〉があった。

私の親しい友人らも、それに関連して〈疑惑〉の対象となった。私は大いに心を痛め、とびまわった。どうしようもない心情だった。友人らも、その心中は混乱し、すさんだ。

ふりかえってみれば、それは一寸した、コップの中の嵐にも似ているが、しかし、その渦中にいた私とまわりの関わり方が、私のその後の足どりを、微妙に変化させていった。

一九七九年一二月二四日

あと六日かしか今年はない。来年は一九八〇年代に入る。あらゆる組織と企業は、来春と引きつづく八〇年代の〈戦略と戦術〉に向けて、没頭している。党は、この僅々の部分で、分担してなにか全体をめざすというよりも、あげてカネを集めている。見通しはそれからだ。さきのことをいうよりも、ただいまのことだ。

そうして、そんなことのくりかえしが、歴史というものを創造する。

例えば、加藤周一の引くクローデルの次の言葉。

「〈われわれの関心をもつべきものは、われわれ自身ではなく、われわれの目的である。われわれは、おのがじしその目的を実現し、顕彰すべくつくられているのである〉(クローデル)ということほど、近代文学の内省的心理主義的傾向に対する決定的な批判はあるまい――。人間は自己に超越的な存在との交わりにおいてのみ自己を完成するものであり、社会は超越者の同じ源から発する被造物の同胞的つながりによって成り立つものである。そのような人間の、超越者との関係における問題を表現するために、彼は詩をえらび、殊に劇詩をえらんだ」

目的的な肉体と精神をつくるということ。なんのために生きるのかということは、それに沿って、ただひとえにそれに沿って私のあり方を定めること以外ではないだろう。目的を失った時に、人間はやはりうるおいをうしなって、ひからびるほかないだろう。

一九七九年一二月二八日

二五日付け赤旗には「日ソ両共産党、共同声明を発表」のトップ見出し。「共同声明」の全文と、モスクワでの宮本委員長の記者会見が掲載されている。

代表団は、日本側が宮本顕治、西沢富夫、上田耕一郎など。ソ連側からはブレジネフ書記長、スースロフ政治局員、ポノマリョフ政治局員など。

歴史的と言われたこの会談と共同声明の直後、ソ連はアフガニスタンへの軍事進攻を開始した。

(五) 一九八〇年　(昭和五五年)

一九八〇年一月三日

再放送のテレビ評伝「河上肇」をみた。いい画面だった。彼のような、実直な真摯さが、たえまなく自己反省しながらも、だからこそ前へ前へと着実に前進する人格をつくる。それは彼が根本において〈生きる〉ということを知っていたからだろう。彼は、かれの〈個人〉を個人的に生きることについては知らなかった。彼にとって〈生きる〉とは、そのまま他の人と関わり、社会に沿って生きることであり、社会の進歩に貢献すべく自己の学問を研鑽することに他ならず、そのことを、ごくあたりまえのように行うことができたところに、彼の稀有な資質に由来する面目があった。

彼の〈自己批判〉は、なぐさみではなく、またあきらめや懺悔、自嘲にもつながらなかった。それは彼の自省に、おのずから明瞭な〈目的〉があったからだ。

一九八〇年一月八日

夏堀正元『風来の人・小説高田保』を読む。

この〈中途半端〉さは、私にひどく共感を与える。私などが、ためらいを生きているのに似て、かれもまた〈専門〉をもつことができなかった。しかし、最後の著名なコラムニストとしての彼を作り上げてゆく過程とみれば、やはり彼も彼らしいやり方でおさまってゆくのである。彼は、一つの定職というべき職業におさまらなかった。私は彼と違って、一つの客観的な位置を持っている。その内側で、その観念の裡で、私は多様に〈動揺〉している。自分で主観的にどう思おうと、私の位置は、今のところは決まっている。そして、この位置はかんたんに〈移動〉を許さぬものである。

しかし、彼は観念だけでなく存在そのものを〈自由〉に移動させる。やりたいと思ったことを行い、やりたくない時には行わない。そうしても生きてゆけるところと力を、彼は持っていたわけなのだ。奇異であるどころか、市井の一ト処にしばられている多数者の現実から見れば、憧憬の対象でさえあるだろう。といったところで、私のつまるところの感慨は、彼がディレッタントとして、まさにそのように生きられたことへの羨望であるのだ。

身動きとれぬ多くのものより、しあわせな生き方をしたとも言える。それだけの能力があったわけなのだ。人間は、どこにいても、いろんな可能を信じるからこそ生きていける。一つのことをしても、他のこともできるのだが、故あって今はこうしていると思いこむことによって、足場が柔軟に安定しうるものなのだ。それをあのように高田保が多様にできたということは、それでしあわせなことだ。

また思想的転変とて、そのいわゆる〈転向〉とて、彼にあっては特異なことではない。行動した分だけ叩かれている。叩かれると、そのぶん引っ込んでしまう。それは、あたりまえの人間の感性に忠実だったわけだろう。市川正一をかくまう勇気とて、彼にとってはなりゆきであったろう。彼は、だから二枚目的ではなく、その存在は歴史の象徴ではなかった。しかし、かれ、高田保が、日本の、その時代のインテリの一つのもっとも典型的な典型であったことは疑いない。名を残さぬままに、その時々にある角度から見れば脚光を浴びた、いく人の〈知識人〉がいたろうか。かれらが名を残し、後世に語られうる業績を残すためには、それ以外の力と境遇が必要だ。そういう人は稀有だ。そのことに向かってのあこがれに生き、その人々との距離をはかって内向した、どれだけたくさんの〈知識人〉の心情が存したことであろう。その広い底辺の、それなりにコツコツと歩きながら、その時なりに生きている夢中さの、無限の集積の上に〈偉人〉の少数が形と名を残す。

その底辺の、無数のひろがりを、高田保は渡り歩き、知り抜いていたのだ。かれは典型であった。

女とのこと。三人の、一緒にすごしたかかわりは、ここではいささか美化されているきらいがある。このような高田保であれば、けだし、もっと〈放蕩的〉であってもよい。浮気っぽい彼が、女との関係で、もっと深くそうあるべきだとするのは、私の思いすごしでもあるのか。ある時期には、彼は他をなげうって〈女〉に夢中にならなかっただろうか。自暴なとき、ただ〈女〉だけが、彼を救いうると思わなかったろうか。そのことの自省と、いかんともしがたく、やさしい温もりを求めるおのれの情念との相克に、狂気になるほど痛まなかっただろうか。

酒にひたらなかったろうか。なによりも自分を忘れ、自分ではなく他になろうとする強い願望のために、酒の力を借りることがしばしばなかっただろうか。そのことは書かれてはいない。

さて、これらは私の思い入れだ。作家は、高田保の、専門をもつことなく、渡り歩きつつ、生きて一つの仕事を残した人間に共感している。これは評伝の限界だろう。彼の人間に即して言うならば、もっと深淵はあるはずで、もっと泥臭く、おぞましき人間的現実があるはずだ。しかし、それを小説に求めることはできない。むしろ、こうして、私の想像力を刺激してやまなくさせた作家の労苦を多とする方が正解であろう。

一九八〇年一月一一日

今朝に党は、アフガニスタンの事態についての丁寧な声明を発表した。ソ連の行動ノンである。これは原則だろう。長期と大局を見渡しながらの回答であり、しかも目前にはイランの権益をめぐるアメリカおよび悲しい中国の策動があって、それに対する鋭い指摘が必要だろう。異常な反ソキャンペーンの洪水のなかで、それを感ずれば感ずるほど、今のところのわが党の慎重と正確を期す態度がひとり光る。しかも、あの「共同声明」直後とは、なんとも、難しい局面なのであった。

一九八〇年一月二四日

中野孝次『若き木下尚江』その序章の文章は、中野自身のことであり、いささか気負いは感じられるが、印象深い。

「総領息子ということばが、いまだに残る土地柄であれば、明治に総領以外の息子として生まれた者らは、すでにそのことで彼の生涯をきびしく——今から思えば残酷なほどきびしく——条件づけられたのだった——明治という時代の活力とは、そういう悪条件を背負って生きねばならなかった私の父や、父と同じ無数の、無名の人々の生きる努力の謂いにほかならなかっただろう」

「その時、私は現在の、私の生命の出発点が、明治二五年の北関東の濃い闇に胚胎していることを、ある神秘的な驚きの念で感じる。私の地上での立場が、明治後半の二〇年間を、社会の最底辺で、ということは、大地に一番密着した地点で生きのびた人物の立場に直接しつついることを、ある感動とともに確認せずにいられない。それが、歴史のなかに突き刺さった私の根だ。私が明治をみる視点は、ここ以外にありえない。私は現在、そういう肉体と意志の力だけで時代を生き抜かざるをえなかった人物のあとをうけて、父らの世代と全くちがう知識人に自分を仕立て、有用無用の知識をもって武装している。これらは、無学文盲の父らより、はるかに強い有利な立場である。だが、それが一体どれだけのことなんだという声が同時にいつもどこかからきこえるような気がする」

「問題は、こういうことになる。一方には無学で階級意識もなくて、ただきつい所与の条件の中で、なんとか生き抜いていこうと努めている声なき人々の生がある。一方には、それをみかね、目覚めてかれらのために言葉を武器として戦っている知識人たちがいる。だが、この一握りの、目覚めた人々の戦いが、どんなに正しく、立派であっても、それは無数の、無名の前者の生を、空しく、無意味なものだとする理由にはならない」

一九八〇年二月二日

ある書評でみた左能典代『プラハの憂うつ』（講談社新書）を読んだ。

東欧世界の、現実的な〈不自由〉についていろいろと考えさせられるものだった。いくらかの誇張は避けえないが、それにしても、現在の日本の政治、社会的条件のもとで、このようにすすめられる私らの党活動とはまた違った意味で、より強い〈制約〉〈不自由〉がありうることはよく分かる。

それは民族的特性に起因するとも言いうるが、ソ連社会主義体制による固有の強権的抑圧が、東欧社会全体を共通のものにしているとの方が主要な問題だろう。

私は、私自身の今のようなあり方を考えながら、やはり、もっと〈豊かさ〉」や〈自由〉が開花し、十全なものになりうるかどうかについて危惧の念を抱く。そして、思えば、常識的に、世間的に見て、社会主義に全き信をおけぬ感情と、資本主義の中の、良いものを取り入れてなんとかなろうというような、折衷的なものの考え方が生まれてくる根拠も了解できるようにも思われた。そして、共産党が、いくらかのチェック機能を果たす上では同意しても、それが政権の〈真ん中〉に座るようになるとどうかと危うんで考える傾向への〈自然さ〉も、よく分かるような気がする。

袴田里見が、除名された時に〈これが社会主義の下であれば、即刻私は死刑ですよ〉と語ったと伝えられたが、水準は、世間的にも個人的にも、このへんをまださまよっているように思われる。それが中央委員会元副委員長の〈本音〉であるとは哀しいばかりだが、いかにも今の大方のありようを象徴しているとみてよいだろう。

しかし、考えてみれば、これらの世間的な状況はまた〈合理的〉でもあると言いうるのであって、封建制のもとでの資本制の誕生は、反体制として圧迫されるとともに、その誕生のドラマはまさに〈血と汚物〉にまみれて過酷だったのだ。無論、それとはまったく異質でありながらも、しかし社会の枠組みの変革の、なんとはなしの不安と危惧は、当然のように大がかりで根深いものであって、それはやはり理性と科学的理論に沿って、堅実、慎重に考え、実践されなければならぬだろう。歴史を画する変革の前途が平坦であるわけがない。日本におけるわれわれの変革の真価がつねに衆人環視のもとで、試されているといえるのである。

一九八〇年二月二〇日

A氏のこと――肝臓は、切除しえぬ肉体の部分である。もう癌の急速な転移は、いかなる処置によっても防ぎえぬであろう。右足のむくみは、そのうちに黒ずみ、思いがけぬほど急速に体力は消耗し、ついに一つの生命は萎え尽きてしまうしかない。不幸な予感は逆に私に、これまでの悔いとともに、万一の可能と、それによって開かれるかもしれない輝く見通しをつよく切望させる。あの、年齢をかさねても、やさしく、弱々しげだった氏のことを思いはじめると、私は胸がつまった。これがもし杞憂にすぎぬものであるならば、と。だが、事態はすでに私らの認識を超えていることだろうことはたしかではないか。

氏に感じる、ひ弱なものへの共感と愛着は、一貫した私の性向だ。つよく見えるものへの、どうしてもぬぐえぬ違和と疑心がある。それはおそらく強がりのみせかけだろうと、私はつねに思う。共通のものへの反発どころか、つよい共感を持ちつづけてきた氏よ。私は決してあなたを忘れることはないだろう。

一九八〇年三月三日

一日の夜は、もう一〇年ぶりか、横須賀に今は住む、中学・高校以来の畏友Kくん宅に一泊。高松にいる彼の父君に関するスクラップ帳を見せてもらったが、昨年は香川県の文化功労賞を受賞し、県内ではおしもおされぬ文化人だと、さまざまな賞賛が並べられている。Kくん自身も学生時代以来、新俳句人連盟の若手の有力な書き手の一人でもある。

それはともかく、彼の父は、かの故・社会党委員長・成田知巳氏の無二の親友であったことの経歴をみて、私には感慨深かった。

かつて詩人の父君が上京した折り、成田氏と二人で裏街の一杯飲み屋で酒を酌み交わした。〈なぜ君のような社会党の委員長がこんなところで飲むんだ〉と言ったら、成田氏は〈赤坂などでは飲めない。クラブやキャバレーなどは私には縁のないものだ〉と言ったという。その、なによりも人間の、人格的な清廉潔白が、彼をつらぬいていたのだと。

成田氏の葬儀のとき、なによりも彼の友人を代表して弔辞を述べたのは父君であった。そして、成田氏が戦後初めて衆議院選挙に立候補したとき、父君はたった二人で県内を遊説して歩いたものだと、その思い出を書いていた。

現在の社会党の、異様な転落の光景は、そこに路線上の潔癖が欠如しているばかりか、その党を構成し、指導するものの人間の、人格の洗練と資質上の欠陥と不足にも由来するのではないだろうか。高校同窓の成田氏をあがめるつもりは毛頭ないが、このようにつながりを身近に感じると、成田氏がその知性と人格においても、日本の革新と進歩をめざす政治の、あきらかに良質な旗手の一人であったことは疑いなく、その彼と比するとき、現今の社会党は惨状といえるほどに目を覆わしめるものがある。

成田氏が生きていれば、今なんといったであろうか。たとえ飛鳥田一雄氏に後継を委任するために精魂をついやした彼自身でさえも、決してこのような形を予見しえなかったに違いない。それほどに実直で、誠実だったのかも知れぬ。そして成田氏に象徴される日本の社会民主主義者の良質の部分、その心棒が欠けたときに、社会党の右への転落の道は加速されたとも言えるのである。

一九八〇年三月四日

党の第一五回党大会は一九八〇年二月二六日から三月一日まで伊豆で開かれた。私個人としては、第一二回大会以来の代議員としての参加であった。

第一五回党大会は、個人的にも印象につよく残るものであった。私はなによりも、党の現在の路線についての確信を新たにした。とくにそれは、外国三〇か国、百数十人の代表の、それぞれの立場の相違のなかで、確固として貫かれて揺るがず、むしろ外国の党の立場の相違を、みごとに吸引しうる力をも内包していた。私に率直な衝撃であったのは、やはりアフガン等の国際問題についての、かけねなしの党の立場をさらに明確に提起したことであった。いくらかのソ連党代表団などへの気兼ねを、個人として私が持っていたのだが、その私の〈調停派的〉な、いくらか遠慮がちの認識は、今の日本の党の水準とはかなりかけ離れていたのだった。そのことが、私自身にとって、もっとも深く印象に残り、またその〈自主独立〉は、国際路線の問題であるばかりでなく、国内路線の立場でもあるとの強調は、社会党への評価の明確さをさらに深く基礎づける原則的見地として、私に了解された。

一九八〇年三月七日

小人閑居して愚考をめぐらす――昨日も終日事務所にいながら、私に不足しているもの、否欠如しているものが〈党派性〉〈党派的品性〉、また献身性、自己犠牲的精神であろうと、強く思われたものであった。これらは比較的にも実際的にも欠如している。好むところはやるが、粘りはない。理屈的であるが、実行的でない。結局、言行は不一致で、言うところを行わしめるまでの組織的徹底性にひどく欠ける。これでよくぞつとまるものだと、つねに内省し、慚愧の念にかられどおしだ。

一九八〇年三月二一日

大岡昇平『少年・ある自伝の試み』

歳をとれば実感するところかもしれぬが、中野孝次も書いていたが、自分の存在について、その系譜をたずねることによって自己の存在の位置を確証する方法であるだろう。たとえばそれを好まず、それの不可能な人々は、他人をかりて考証するのかもしれない。

そして少なくとも今の私にとって大岡昇平の少年の回想は、どんなに濃密な事実であろうとも、私をつよく動かすことができない。人間の感性、性、青春の途上での傷み、発散、自尊と挫折。それらはまことにおぞましいかぎりだ。実に、私自身の体験にてらして。そして私は思う。どんなことがあろうとも、口で言い、文章に書くことの不可能な人間のあり方というものがある、確実にあると思う。矛盾的また可能的存在としての人間であるにせよ、あってはならぬことの渦中にあったことを、感じてはならぬことを、つきあげるようにかんじつづけたことを、そのままに記すことはできない。理屈として可能でも、現実には不可能だ。人間には立場があり、人間に関わる無数の関連がある。一つの所でそれを投げやれば、全体にひびくものがありうる。その立場を、個人が主体的に選択した以上、その立場にとどまり、それが歴史に刻まれる限り、個人は選択しながら、回想する他はない。漠として言えば、なにに対する怖れであるのか。

一九八〇年四月八日

何人かで、飲んで話になると、一つは、おのずと〈私〉を巡り歩く。〈ここにいてはダメではないか〉〈どこに持ち出しても使いものになるだろう〉とか〈政治家〉だとか〈煽動家〉だとか、果てには〈謀略家的資質〉にまでおよぶ。つまりは、私は大変な人物になってしまうのである。それは人間の一面でもあって、私はむげに否定もせぬ。しかし、私にはわかるのだ。能力の水準や、やりこなす器用の才覚や、そんなものでははかられぬ人間の力、とりわけ組織の内側に生きる人々にとって不可欠な、自己を発散することよりも、はるかに〈抑制〉しうる力というものをみつめなければならぬだろうと。その点で、私は決定的ともいいうる欠陥を堅持している。それは見えない。それは、おそれず言えば、精神と行動上の〈狂気〉への憧憬ともいいうる。それは、時代はいつも〈異端〉を〈狂気〉と呼んできたことを思うからである。

そしてまた 私は、人間を〈信頼〉しておらない。向こうも私に信をおかぬとき、私は信を回復する手だてを回避したがる。たとえばある人の、私への、なんとはなしの猜疑は、そのひとの非政治的で善良なる人格と、私の放縦な人格との違和にもとづく。この際、しばしば〈党派性〉が〈非政治性〉と結びついている事実も注意されてよいだろう。

私は、かくして役者にあこがれる。ひとまわりの舞台で役者を演じたい。私には、忍耐と自己抑制が根本的に欠如している。これはおそろしいことだ。私はそのことを口の中でつぶやいていた。だから、だまって、みんなの話を、聞いていた。この頃は風がつよい。どうしてか、風がつよい。

一九八〇年四月一四日

県と地区でいくつかの会議が連続して開催される。感じること。

不正常な相互依存の感覚。官僚的な心情の傾向。問題のとらえようの浅薄さ。大衆との関係に、より多くの視野を注ぐことの欠如。おいかけまわすことによる、おいかけられる側の、つくられる臆病と狭さ。

私自身の、ここ数日の所業など典型であるだろう。中央の会議があれば、その間は上もゆるむ。そのときは、さしてツメも来ないだろうと息を抜く。それを見越して行動するパターン。言われればやるが、言われねばなにごとも意欲的にやろうとしない傾向。上から来なければやらぬ。単純な数の上でのツメが、さびしげに、残る。だが、支部は、大衆との関係で責任が直接的、日常的であって、のんびりしていることはできない。

地区レベルの、このような他愛ない小役人根性がある限り党は発展しないだろう。地区あたりが、もっとはつらつと意欲をもって行動しようとしない限り、党の活動にはどこかで、支部との間でのムリとムラができざるを得ない。

昨日の二中総のあいさつが、その最後に党内民主主義の発揚についてのべているが、もっとなんでも言い、耳をかたむける作風が不可欠であることは、だれしもが考えるところだ。〈集中力〉とはその時に、信じられない規模で発揮されよう。

もっと機関が、問題を内側だけでなく、党と大衆との結び目での出来事に、大きな関心と注目を寄せなければならぬだろう。とともに、機関、とりわけ地区あたりが、もっと自分の頭で考える指導を確立しなければならぬだろう。

そのための、一定のいろんな意味での余裕と教育も必要だ。さほど忙しくはないのに、どことなく追いたてられているような活動では、なにごとも好転しないだろう。あるいは、都市部の地区あたりでは、多忙即仕事、活動となって、そのスタイルが支部へも伝わると、支部は余計に動くものではない。

機関の、思うようにコトがすすまないのは、支部や党員の、現場の実情を、未だ明確につかんではおらぬからのようだ。

一九八〇年四月一五日

そうして、私は昨夜もそうだった。テレビのアメリカ映画『ネットワーク』を観ていて、アメリカ民主主義の、個人の生活における定着の水準について感じながら、それにしても、あのような形での日々の現実的な格闘の場面に激しいあこがれを抱く。そうしてみれば、日本のテレビドラマは、ほとんど仕事場での非人間化との闘争や葛藤という見地は見当たらない。すべてが家庭内の個人間のいざこざという点に収斂されていくかに思える。社会は、家庭と結合されようとしない。家庭の基盤は一人ひとりの個人の安穏の上にある。

それはともかく、あのように一つの仕事のあれこれについて、自分と自分の能力をぶつけ、怒り、悲しみ、行動的であることによって自分を試練しうる仕事に、私はあこがれを抱く。

さて、私の行動と動作は、あまりにも陰湿だ。すべてが小さな湿っぽい事務所のまわりに限定されている。あらゆるものへ、活力と生気を与えるよりも、〈点検〉と〈追求〉だ。そこでは、人間として持つべき喜びの感情は、ひろく羽ばたくよりも、はるかに抑圧される。抑圧されることによってしか組織は順調に維持されないかのように。

そうか、一体に、政治的組織はこのようでしかないのか。どこに人間の顔がなまなましい形であらわれ、それが生き生きとしてよろこびに輝けるのか――。

もっと展望について、政治について生き生きと語れる力をつけなければ重たさがとれない。その重たさをもってしては、なにごともすすまぬ。政治は現実的な階級間の闘争であるから、まずおもてに向かって進撃しなければならぬ。そして結局は、政治を職業的にになう部分の確固性、系統性が少しでも欠如すれば、進撃は事実上不可能だ。

すべての党員が少なくとも機関紙を読み、党費を納入しなければならぬ。その基礎の上に、日々政治をになう人々が献身的に先頭に立たねばならぬ。その指導部の隊列の思想的強固さが現状を打開しうる。

もっと理論や思想について理解し語ることの喜びを体験させること。人間の深いところでの力。その上で、仕事は単純だ。一つひとつを、ごくごく具体的に処理してゆくことである。

一九八〇年四月一七日

ジャン・ポール・サルトル氏、一昨日逝去。晩期失明に近し。大戦後、実存主義。その与えたる思想的影響力は測りがたい。なぜか。けだし、過渡期の複雑を、そのままに思考し、表現しえたゆえである。マルクス主義は、現代において彼のような思想家をもたねばならぬだろう？　だが、人間がになうところの思想、その個人としての人間の現実がもつ多様な複雑を、果たして政治という一契機、一側面からのみ、または主要にとらえようとするマルクス主義（――とすれば）ならば、サルトルのような形での影響力を持ちうるだろうか。マルクス主義は、いまや一個人がにない体現することは不可能だろう。

マルクス主義は、今後、多数の個人によって担われることなくして、圧倒的な影響を伝播しえないだろう。マルクス主義は、それが尖鋭な階級闘争の現実的局面としての政治と直接かかわるゆえに、一個人が全体に影響を与えるようにしては、ひろがりえない。多数の個人が、マルクス主義を理解し、それぞれのマルクス主義者が、そこの人間的関係の実践の中で、思想を大衆のものにしていかなければならない。

つまりマルクス主義は、その理論が本質としているように、全体的世界観であり、人類知識の総和であるのだが、しかし、政治的には、一つの他と区別された党派、一潮流として、全体の中の部分として、自己を組織的に分離、独立させており、その限りで、結局は、マルクス主義は特定の一部分の、一党派の思想・理論とみられるしかないからである。そして、いずれにせよ、その一党派の党派的利害に直接つよくかかわるゆえである。これらのことは形式的側面だ。

マルクス主義の思想、理論はセクト的ではない。しかし政治的にはセクト的であらざるを得ない。にもかかわらず、思想的にはそれを峻拒する。このへんの事情に、この思想をになう多数の個人の、日常的な活動の重要な意味がある。

党は末端で深く広く拡大され続けねばならないだろう。

う。しかも個々の党員が思想的に、良質の洗練を受けていなければならないだろう。

それはきわめて深刻な人間の変化を意味するし、一定の長期の、おそらくいく世代にわたる経験をへながら、いくつもの画期をもたねばならないだろう。基本的な展望はこのようであるだろう。

だが、しかし、目前の現実の党派間闘争に打ち勝たねばならず、参院選にとりくまねばならぬ。

一九八〇年四月二三日

まともに思えば、党の党員一人ひとりの動揺や個人的な種々の困難や矛盾の、その〈深み〉は、やはり測りがたいところだろう。そして、それゆえにこそ、党などの場合、責任をになう指導者集団の確固性が焦点である。もし自らを反省すべき照準を見うしなえば、組織は団結の中心を欠くことによって好調に維持しえぬ。

とともに、人間の集団としての組織に、結局は生身の人間的なものが豊かに通いあわなければならぬこと。個人における異質と多様を前提に成り立つ組織にあって、それを調和し、統一する〈人格〉が必要なのだ。それは〈人格〉なのであって、理論や機構、形式的な権威ではない。それは個性と質なのであって、量と形式ではない。


おもえば私自身が、公的な人格として求められる高みは高く、私に即して言えばはるかかなたにあると痛感する。私が、しっかりしていなければならないのだ。

そう思いながら夜道を歩く。もう春の匂いだ。もっと多数の目を自覚して生きてゆかねばならぬだろう。それを、いくらかでも怖れるところからは、ほんとうには、他の人格に深く影響を与えうる人格は生まれるべくもなかろう。だからまた私は、自らの浅薄を嫌忌するしかないのである。これで、こんなことで、なにが可能と言えるだろうか、と。現実は変更されておらない。私は、意志的な努力とは未だ無縁に思える。

一九八〇年四月二四日

姜在彦「ある朝鮮人史学者の独白」(『現代と思想』三八)
氏の独白は、総連内の組織との確執のリアルな個人感覚が描かれていて興深い。
「――集中的な批判を受けるようになると、親しい素振りをみせてきた連中も、非原則的な〈家族主義〉(宗派の温床としての)的人間関係を疑われることを恐れて敬遠するか、通りがかりに会っても冷ややかにそっぽを向く原則居士まであらわれる。つまり〈同志〉ではないということであろう。私はそれを、ふだん口癖のように、生死苦楽をともにするのが同志的関係だというオーバーな表現とは裏腹に、自己の保身に汲々とする人間性破壊の、実に寒々とした荒涼たる風景とみてとった」

「それが、私のもって生まれた天性なのか、あるいは長い間の組織活動による惰性なのか知らないが、私は、現実に眼をそらして研究に沈潜する習性をもたない。現実の不合理や理不尽を見れば、どうしても血がさわぐのである。いうならば、アカデミックな研究者タイプではないのであって、一野人にすぎない。私の身辺に波風がたえないのは、私のこういう性分のせいだろうか」

この人物とその組織について、私には何の知識もない。そのうえで、ふと思う。

自分の参加する組織の、その内側にいながらも突き放し、客観的にみることができなければならないだろう、と。総連の運動上の混乱や、今もつづくある種の不正常も、根は民族にまたがって深くもあるだろう。そこに、歪んだ現実政治があるからであり、その地の党は、未だ決して文化、思想的に充分な歴史的鍛練を経ているとは思えない。

個人が生きるということについての、生きつづけるということについての、その個人が決してひとりだけは生きてゆけないというところの意味と値打ちに関わる現実のあり方の、根っこのところに、歴史が音をたてて、ぞろぞろと歩いているのである。

「社会を特殊化せば個人になる。ここまでは明らかに社会科学の領域だ。しかし、この個人をいかに特殊化しても、自分にはならない。一体、もはや特殊化しえない、分割不可能であるということが、個人ないし個体の意味だったのだから、これはむしろ当然だと言わねばならぬ。社会科学的方法は、個人の処で止まらざるをえない。つまり一般に、社会科学的概念は、そのままの資格においては〈自分〉ということを、うまく科学的に問題にできないのである」（戸坂潤）

私が、しばらく考えていたことを、また戸坂はかつてこのように喝破していたのである。これは忘れてはならぬ観点だ。科学的社会主義であろうが、事態は変わらない。そして、組織が問題になる場合、しばしば〈組織と個人〉と問題がたてられる。しかし、それは問題にはなりえない。問題になるのはつねに〈組織と自分〉ということなのである。そしてこのとき初めて人間は量としてではなく〈質〉として問題となる。

一九八〇年五月二日

加藤周一『創造力のゆくえ』

日本人における、新・外・公（又は表）と旧・内・私（又は裏）のつながりと釣りあい。

「天下国家の大事は、社会主義理論をもって知的に説明され、家族・親類・縁者との関係は昔ながらの人情のなかで感情的に処理される」

「美的感受性の使い分け、知的生活と感情生活との乖離、それにもかかわらず、そこに巧妙な釣りあいを保って生きてゆく技術は、日本人が近代化の過程で発揮した、おそらく未曾有の才能の結果である」

「高度に知的な所業が、その人の感情生活や感覚的経験から全く別のところで営なまれるということも多いようである。知的な生活が、感情的・感覚的な生活から離れていてはどうにもならない。公・私の使い分け、表向きと裏の本音との二重性、知的生活と感情的・感覚的生活の分裂が残っている限り、創造力のあらんかぎりの発揮、展開ということは期待できない」

一九八〇年五月六日

私どもの実践と理論的問題との関連をどこに見いだすべきか。だから実践家による政治学の理論的問題に関するものを読めばいいのだが、すると私などはハテ？　と困る。宮本委員長には昔の文芸評論があり、綱領報告があるが、そのあとは時々の党内、大衆向けの、焦眉の具体的問題についてのコメントがあるのみである。

不破氏の論客ぶりにしても、大きな問題の枠そのものを問題とするのではなく、論争において路線を擁護するために、古典の解釈学を深化、発展させてゆくような。もちろん、そのことの、理論と運動の前進にとっての意義は見逃しえないが、おもしろ味、つまり知的刺激の少ない議論に終始する。他の幹部連も大同小異。（ついでに言えば、不破氏などの、テレビなどでするインタビューなどの応対の乾燥ぶりも、つねに気がかりなところだ。なぜ、言葉にうるおいが、自分の心情の内面がにじみ出て来るような表現が、対応がうまれてこぬのだろうか。それは人間的未熟の証か、はたまた日本の党そのものがもつ運動の段階の反映なのか――）

こういえば、だれかれは必ず私に向かって異論と思想批判を行いたがるであろうが、そしてそのことをも、かなりまともに承知の上で、私は言いたいのである。

むしろ、政治学の具体相を、それに即して理論化しようとする努力としては、これはもはや歴史的評価さえ定まっているが、丸山真男あたりの方が、ひろく柔軟な問題関心の内に、私などの実践的活動家？の問題意識を刺激し触発し、つまり一般に〈近代政治学〉的なものの方に、生臭く、人間の息遣いが聞こえる親しみを覚えるのは、どうしたことだろう。それが真理を主張しているというのではない。誤りや揺らぎや、筋違いもあることぐらいは私にもわかる。しかし、にもかかわらず〈考えさせてくれる〉。宮本・不破氏は、考えることを求めない。解答をそこに示す。読むものはその正解がわかれば、ほとんどが終了する。

理論は〈上〉で〈民主集中制的〉に〈決定〉され、それはほとんど有無を言わさず正しく、〈下〉は受容すればよく、もしも〈決定〉に反すれば、〈法令〉違反と同じように批判にさらされ、それはことごとく〈日和見主義〉〈消極主義〉〈気概の欠如〉となる。

これは揶揄して言うのではない。私の、この位置にいての実感なのだ。

中央がそれにかけた知恵と時間の集中を、果たして〈下〉に与えた上で言われているのだろうか。〈民主〉は上で消費され、〈集中〉だけが〈下部〉におりてくる。

さあ、〈決定〉されたぞ！ともかく〈実践〉を急がなければならない、情勢は待ってはくれないと、ケツを叩いて走るのは馬だけだろう。人間は、やはり、しっかりとした知恵の力によってこそ、走りに走ることだろう。

かえって、かなたの人で、そのレベルがどうであれ、グラムシやトリアッティなどの自由闊達な議論、つまるところ人間的な（ふんだんに誤りや錯誤もありうるところの）共産主義、マルクス主義の政治論の方が、興味深くかんじられるのである。きっと、この私には、各方向から矢が飛んでくるにちがいない。私の〈事大主義〉的傾向なのか。いやいや、そう言ったのではミもフタもないだろう。

たとえばわれわれが、日々抱える問題は、そうやすやすとは理論、決定文書の範囲の内に収まりきれないわけで、理論のタテマエ、カッコよい形式性は、しょっちゅう現実の総体との間に軋轢をきしんでいるのが実相であるだろう。そして、これらが、つまりは先端の実践者の、たとえ個人的にせよ、その感覚や感慨が、その視野におさまりえないマルクス主義政治理論などは、正直申し上げて、私には退屈さばかり感じて、耐えがたいのである。

そして私などは、この耐えがたさを耐えぬくことの不足を、私自身の根本的な思想上の欠陥と〈思い込んでいる〉わけであるから、やはりこれは、私に即して〈悲・喜劇〉であるだろう。

この点でもレーニンは、はるかに大人物であった。彼は政治と革命を、偉大な人間の芸術であると信じていた。生身の大衆の感性をなによりも重んじ、寄り添い、その具体的意識の具体的変革をこそ、自身の政治活動の中心にすえつづけた。たとえば彼の、党内問題に対する呵責ない批判は、やはり見事であって、そこには、一切の遠慮のない肉声というものがある。

けだし、もっと人間の、心根に沿った方向での、言い様とやり様を採らなければ、なにかものごとは、ほんとうには、すすみきれないように感じられてならない。

一九八〇年五月七日

一昨日、ユーゴのチトー大統領が死去。一〇〇を超す主要な国が、最高クラスの代表団を送るとテレビは伝えている。今朝の赤旗には簡単な宮本委員長の追悼のコメントがあるが、党のサイドからだけでなく、一般マスコミの報道を見ていて実感されることは、かれが、今の歴史的時期に、かけねなしに偉大なる指導者だったということである。その内容は、一言で言えば、その確固たる自主性、自主独立の気概と思想、そして実践であったということができる。この点は、実際につらぬいてみて、あとで振り返って値打ちがわかる類いのものであって、言葉や理念としては、いかにも当たり前のところだが、社会主義も含めて〈自主性〉ということの、ほんとうの意味が、いろいろと歪められ、そのことが、おそらく国際的にも民族的にも大きな障害や困難をつくっている現状からすると、まことに千鈞の重さをもって理解できるのである。

ファシズムとの闘争、またスターリン主義との闘争。そして反米帝の旗のもとに非同盟運動への指導性。これらの、すでに確定された歴史的事件とユーゴ・チトーの対応を思えば、かれがいかにすぐれた歴史的人物であったかも、たやすく納得されるだろう。

どの国も、決してどんな大義、名分、強権をもってしても、ユーゴを本質的に傷つけ、屈服させることができなかった。ユーゴの大義と道理は、あまりにもわかりやすく単純な真理だったからだ。ユーゴ共産主義者同盟・中央幹部会の声明は、ユーゴの党自らが、チトーの功績、ユーゴの位置と責務を、どのようにうけとめているかを示している。アメリカも中国もソ連も、また日本とて、ユーゴを〈無視〉することはできない。小国であるにも拘わらず、大国をひきつける。その力の源泉としての、かけねなしの自主性。それはたとえば北朝鮮の主体思想とは全く異質であり、またどうもフランス、イタリアなどの党の自主性とも異質であり、さらにおかれている国の発展水準にもよるであろうが、今のベトナムやキューバの有り様とも違っているように思える。

日本は、ユーゴのような役割を果たすべきであるだろう。われわれの日本における社会主義の展望は、たとえて言うならば、ユーゴ的な道があるだろう。

「かれはあらゆる党の政治方針が、みずからの民族的条件に適応してつくられるよう断固として闘った。同時に、国際的連帯は、完全な平等、独立、すべての党のみずからの労働者階級と人民に対する自主的責任にもとづいてのみ確立されることを強調」したのであった。

一九八〇年五月一三日

『現代と思想』三九号。

金原左門「現代社会科学の視座を求めて」読む。

大事な方法の問題について提起されている。そこには、彼自身の焦りもあるように感じられる。

「大方の傾向として、社会科学の諸領域で個別実証のために方法的検証を欠如した実証研究が横行し、経験的、実証的研究を媒介にして超経験的、普遍的な方向をつかみとるような理論づくりへの模索が少ないという事実はいなめない」

最後を氏はこうしてしめくくっている。

「――現在という時代性を示す事実関係と資料を、その内側と歴史性からとらえなおしながら、人類にとっての普遍性を模索していく視点であり、政治的、社会的問題にアクチュアルに関わりながら、超経験的に理念をえがいていく操作につながっていくこと。それは、上原専禄がもちいた用語を、私なりにやや恣意的になぞらえていけば〈弁証法的発展の生きた動態〉ということになろうか」

このへんは大事なところで、わかるような気もするが、もう少しはっきりといわなければならぬだろう。

普遍性への志向。〈超〉経験的な理念の追求（超ということも弁証法的におさえられなければならぬ）同時に、それがアクチュアルな現場から提起されなければならないこと。闘うこと。現に、現実を変革しうる理論のこと。大衆に理解され、人々を激励しうることがいかに大事かということ。

問題はこうして、学者・知識人と、そうでないところと、いま大きくダブり合おうとしている。この大衆的に求められている理論という点に、多様な角度から社会科学がこたえなければならぬということ。

一九八〇年五月一五日

中野孝次『ブリューゲルへの旅』を読む。

中野についての関心は最近もったものだが、この人の、真面目で内向的、内省的な資質が私に共感を感じさせる。かれは世間を見てきた。しかし即自的である限り、見ていても、見えていない。見ているのは自分の内面に過ぎない。つまり自分の影をみているようなものだ。このブリューゲルへの、かれの自己意識の移入の方法は、ブリューゲルの絵画を借りてかれ自身が、これまで何を見てきたのかを語り、そのことによって、かれ個人の生命が、ひとつの普遍性へ高められるのである。かれは自分を直接に語るわけではない。対象に向き合う自分、対象と葛藤する存在について語るのである。そうすることによって、自分を知り、語るのである。とくに内省的な資質と志向は、必然的にそうでしかないだろう。

　中野はそのことをブリューゲルによっておしえられる。

「この画家は、主観対客観、自己対社会、自然対人生というような一筋縄の対比で割りきれる人物ではないということだ。そういう近代的二元論の発生する元まで、彼の眼はとどいてしまっているかのようだ。彼の眼は同時に存在のすべての層を見る」

「わたしは、四〇過ぎて初めてブリューゲルに出会ったのだが、これも以前だったら少しも感動しなかったかも知れないと思うと、改めて少年期以来の迷妄の深さにぞっとするのである。一目でわたしをとらえたのは、まず堅固なものの実在感である」

「彼の生き生きした形象保持能力は天賦のものであるが、彼の人物群を見、かつ描く眼を想像すると、わたしはそこに天賦以上の人間的共感力の存在を思い浮かべないわけにいかない」

「ブリューゲルにとっては、彼の生き、呼吸しているこの民衆の日常だけが唯一の現実であったことがよくわかるのだ。彼は、そこの中以外にどんな聖性も権威も、抽象的価値も認めなかった。むろん中世風の、人間に超越する価値体系も崇高性も存在しない。ただこの質朴でもあれば鈍重でもあり、素朴でもあれば狡猾でもある人々だけが現実だった」

「人間の現実をそのまま肯定している何かがあるのである。それはまさに不思議な何かと言うしかないが、わたしをひきつけてやまないのは、その謎だ。これは単なる現実の研究だけからは生じえないものであろう。宇宙的空間の中で、彼自身も含めて人間の生を、そういうものとして限定し、肯定させるに足る何かがあったのであろう」

「一個の生は、たとえどんなに無知蒙昧未熟でも、それが一つの生であることによって、どれもかけがえのない〈自己の絶対性〉をもっており、それはそのまま絶対的に肯定されなければならない。これが、現実を肯う思想の核心にある問題なのだった」

一九八〇年五月一六日

上田誠吉『ある内務官僚の軌跡』読む。

一九三〇年代、警視庁特高課長までつとめ、その後青森、山口の県知事を歴任した著者の父、誠一氏についての記録である。誠吉氏は、戦後自由法曹団の一員として民主化闘争の先頭に立ち、今も最先端で活動する党員弁護士である。歴史についての個人の証言が普遍的な意味をもちうるだろう。しかし、この誠実な書物のねうちを出すためには、もう少し別の手法がありうるのではなかろうか、とも思う。個人的な、内側からの〈父〉といかんともしがたい社会的、階級的な位置と。たしかに戦後、松川事件の弁護に加わった父なのでもあるが。

もっと歴史的に指弾さるべき公的役割を鮮明にうちださねば、逆にその人間は生きてこないのではないだろうか。いささか全体として、個人と社会が、個人の側から一体化して区別されず、結局、父についての、個人心情的な回想になっている感はぬぐえない。もうひとつ、問題の深さと普遍性が、歴史の問題として迫ってこない気がする。

だが、このテーマは、想像以上に重たい意義が含まれていることはたしかなことだ。

一九八〇年五月二七日

私は中野孝次の、森有正と似通う感覚に共鳴する。私は、小田実の『小説世界を歩く』に書かれる雑多なありのままの人間に関する説に共鳴する。

小田は、かなりいい加減な現実をもつ人間だと直感しながらも、結局は、それは質はちがっているにせよ『きけわだつみの声』の中で、恬淡と日常生活を、母や妹を思いやる学生の手紙にこそ深く衝撃を受ける中野好夫の感覚に共通のものを感じる。

だが、中野孝次の嘆きと自省は一体なんであるのか。さびしい限りだ。ゆきつく所は人間の生の、その底知れぬ深さか、一回きりの人生の儚さか。それでもなおそこにしがみつくしかない人間、個人のさがについてか。宗教か信仰か。科学はないのか。いや、そんなことではない。人間の空白。それはたしかにある。くみつくせぬ人間の無限さと無窮の可能性、それが歴史的な、現実的なものに規定された個人の絶対的限界と相剋している。

生きるということ。生きつづけるということの、自分にとっての意味について。考えぬくということだろう。しかし、考えるうちに必ず生は終わる。悔いなく生きることは可能であるのか。

人間は滔々として生きてきたが、個人は唐突、偶然、ぶっつけ本番で生きるしかない。人間の生物学的形態は、いくらか変更されつつ個体に蓄積されても、人間の精神の機能は、いくら楽観的に考えても、そうはいかない。ホモサピエンスの一切の形質は、次の新しい人種の誕生まで、変更されることはない。

一九八〇年六月二二日

初の衆参同時選挙の投票日。この間は、かなり全体をにぎって、一つの確信をもって活動してきたのであったが、しかし結局は私自身の内のあいまいさというようなものをかんじるのである。それは現実の支部や党員の活動上のあいまいさ、はっきりつかめないものの認識という意味でいうのであるが、それを私流に解釈してしまって、そこからもっときびしく現実にきりこんでゆくというような方向に私はゆこうとしていないのではないかと考えている。結局は〈なぐさみ〉に終始しており、自分を傷ませぬ所で妥協してしまっているのではないかと思う。そしてそれは、私の、まずなによりも、知性や理論のレベルに関わり、またその向上のために肉体的健康を調整してゆく努力のいかんに関わる。

私は〈私の範囲〉でがんばっているかに自覚する。不足は私の不足であるよりも、現実の、全体の不足を反映し、ここだけで問題にしてもどうしようもないものだというような、非創造的な発想に悩まされる。

敗ければ意気の消沈はまんえんするだろう。前へ向かずに振り返る傾向がつよまるだろう。仔細に見るべきことが、些細に振り回されることも出てくるだろう。それは無数に集合して、恰も敗北を準備したかのように思われるだろう。しかし、問題はそれらの所から出発させては、なんら解決にはならぬ。それは解釈であって、それは評論家のいくらかまじめな論評でも間に合う。

党、それがおかれている条件、党がめざすところの長期の見通しに向かって、自らをクールに確認する必要があるだろう。われわれは、日本の社会と政治的条件の、現実のありようのうちで、なにであろうとしているのか。〈自主独立〉という。路線の輪郭は明らかになろうとしているが、しかしそれは、日本的現実の総体の要請との関わりでどうなのか。理論は深化されねばならぬ。深化とは、現実との関わりで具体化されねばならぬということ、同時にそれが人間の行動に転化されるほどに理解されやすいものにならなければならぬということだ。

理論は大衆を組織して、現実的、物質的な力にならなければならぬという、この点が私にはなんとしても不可欠の課題のように思える。

今の党は、理論は中央で作成され、下部はそれを口真似して宣伝することに力をさかれる。その理論を運動化してゆく主体、最前線の主体として、地区や支部をみなければならないだろう。どういう意味で、党内における下部の主体性は発揮されうるのか。それが大切なところで、ここにすべての問題と活力の源泉がなければならぬ。大衆との関係を日常的に大切にし、大衆の日々の利益にかかわって党の姿を示してゆくということ。

ところが実際は、依然として中央の理論は偉い理論家が作成し、その水準の高さについては言われても、それが下の活動者の力になりえていないということ。

〈一週間以内に決定を全員が読みきる〉ことなど、現状では絶対に不可能なことであるだろう。即ち、党内においては、理論は単純化が戒められ、行動は単純化が求められる。理論と行動はほとんど画然と分離させられる。理論がなくとも、だれでも赤旗の拡大はできるだろう！君もあなたも一部でも二部でも！理論はなくとも会議はできるだろう、毎週一回の支部会議。それ！大切なのは学習や議論ではなく実践だ、行動だ、拡大だ。敵は待ってくれない。動かねば、全部を理解しなくても動けるはずだ、実践の中で、実践の中で、またしても実践の中で――。会議では日頃たまった文書を配り、二時間足らずのうちに、一時間も何人かがしゃべり、それから愚痴をこぼし、そのうちつまらない印象を抱いて夜道を帰る。つまらないなぁと思う。よくわからないのに、詰められるばかりだ――。自分のまわりについても、発表される党文献についても、しっかりと勉強するということがほとんどなくなった、上からはそこを云ってこないからだ、できるはずだ、努力が足りないのだといわれはしまいかと、みんな、非力を感じて内向する……。

私なども、私のことも含めて、結局、そのようなことを充分に自覚してしっかりと指導しなければならぬと思う。それは結局、われわれが人をつかみきれるかどうかにかかわる。人をつかみ、人を組織せずにはおられないほどに理論が血肉となって党員を衝きあげなければならない。かつてとは違った意味において、党は、党員はもっとも知性にあふれた組織的勢力でなければならぬだろう。

下をみたまえ。自民党、それは党ではない。それこそが日本的現実を支える政治のありようなのである。それは解放されず、変革を経ていない。それはいぜんとして民主的に組織された経験を経ていない。今の党のありようが、そこに接近し関わり変えてゆく力をもつこと――それはたくましい力だろう――に成功しなければ、なんら問題はきりひらかれぬだろう。

党が、日常的現実の場に出て、まぶしいばかりの陽のもとで、大衆に向き合い、その大衆を組織する力をもたなければならぬ。無数の、現実の問題について、いい加減に眼を閉じてはならず、党の現状の底深い弱さを充分に自覚しつつ、一気に集中して力をとりもどす手だて、そのためにも、ふだんに党員に活力と希望を与えるような強力な、ゆきとどいた指導を貫かなければならないだろう。

一九八〇年六月二六日

二二日の総選挙、大平首相の遊説中の逝去もあって、自民党二八四議席と圧勝。党は二九議席へと半年で大きく後退した。一区、庄司幸助氏は落選。

この間私は中野孝次『文学の希望』と小田実『小説世界を歩く』をつれづれに読んでいた。中野の繊細な、それでいて問題関心の多方面にわたる雑草的強じんに共感を感じていたものだった。かれのように〈私〉を語ることは、せまく内面を語って面映ゆくなる類いではなく、〈私〉を、まずもって時代の中の一個の歴史の証人として自覚し、ある超えがたい距離をもってみつめるところにすぐれた点があり、それは〈知識人〉的であって、正も負もある。

一方では、告発において鋭く、説得力がありながら、行動にむかっては、たえまない逡巡があらわれる。それは認識の多面と深さゆえでもあろうが、しかし本質的問題は、行動の目的と認識が融合しながらも〈決断〉ができぬからである。他方では、かれは時代と社会、政治とかかわらせて自分を語る。そのときの自分は、一つの規定された世界であり、一社会であり、一歴史である。かれの言い分は、したがって自分を語りながらもたえず普遍への志向をもって、かれがそのように生きていることによって充分に説得的である。かれは時代とともにとらえられた一個の生をになっている。そこからの言葉の意味は誰にも否定しがたい。

「二度と戦争を起こさせないという決意の本当の意味は、人間が直接人間であることを不可能にするすべてのもの、技術の自律的発展でも、制度や組織の人間支配でも、そういう一切のものに、その優越性を与えまいとする以外はないのではないか。そしてつねに生を、一切の拘束や保留なしに絶対的な破滅の前にさらし、それと対決させ、その意味を問いつづける以外にないのではないか。別の言い方をすれば、三〇年前の地獄世界を、永遠に地獄として生の基盤とする以外にはないのではないか。生を照らしだす鏡としての地獄を、われわれが常に新たに所有し直す他ないのではないか」

一般的に云って、善良で誠実なインテリゲンツィア、かれには他の人々、その目の前の、多数の生身の人々との関連の意識とその人々への責任の自覚はない。それが〈決断〉をにぶらせる。そこでつぶやく真珠であってよいのか。その輝きは人目にふれてもまれなければ、ほんとうの価値、つまり人間的価値をかくとくすることはできない。ほんとうの人間的確信を得ることはできない。傷つきやすい魂は、ただそこだけたしかな存在であって安まるのか。そうではあるまい。このような魂こそが外に向かい、政治の内側にも加わって、人間の全体に輝きを発揮する役割をになわなければならぬだろう。(※中野孝次は核の危機の高まりのなかで、近年、文学者の反核・平和の運動の組織者の一人としてたたかっている)

一九八〇年六月三〇日

結局は大したことではないのだ、という風な感想。最近読む本のなかに出てくる、そこがホンネだなと思うようなところに、結局、人間なんてなんでもないのさ、なんにもできないのさ、というような言葉が見える。あきらめ、ニヒリズムとの闘争。それこそが生きる値打ちの内実を形成すると、強く言い切った幾人もの人々のなかに、吉野源三郎もいた。そして、およそニヒリズムとの格闘とはなにかを、自身に即して、体全体で感じられぬ感性に、どのようなあふれる思想が獲得されるというのだろう。

中野孝次が言い、大岡昇平が執拗にきわめようとし、加賀乙彦の真剣な眼差しの中にもあって、また大江健三郎も、そこから曙光をみつけようとしてたたかっている地獄、地獄の思想とは現実であった。それは内面と精神を圧迫し、破壊し、じゅうりんする現実的な武装力だった。その力は人間をかたまりとしてまるごと抹殺し消し去るほどに圧倒的な、狂気の破壊力だった。そして問題は、それがやはり物理力の一人歩きではなかったところにある。その力を行使する人間がおり、その人間の、たしかに人間精神のあり方があった。

地獄は戦争世代の圧倒的な現実だった。しかし、そこに働いていた人間と人間の精神について考えるとき〈地獄〉は潜在的にあって、たえず頭をもたげようとする。しかも今の複雑さは、資本主義であるから、社会主義であるからと区別して言えなくなっていることだ。ソ連のアフガン侵略を見よ。中国のベトナム侵略を見よ。

われわれの精神の行方の、希望はどこにあるのか。それを一人ひとりがみつけなければならない。例えば社会主義のもとでさえ他民族を侵略し、その民族精神をじゅうりんして恥じないというようなこんにち、それを防止しうる確固とした保障はどこにありうるのか。そのときの断固とした精神のありようは、一体どのようなものであり、いかにして獲得されうるものなのか。

一九八〇年七月四日

ハーバート・ノーマンをめくっている。『日本政治の封建的背景』

一点興味深く目にとまったのは、日本の戦前政治家個人についての政治的資質についての、例えば次のような記述である。

「（近衛文麿）後年近衛は自由主義者の名声を巧みに売り物にしてきた。近衛にはコンプレックスがあったし、ときには特に政治において矛盾した性格があった。生まれつき憂うつ症で、ふさぎこんで逡巡と不決断と因循に身をまかせる性質であった近衛の、いろいろの行動や方針を一緒に組み合わせて検討してみても、何かの型が容易に浮かび上がってくるものではない」「かれは弱く、動揺する。結局のところ卑劣な性格であった。かれの憂うつ症でさえ、病床に逃げ込んで、不愉快な決定や相談などを避けるために使う子どもじみた手法である。それはまた一種のずるさをまじえたものであることを、過去にさかのぼって証明している」「淫蕩なくせに陰気くさく、人民を恐れ軽蔑さえしながら、世間からやんやの喝采をあびることをむやみに欲しがる近衛は、病的に自己中心で虚栄心がつよい。かれが一貫して仕えてきた大義は、己自身の野心に他ならない」

「(木戸幸一) かれは果断で鋭敏な人物であり、友人でかつて後援者だった近衛とは対照的に、心が決まれば敏速に行動する。かれの個性は、近衛や他の同時代の日本の政治人物と比べ、はるかに判然としない。われわれがかいまみたところでは、木戸は精力的に忙しくかけまわる小男で、才気立つ人というより、秩序だった考え方をする頭脳のすぐれた人物である」

一九八〇年七月五日

自分は世界である、自分は宇宙である、もっとも確実な!ということほどすべての真理をいあてる言葉はないだろう。この否定しがたい現実から人間は飛びたたねばならぬ。それは不遜にも世界の中心におくことではない。自分もまたこの宇宙的世界の、確実な一端をになない、構成し、ひきうけてあることの明瞭な主張のことである。だから私らは、全体ではなく部分をになう存在であり、またすべての人々が多様な宇宙をになっているおり、その人々への関心と愛着、連帯なくして人間は全体を、世界を、歴史を生きのびてゆけないという認識に達する。

中野孝次『文学への希望』から引く。

「普遍的なものへの志向とは、人間をその個別制約的の狭隘から解いて、自由寛大な精神の広場に解放しようとする志向である。知性とは、どんな暗い条件をも恰も天の高みから客観視するように対象化してみる心の働きである。要するに地上的制約にがんじがらめになった日常的自己を、意志の力により、ひろい人間性へ救抜しようとする働きである。それがなくなった時、人は結局初めに彼がこの世に位置づけられたその場所に、同じ奴隷状態でとどまるしかないことになろう。大岡昇平が『俘虜記』で登場したとき、彼は戦争の悲惨を客観的に描いたことによってではなく、悲惨にもかかわらず、それに抗しうる精神のあることによって、人間を肯定したのであった」

「ひとはしかし現実の世界にがんじがらめに拘束され

る者であると同時に、一方では想像力の神的な飛翔を行い、その希望と現実の衝突のなかに生を確かめるものだ。すなわち、社会的存在でありながら同時に一個の自由な精神でありうることを、大岡昇平の文学はわれわれに証明してきたのである」

一九八〇年七月六日

自分の感情の内面にあるもの、おそらく現実にはこのようであってはならないにも拘わらず、私の内面にあったもの、ありつづけるもの、ありうるものとして。そしてまたその感覚の正当性に対する確信もまた私などはずるく持ち合わせている。しかし、このように感覚し、そのことについて自省しうる人間に対して私はつよい共感を感じる。

一九八〇年七月八日

ノーマンの『日本政治の封建的背景』を読んで、私はこの歴史学者の、思想家のまなざしの高い熱さを、つよく感じたものだった。なんでもない文章、人への評価の中に、私はさまざまな含蓄を味わう。これは私があまりにも無知ゆえなのか。それとも今頃こうしてみるとわかりかけてくることがあるということなのか。わが身、わが党にひきつけて考えさせてくれる。

「徳川封建制の支配的政治原則をもっとも単純な形で求めるなら、それは元来中国から借用し、日本で広く使われている〈官尊民卑〉という言葉に要約できるだろう（略）その時代の法令や規則だけを検討してみても、そこには侮蔑とはいわないまでも、たしかにあらゆる人間らしい同情や思慮を欠いた精神があらわれている」

「日本の近代政治史をひもとくにあたっては、日本国民がかつて耐えしのばなければならなかった封建的圧制の重荷が、おそらくいかなる国よりも圧倒的な力をもってのしかかっていたことを、たえず記憶にとどめておかなくてはならない。それは支配者、被支配者いずれの精神にも恐ろしい傷痕を残しているのである」

一九八〇年七月一二日

昨日休みをとって久しぶりに映画をみた。『ジャスティス』と『クレイマークレイマー』。とくに私にはジャスティスーそれは昔のヘンリー・フォンダ主演の『一二人の怒れる男たち』のような迫力が感じられた。

帰途、一番丁をフラリとあるぎながら丸善で井出孫六『抵抗の新聞人桐生悠々』（岩波新書）と中野孝次『麦熟るる日に』と『苦い夏』を買った。

井出氏の本も中味は重い。一気に読んでしまったが、灯台社の記録とも似通う。こうして戦前の、戦争と国家にかかわる個人の生き方の格闘、抵抗からの事実的教訓を導きだす仕事がまともにつづけられることは貴い。反戦、反天皇制は決して党の専売特許などではなく、また決してそうしてはならぬと思われた。

中野の『麦熟るる日に』。学徒動員から徴兵までの旧制高校生の心の動きを、戦争にむきあう青春の視点で描く自伝。自らを語りこむことが、そのまま歴史の証言である時代。それは不幸なことであるのか。そして今は――。

一九八〇年七月一六日

このじくじくと降りつづく雨はなんということか。小やみになるどころかますますつよくなるばかりだ。なかなか寝つけなかったのは久しぶりのことだった。一〇時過ぎに、高松の父に電話した。先月、奈良の郊外に墓地を購入したのである。坪当たり五～六〇万もして、それでも高い買い物ではなさそうなのだ。

「でも小さくてな、お父さん一人でも足を曲げないと入れんわ。それでな、お母さんが一緒だととても窮屈だよ。おまえも一緒に入らんか」

「墓まで一緒じゃ、いやだよ。おれは海でも山でも、どこか自分で始末をつけるよ」

父は七二歳。生きているうちに墓をつくり、字は朱に染めるのだそうだ。奈良に長兄の、かねてから買った土地があって、父母のどちらかが死ねば、高松はもう三〇数年も住んだのだが、とうとう退いて、どちらかが奈良に身を寄せるつもりのようだった。声は若く、張りもあり、両親の健在を思わせた。もう死んでもいい、そう私なら言い聞かせるだろうが、しかしいざとなってみれば、誰しもが、生きて生き延びたいものなのである。

軽井沢の叔父の友人で、アメリカ人の神父B氏一家が、先日家にきたそうだ。私は叔父に、仙台に来たときねだって一冊の聖書をおくられたものだった。この夏は軽井沢にでも行こうか――。

一昨日、再びT氏宅に行き、今日こそは控えていようと思ったのだが、私の自制ほどあてにならないものはなく、最後はオールド・パーを抱えながらくどくどとしゃべり、うぬぼれ、いきり立ち、寂しがり、捨て鉢になり、センチメンタルになり……とめどない自分の人間の、底の浅さや陰湿さ、くどくどしさ、これら全てをひっくるめて、私の人間のたとえようのないおぞましさをさらけ出したことである。

私の惑乱した、手前勝手な台詞を聞きながら、私などよりはるかにまっすぐに努力して生きようとしているT氏夫妻も、やや困惑ぎみの風だった。〈ぼくらにとって

の救いは、それでもなお、君たち党の幹部が確固として旗を振りつづけてくれることなんだよ〉

頭の中が酔いでぼぉっとする。いつか感じたことをポンポンと取り出して、自虐的にしゃべる私について感じながら、ああ、どうでもいいんだ、君たちのように、こうしてぼくのくだらなさをそのまま聞いてもらえるのではないかと、信じたくなる友人がいることだけでも、ぼくにはいいんだ……。

私は今の党の、いかんともしがたく思える現実の欠点を言い聞かせる、政治教育の不足を言い、幹部の力量不足を言い、そうしてさいごには、必ず、こんなことを言う……。

「ぼくにあるのはイデーとしてのコミュニズムだ、日本の共産党じゃあない。コミュニズムなんだ。あこがれは日本の青春が六〇年代にみたフランスのレジスタンスと、そのなかでのヨーロッパの党と共産主義者の姿だ。それは真実そうだったのかはわからない。理想化しすぎているかもしれない。しかし、ぼくに見えた共産主義とはあのときに感じたコミュニズムだ。共産主義は世界の青春だというのは気障でも誇張でもない。どう考えてもそれは真実だ。そのときの思いは消しさることができない」

「ぼくは今の党に合致しているとは思わない。本質的に組織と一体になることができない。ぼくは悪い意味で個人主義、利己主義だ。ぼくには組織に必要な社会的協調性が欠けている。今いるのは、こういう異色がいてもいいかもしれないと思うからなのだ。そう思うしかない自分を抱えているように思う」

真剣に、なにごとも突き詰めてかんがえようとはできない私の精神よ。日々の活動のうちに、もっと突っ込めば問題はあるが、上からのいろいろのことで、こまごまと動かすことが仕事だとすれば、そこには私の自由な精神はなんら生きてはこない。自主的精神の、創造的な前進を——言葉の大仰さにも拘わらず、これは深刻な、今の党をさえぎっている問題に関わる。

読み始めたトリアッティの『一九二三—四年におけるイタリア共産党指導グループの形成』で、初期の党の指導の欠陥としてあげられているいくつかの問題は——

「地方の指導者たちにより多く求められていた能力は、自主的に活動できるということではなかった。なぜなら、自主的に活動すれば誤りを犯すかもしれないが、上部からきた指令につねに細心にしたがうならば、誤りは犯さないだろうからである。どんなに重要なものでも、任務委任のための選択基準、代表選出のための基準は、自主的資質という基準ではないのがつねだった……」

これらが、私には新鮮な、ひと事ではない教訓として響いてくる。

一九八〇年七月二三日

一昨日ふと読んだ論稿が気になる。『現代と思想』四〇号（これがこの雑誌の最終号）の、高橋彦博「防衛問題と戦後の革新勢力」の、とくに〈朝鮮戦争〉についての評価をめぐる点についてである。その前後に、社会主義国の他国への〈侵略〉は、もはや珍しい事件ではなくなったことについて述べ（ここでアフガンとともにベトナムのカンボジアへの軍事進出をいうが、これは厳密にこの文脈の中に入れるべきなのか？）レーニン的民族自決原則からの〈原則的逸脱〉とだけ云ってすませるところを、すでに超えていると指摘する。

「これだけ社会主義国の軍事行動による国家主権侵害が一般化している事実がある以上、民族自決の原則による社会主義国の本質的非侵略性という命題は、目下のところ仮説にとどまっていると見るのが妥当ではなかろうか」

そして、その命題の有効性の検証の場として朝鮮戦争をふりかえる。つまり、従来〈一般的に〉、アメリカ帝国主義による〈北朝鮮〉への侵略、侵攻とされているが、果たして事実そうであったのか。社会党、総評の〈北朝鮮による武力による統一への行動〉という認識がいま注目される。言われているように、それは単に占領軍当局への、社会党、総評の迎合ということですませられるものか。

いくつかの論稿がふりかえられ『フルシチョフ回録』が記すところでは、金日成とスターリンの武力による侵攻計画の会談、毛沢東の承認という一連の経過が浮かび上がる。また最近の研究では〈朝鮮戦争の開戦責任について、北あるいは南による侵攻説のどちらをとるかについては断定を避けている〉という。

そうして論者は、かつての社会党、総評の決定が一見〈国連軍〉支持のための決議にも見えながら、実はわが国を朝鮮戦争に介入させないための配慮を含んだものだったとすれば、冷静に事実を認めつつ原則的対応を試みたものとして、その〈政治的成熟度〉が注目されることになるだろうと述べる。

これまでの日本の革新勢力の安保、自衛隊批判の論理の出発は、朝鮮戦争、その開戦責任、つまりアメリカによって他国への侵略戦争に日本が巻き込まれる、ところにあったのではないか。しかし、朝鮮戦争をめぐる事実の経過が、そうでないとすれば、この批判の論理の再検討が求められるのではないか。

論者はさらに、その〈冷静な事実認識〉を政治路線のうちに内包しつつ防衛問題政策の発展を試みた行動として、今改めて江田三郎らのビジョンを検討する。

いわんとするところは明白だ。社会主義国の本質的非侵略性を、確かめられた歴史的事実として〈絶対的〉に仕上げ、そこから戦後日本の革新勢力は防衛問題を考えてきたのであった。しかし、朝鮮戦争について見られるように、さかのぼっての疑義もうまれているときに、改めて自己点検の必要が生じるであろう。

つまり歴史的経過の中でとらえれば、社会党の〈右転落〉は、それ自体として批判さるべきであるのだが、同時にそれが安全保障、防衛論議の、現実の世界情勢の激変という新しい事態のもとでの、新しい展開の局面としての意味をもつところをも見なければなるまい。そこに、政策的に説得力をもって応える努力を怠っては、革新勢力の責任は果たしえないだろうと。

「日本共産党の中立・自衛は明快である。しかし、日本の中立的立場を守るために、必要最少限の自衛措置をとるという基本方針は、どうしても将来の自衛のための憲法上の措置と連動せざるをえない。即ち日本共産党は、憲法九条の擁護者であるとともに、将来における憲法九条の改正論者となる可能性を否定しきれないでいるのであり、この点で多くの護憲論者の賛同を得られない結果を招いている」

「問われているのは、社会科学の批判科学的性格であるとともに、政策科学的側面の機能発揮であるということになる。日本の安全保障問題について、護憲勢力の側が、そして革新勢力の側が積極的な政策立案能力を発揮しない限り、日本社会党の〈右転換〉は阻止できないのである」

朝鮮戦争をめぐる歴史的状況の総体が、開戦責任、その一点を解明するだけでカタのつくはずのものでなく、実際、総評が占領当局の援護のもとに、反共的労働運動の拠点として出発したことは紛れもない事実である。そしてその（社会党ももちろん）反共的立場からの、一つの政治的対応が、朝鮮戦争についての事実認識の内容（それが事実に即していたのであったが）を形成していたことも事実であろう。このあたりは、こちら側としても、もっと厳密に正確に解明しておく必要のある事柄である。

しかし、論者の問題提起とは、社会主義論の角度からの検討も含めて、原則的問題にかかわることは確かなことである。（しかし、実践的、政治的には、このあたりから出てくる方向が、いまの社会党、総評への現状容認と追随であってはならぬことは、微妙に注意されるべきであろう。また、たとえ〈分裂時期〉とはいえ、〈日本共産党〉がそのときスターリンべったりだったことは歴史的事実なのであり、その当時の〈朝鮮侵略戦争反対〉の過激な行動などについて、それは関知

するところでないと、知らぬ顔をしていることはできないだろう〉

一九八〇年七月二八日

七月二四日は、仙台で党創立記念レセプションがあり、ひとりで出かけた。そんな機会でもなければ会えない人がたくさんいる。酒に弱く、飲んべえの私は、いくらか抑制したつもりであったが、ひごろのうっぷんをはらすみたいに、あちこちで人にからまり、よくしゃべったものだった。

原水協のY氏は、飲むと眼が座る人だが、話は辛辣かつ的確なところがある。私に向かってはいつもの調子で〈歴代の民青の県委員長で一番よく勉強して、こなしていたのがこの人物だ。でもなぁ、最近は忙しいのかなぁ、あまり勉強していないようだなぁ〉

M君に飲んだ勢いで真顔で絡んだ。仙台地区が大変心配であると。Hさんが目を細めて笑い、O氏が例の真面目な調子でビール瓶を持って廻っていた。さて、いまから常任委員会をやって深刻な論議をやらなければならんなぁとけしかけると、周りのみんなが酔いながらいきり立っていた。最後の方は、同じ岩沼在住の劇作家Sさんと二人でなにやら難しい話になった。私は最近、中野孝次などの感性にひどく普遍的なものを感じていたから、そのあたりを中心に、いま党はどうあるべきかについて、結局は、まず人間の個性があり、それにひとつひとつの党の顔があるような形になるべきだろうというようなことを、やみくもに話していた。Sさんは、〈即身仏〉ということに関心があると言い、自分はいつも焦慮するときに結局は〈人間は動物である〉ことに思いをはせるというようなことを、いつもの若々しい精神の働きをかいまみせながら、静かだが熱っぽく話していた。

驟雨はやや上がって、いくらかの小雨が漏れているような外だった。Sさんと連れ立ち、Tさん（中小企業同友会の会長）、Nさんと国分町方面に歩き、Tさん馴染みの小料理屋に上がり込んで、うまい刺身を食いながらあれこれしゃべった。Tさんは、断片的に思い出すのだが、いくつかのことを、打ち明けるような口調で話してくれた。いま頭にのこっているのは、「けんちゃん（彼はこの呼称を遠慮がちに言うのだが）は、宮本委員長とは肌があわないだろうな、にらまれているんじゃないのか？（どういう意味かよくわからなかったが、要するに、私はお上の言うことに従順ではないことを強調したのだろう）。実はうちで（同友会）で、ぜひけんちゃんをくれと県に頼んだことがあるんですよ。そしたら、やっぱり二つの意見があってね、あれはそういかん、やれるわけがないというのと、もうひとつはね――」それを彼ははっきり言わなかったが、私へのぎごちない不安を言う意向だったようだった。そんな話があったのかと驚いたが、遠慮なしにいろいろしゃべってくれることがありがたかった。

あれこれの人と言葉を交わしたが、細かくは忘れたが、良くも悪くも、このようなつながりの中に、好むと好まざるとに拘わらず私がいること、居続けていることを、空をみあげるような気持ちで感じていた。それからタクシーを拾ってTさんの新居の邸宅にころがりこんだのだが、それから家に帰るまで、どの道をどう通ってきたのか、記憶が定かではない。

それから二六日の夜は、事務所のO、Mくんと三人で、近所の飲み屋に行った。そのママさんが、実は仙台東部の中江に住んでいるということで、セツルメントの話になった。意外なことに、十数年も前からの、私のセツル時代と重なるいろいろの話が出てきてびっくりした。あの混血の、聾唖の母をもつマリーのこと。今は幸せな結婚をして二人の子どもの母親になっていることなど。あの当時のことを、こんな形でふりかえることができたのは、ほんとうに久しぶりで、私はいくらか上気したものだった。同時に、あのころの記憶の糸は、今ではほとんどが細く薄らぎつつあることにも気づかされた。

一九八〇年七月二九日

最近、というより私の元来として、些細なことに苛立ち、感情にこだわって他人に対するというようなところ、そのことがつくづくと自分のイヤな欠陥として自覚される。ほんの些細なことだ。そのことに腹をたて、自分の思うがままにゆかぬことについて内向し、苛立ちを他人にあてこするというようなところ。つまりは、自らには甘く、他人にはきつく。そんな、人間のダメなタイプが私の人格の芯を構成しているようだ。しかも、そのようにこだわることは気分であるから、容易に〈あきらめ〉に通じる。それは見方によれば、こまやかに細心であり、あきらめの速度は大胆とも見える。

さて、私はどこに居るのか。その自覚が根本のところで冷たく、冷たく冷えきっており、私には人間的な理想に生きる高邁な精神と意志が枯渇している。すべてが自然的に、あるがままに、そのようにして収まっている現実に向かって、私の思考は――行動は――〈無抵抗〉だ。

それほど容易なことはない。一瞬の、現実と感覚のズレや違和もこだわるが、こだわりつづけるほどの値打ちもなく思え、まぁいいさと、適当なところで手を打ち、かんじんなことは〈あきらめ〉の測りようだと思いたがる。私の思考は現実に向かって無力であるゆえに現実からいよいよ遠ざかり、現実を反映する機能と離れるばかりだ。内面の想像力は無益に空転し、堂々めぐりのようにひと処をめまぐるしく回転する。素材は主として過去の経験にすぎない。むろんそこに依拠する限り、どんな風にでも未来はふたしかなものだ。不安とてはっきりした形をとりえない。茫漠とし、茫洋としてとらえようがない。

決断とは、判断力が行動と結合することだ。それは強い思考の謂だ。私には今その強さがない。小手先、口先で生きているからだ。私の精神は、想うよりはるかに弱い。それはまた肉体の弱さと直結している。

一九八〇年七月三〇日

加賀乙彦『ドストエフスキー』そのいくつかの人物の性格と心理の特徴づけを思い起こす。

「心臓にぽっかりと穴があき、頭と性器が巨大になった奇形」

私の場合はこれらとも異質だが――思いはとめようなくつのるばかりだ。

こうして無益なところを、くりかえし通りつづけながら、私は私といういのちを終えてしまうのか。もうあきらめようかと思い、そのあきらめの行方を訪ねる。あらゆる可能や条件を視野におさめながらも、自我＝エゴを一歩も出ず、自分をぬくぬくと暖め、正真正銘ついに〈個人〉を突破しえず、生を終えてゆくものなのか。こうして在ることの意味はどこにあるのか。あらゆるものが遠ざけられ、遠ざかる。内面は豊かに肥大するのではなく、傷口が顔を出し、傷口をなめまわして快感に身をゆだね、私はじくじくと生きるのか。

このような現実に向かっては〈許すか、許されざるか〉さえ問題にはならない。ひどくその言葉がほしかった時には、私はなにものかと激しくあらそっていたのだった。苦しみへの解答を求めていたのだった。だが、今ごろの精神と存在の有り様は、いかなるまじめな問答をも拒否する。

このような私の、まことにじくじたる現実。これが一方の、他方は、公的な、政治的人格と立場。その乖離にむかって、私は茫然としつづけた。それを、自分でさえ説明がつかなかった。一言で、それはほんとうの〈狂気〉というほかはない。

そして私は手前勝手に、人間の多面多様なあり方と了解し許容してきた。そうとしか思えないではないか。一人の人間の分裂。これをどう説明できるのか。説明してどうなるというのか。

くやしさは、どこへ行ったか。真剣な焦慮はどこにあるのか。逃げ口上ばかりの空よ。相も変わらぬこの精神の、言葉のられつよ。唾棄すべき人格よ。

落ち着いて私は言おう。私には〈友人〉がいない。投げやりにも言おう。私と一緒に、私を察して考え合う人がいない。だが、その人がいれば、もはや私は不要だろう。そのいみで、これもまた私の逃げ口上に他ならない。だが、現実に、そうつよく思う。

いま、こうして目を内側に固定して見続ければ――。他方で私はいまから事務所に出かけ、具体的な人間の関係のなかに身を置きさらし、可能なかぎり現実に沿い、外にむかって現実をいくらか変更すべく努力しようというのである。

――しかし、まぎらわしい！

一九八〇年八月一日

梅雨のように八月というのにまだ空はどんよりと、地上には細かい雨がそぼ降る。

中村真一郎が加藤周一集の「月報No.九」で次のように書いていた。

「私はほぼ一〇年前に、自分が〈人生の最終ラウンドの直線コース〉に差しかかりはじめたと意識するようになってから、自分の一生を展望するような地点に身をおいて、自分の生きてきた道筋とまた自分が出発点において孕んでいた可能性の数かずの行方が、人生の行路のなかでどうなったかをみきわめて、それをフィクションの形で造形するという仕事にとりかかってしまった――」

なにをふりかえるというのだろう。中村にとってそれは必然だろうが、私がこのような文言に心のときめきをかんじ、そうかとおもう心情の内実は一体なにであるのだろう。なにをふりかえるというのか。ふりかえって、そこになにがみつかるのか。そのためには、いまの〈到達〉がなければならない。あきらめずにおいもとめてきたもの、あきらめてなげすてたもの。私にはそのようないみでの〈今〉がない。そうして私が〈出発点において孕んでいた可能性〉とは一体なんであったのか、ありえたのか。

ふりかえることによって、私のなにものも、さらに前進しない。〈今〉のあらたな意味を見いだすこともできない。ふりかえるということの、いまの私の立場と有りようにとっての意味は、人生をここでふかくあきらめるということに他ならないであろう。

いっさいの可能をも打擲した人生にはいかなる意味もない。

絶対に未完たるべき個人の生の〈物語〉。だからこそ書きつがれ、語られつづけねばならぬ。未完でしかないゆえに可能の開花にむかって、夢と理想に心ふくらませながら、この夏の道をあるきつづけねばならぬ。そうして次の世代に、よろしくたのむよと、やさしく声をかけて、ひきつがねばならぬ——。

ああ、〈人間の自己変革〉という言葉は青くさく、夏の草いきれのようになつかしい。そんなことをめぐって真剣に討論しあった季節がしばらくつづいたものだった。私という個人の、どうしても他人になじめぬ性格を、叩きつぶしたくなるように嫌忌し、その私の個性は〈社会主義的集団主義〉という〈労働者階級の資質または道徳〉と根本的に対立するものと考えられた。変えようのない私であるのに！私は変えられぬ悲しみとコンプレックスを抱きつづけてきた。他方で私はまたも私のイデーにあこがれをもちつづけてきた。あの〈ぼくらの党〉という理念にむかって。

だが、今思えばそれさえも、私にとっては全く現実のくらしに根をもってはいなかった。観念へのあこがれだった。遠くにある理想だった。私には〈くらし〉がなかった。その〈くらし〉を生きることについての、はっきりした自覚もなかった。労働者として働いて稼ぐことも考えられなかった。教師とても、私の考えを人々に喧伝しうる場所としての意味しかなかった。だから執着も真剣ではなかった。あの頃、民青の専従常任になることについても、格闘は、今思えば決して深刻ではなかった。ひょっとすると、むしろあのころの気負った私の〈決意〉こそは、なにか大きなものへのあきらめではなかったのか。それは決断ということの不足をかんじつづけていた私の、真の決断とは呼べない浮薄な行動ではなかったのか。そういう〈出発点〉が、一体どのような〈可能性〉を内包していたというのか。けだし、口先ばかり、体裁ばかりの、くらしに根づかぬ浮薄なものが、いくらかでも重用されるような党では——およそいかなる社会的組織であろうと——根本的には、前進することはできないだろう。

一九八〇年八月五日

住む家はどうでもよかった。九年間、八畳一間に四人家族で暮らした。アパートに来て部屋は三つになった。家がほしいとは思わない。その家の建つ土地に緊縛されるのは御免だという感情がつよい。いつでもどこへでも飛び立てるぞという自分の立つ処の身軽さがほしかった。昔から広い家にあこがれたのは、人が泊まりに来ても余裕のある空間がほしかったからだ。自分が住むのはどこでもよかった。これもまた私の立場の浮薄を原因とするのか。私が真剣にあるところに定住し根を張ろうとする姿勢の欠如に由来するのか。いずれにせよ、これは家を建てるなどの希望をかなえられぬ私の経済的、生活的無力の証しではあるだろう。

一九八〇年八月六日

共感は今のところ奈辺にあるか。役者は映画の渥美清、歌い手は小田和正、落語家は桂枝雀、コメディアンはタモリおよび赤塚不二夫など。今ごろ大方に流行るこれらの個性はひとつずつの光を持っている。文学は、大きくはないが中野孝次。キラキラ光るものが私の弱い部分を照射するようだ。みんな〈疲れ〉を知っている。せめてその仕事の時には神経と精力を集中して良い仕事をやろうと意欲する。個人としては凡人で、暮らしの上では普段着で、年齢それぞれに何が〈あきらめ〉に克つ力なのかをわきまえている。おのれがなにものであるのか、あろうとしているのかを知っており、自己の評価をわきまえている。だから見る側の心理にも余裕が生まれる。一緒に芸を見て、聴き、人を演じる。

一昨夜からの枝雀五夜。NHKラジオ。テープにおさめる。かれの落語は落語にも拘わらず、一語一語に細心の選択が感じられる。言葉の一語の値打ちを侮ってはならぬことを教えられる。話芸の極致をゆく感がする。

世相はこのような個性を受け入れ、私もまたその流れに心地よさを感じるわけだ。女優ではこれといって個性がない。商品的な美しさはふと見ると哀しい。若い女優で、例えば蝶々のようなスタイルではへんなのか。黒柳徹子の知性は卓越している。どうも考えというものをしまいこんでおくところがない。いったん考えてからものを言う体質は女とは無縁なのか。肯定的に言う言葉のすべてに、それにひとつひとつ沿いつづける否定の言葉がなければならない。否定の言葉はおくびに出さずとも、打ち消しても、打ち消しても打ち消してがたく、あきらめようとしてもあきらめきれぬものとして、はじけるような言葉が人を打つ。それは人間についての真理だろう。

萩本欽一のタレント性には敬服する。ただひとえにそのままでやっていて肩がこらず、バカ笑いができる。テレビの可能性を切り開こうとする意欲だろう。ひとを自分の意に沿って使えるというのは大変貴重な力量である。司会では三枝がいい。自分の個性を感じさせながらも、より相手の個性に光をあてるという平衡感覚が身についている。その点、西川きよしは自分の個性が丸出しになるから司会業としては上等と言えない。漫才ではピカイチの精彩がある。他のはやりの若手漫才はジャリタレの類いで、余命いくばくもない。いとし・こいし、ダイマル・ラケットなどの掛け合いは笑いの中に芸を感じさせる。

落語の圓楽、馬生はさらに磨きがかかるだろう。小朝の軽妙洒脱も見上げたものだが、あのまま固まると面白くない。談志のありようは鼻持ちならない。自己主張と奇抜さがことに存在するようで、一皮剥けば無知と凡俗で、あるのは古ぼけた義理人情の感覚だけだ。それは低度の自民党政治屋の頭脳の構造の典型のようだ。

一九八〇年八月一〇日

もう夏はない。昨日も曇天に時折雨が降り、かれこれこのような天候は八月に入ってもうちつづいている。一三日から夏休みとしたが、なにをしたかとふりかえると、さてほとんど釣りと高校野球と、それと一日は買い物に行き、一日は寅さんの映画をみて過ごした。今日、高校野球は東北高校が浜松商とベストエイトをかけて対戦する。

一九八〇年八月二三日

また雨が降りつづいている。ほんとうに異常な気象だ。この夏、富士山の落石事故、静岡駅前のガス爆発、新宿駅西口のバス放火事件がつづき、一昨日ソ連原潜沖縄沖で火災を起こし死者九人。昨日の高校野球決勝戦は横浜が早実に勝った。

ポーランドにおける労働者のストライキ全土に広がる。赤旗は昨日から連載「黒い鶴の犯罪」を始めた。今週の週刊文春、週刊新潮は、ひきつづき反学会キャンペーンをくりひろげる。文春は共創協定の裏を暴露。池田大作の往時からの二心を述べる。結局、党はワナにかけられていたのか。少なくともこちらの善意だけでは説明がつけられないだろう。

加賀乙彦『帰らざる夏』。その終章。源の述懐と省治の死への決意。天皇の裏切りに対する幼年兵学徒のもっとも純粋な帰結。最後は源と省治の切腹で終わる。終末への私の不安はあまり理由がない。そこで、その時を、あのように生きた人間は、あのように死ななければならなかったことを、作者は強烈に印象を残しているようだ。無惨としか言いようがない。歴史のなかの個人。それも一つの価値であった。それが美しければそれだけ、歴史の罪は重く、天皇（制）の罪は消しがたい。

『トリアッティ選集№2』読み始める。

党について、とくに党組織と党活動についての指摘に目が覚める。比して日本の党論にやはりのびやかな創造的発展がないのではないかとも思う。日本の場合、たしかに組織論の理論的レベルはあるだろう。しかし、一方でつよい解釈学、そしてホンネとタテマエ。現実のリアリティーをふまえることが〈敵との関係〉ではばかれるというような本質的な臆病があるのではないか。それは田口氏の、先走った理論化の問題としてではなく、もっと現実の具体性、実践性をもった問題として、大胆でなければならないだろう。

今の〈学習〉活動の強調はそれでよい。ただ組織活動との関わりを見ること。党の学習とは知識ではない。組織として集団的に学び、行動のなかで身につけ、高まってゆく〈学習〉であるところに意味がある。〈知は力である〉とはそれ以外ではない。全党員が日常的に結集しうる条件との関わりをぬきにしては問題はなんら解決しない。個人の水準と力量の向上は、支部の場合、その組織全体の力が効果的に機能し、結集されているかどうかに決定的に依存する。そもそも現在の党の問題は〈結集〉、つまり日常的な〈参加〉にある。なぜこのように〈未結集〉の問題が深刻になっているのか。それは大きく言うと思想的、また組織的な側面があるのであって、この両面の手だてが細心でなければ前進しない。この点を見失えば〈学習〉の強調も、またもや少数者の活動として定着どころか、カンパニアとしても成功しえないであろう。

今日は下の娘の五歳の誕生日だ。早めに帰り、金魚どもの水をかえて、チビリチビリと酒を飲む。酒は効く。眠くてだるい。眠ろうとして枝雀を聴きながら、しかし眠れぬ。目が覚める。左右に二人の娘を並べて足をもむ。やがて娘らは心地よく寝息をたて眠り始め、私はこうして起きはじめる。時計はようやく一〇時半をまわろうとしている。

FMラジオで瀬戸内晴美の「向日葵の女」が聴こえてきた。幻想を好む女性作者の手法で、ドラマはそこはかとなく、女のあやしい執念を描き出していた。私はそれを聴き、一方で私ならばもっと腰をすえてなにごとか書き加えることができるだろうと思い、他方でこのようなドラマで私ならもっとよく演者たることが可能だろうと思う。

私の頭の中は、ふとそんな感覚をめぐってまた無力に飛翔する。私のかつて持っていた可能性とは一体なんであったのか。跡づけることさえ不可能な私の道程をみれば、そのようなものが出発点においてあったはずもなかろうと自嘲的に思うのだが、しかし私はさらに無力な想念の自在にまかせる。

あらゆる可能性がそのときあったはずだ。そうして今でさえも、私は私の道の行方の多様を信じている。まだ私は決まっていない！そしてひそかに、ひそかに思うがゆえに、つよく私は〈誰にも決めさせるものか〉と思いこむ。それが私の青二才の証左。私は一個の世界である。私にとって私がすべてである。私の未来は私の手によって自由だ。私は生きたしるしを、あと幾年かのうちに刻もう――。私は、結局は誰とも関わり得ぬ、世話にはならぬ〈自由人〉、この〈自由なる個人〉としての浮薄な存在が私のすべてだ。なにも変更されておらない。発想の起点も終点も、たえずここだ。やんぬるかな。

そもそも人間の思想はどのように〈変革〉されうることがあるのか。思想とは動かぬゆえにこそ〈思想〉の名を要求できるのではなかったか。かんたんに変わりはしない。否、変わる変わらないなのではない。そもそも人間、個人にとっての思想とは、その人間の多層の思考のなかの、その部分への照射と発展ではないのか。万華鏡ではないのか。そう思わなければ、この現実の人間世界の無数の個人の多様多彩の〈思想〉の併存を説明できないだろう。

ニュースがラジオから流れる。鈴木善幸首相、防衛庁による最近の自衛隊装備の拡充を当然と言い放ち、さらに言う。〈敵の変化に応じて今後も拡充が必要だ〉。つづいて今日のホットニュース。伊藤律の生存の確認とともに、帰日後、彼をいかなる容疑で取り調べ可能かを治安当局が検討中。〈団規令は破防法に発展させられているが、その適用について検討されている〉という。党をめぐって事態は回転している。いざとなれば党は直接の矢面に立つべき役割をになう。それは個人的事件としてではなく。現実の状況の推移はそのことを示している。

党に対するまこと破壊的攻撃が集中されるかも知れぬ。徹底したやり方だろう。大仰でなく、大きくは戦争準備にむかって、かつてとは違ったやり方でやってくるだろう。そのときに立ち向かい闘えるのは党だけだろう。現実に政党の配置はすでにできあがっている。だからこの党が軸になって部厚い戦線を構築、拡大しつづけねばならぬだろう。この党自体が大きく豊富に洗練されねばならぬだろう。

私はさっきなにをかんがえていたのだろう。私はこの社会的、政治的事件の推移のなかで〈自由な個人〉の行方を案じ、私の役割がおぼつかないことを嘆いていたのだった。ちょっと外に目を向けるだけで、ただそれだけのことで私の想像力は全く違った方向と角度に向かう。これは私にとって一体なんだろう。それほどに動揺的、個人主義的、それほどに軽薄で節操もなく、信念とてもない。それほどに決断に欠け、政治的に鍛練されておらず、まして党派性に欠け――。要するに私はあからさまに言えば雑駁、俗的、そうして余りにも〈平均的人間〉?といえばいえるだろう。

考えは酒にごまかされてこの先へ進もうとはしない。

○時を過ぎた。

〈現実はともかく、せめて思考の自由を〉と叫ぶ意味をとくと考えてみるべきだろう。ここに籠っていてはならぬことが、歴史の最大の教訓の一つではなかったか。思いめぐらせ考えることさえ自由であればと思い込み、現実の不自由に圧迫され、ひいてはその内面の思考をもじゅうりんされつづけた歴史は目の前にある。政治も現実だ。生きるとは現実だ。そこのところを抜きになんのための〈自由〉であるのか。現実的な力にむかって現実の力が作動しなければならぬ。現実を動かすに足る現実的で強靭な思考が機能しなければならぬ――。

一九八〇年八月二八日

『講座・現代資本主義国家』第四巻の冒頭は田口富久治氏の「先進資本主義国の政治と国家」。昨日『トリアッティ選集』第二巻の「イタリア共産党八大会への報告」を読んだ。関心は、いわゆる〈先進国革命路線〉がどのような形でそのなかに盛り込まれているかということだった。

不破氏は、田口氏への反論で、むしろ民主主義革命論や自主独立、自由論などで先進的なのは日本の党であると、論拠を示して言うのだが、そしてそれはその一面が確実にあるのだが、私にはそうとばかりは言えぬだろうとの思いがあったのだ。というのは、たしかに理論としての提示は時間的にはそう言える面があるが、その理論にゆきつくまでの、その理論を作り上げてきた、党の伝統、理論的伝統の蓄積というものがあろう。

トリアッティの報告は、党の自主独立の強調があるが、それはレーニンの原則にたちかえるとともに、つねにかのグラムシにたちかえって強調されている。それがイタリア共産党の戦前からの理論的伝統である。日本の場合、それをも含めて国際共産主義運動（コミンテルン）の理論の伝統の継承の上に現在があるとは言い得るが、しかし、戦前は、現状分析論が精一杯、運動論、政策論は独自にはほとんどまともに問題にもならなかったのは事実であるだろう。

正味は戦後、しかも六一年綱領以後における〈高度成長的〉理論発展の歴史である。だからこそ、われわれには実践が相対的に不足しているのだという謙虚な自覚が必要なのだ。

このへんのところはいろいろと、日本の党の到達を見るときに見逃し得ない契機ではあると思うのだが。

一九八〇年八月三〇日

今朝はまた横殴りのつよい雨だ。大雨洪水注意報が出るほど。一体どうなっているのか、と言わずにおれぬ今年の天候だ。稲は実がならず、成っても育たず、長雨で土は弛み作物の力はなく、どこで聞いてもこんなことは初めてのことだと言う。商売も深刻だ。扇風機、クーラーなどは無論、自転車も売れず清涼飲料も売れず、商業者も悩みは深い。

天候は人間の心理に微妙な影響を与え、それが持続すれば風土として全般的影響を蓄積するだろう。こんなに、梅雨のようにいつもいつも雨が降りつづくとき、人間の活動力はいやが上にも鈍化せざるを得ない。この重たさは何だ?

遠くを見れば気が休むが、それはなぐさめだ。七〇歳という年齢に向かってさえ、あと三四年あるいまの私だ。ニュースは中国全人代での党と国家の中心的指導部の世代交代が報じられている。

一つの位置に腰をすえて、思い切り生きるならば、まとまった一つの生きた型が残せることだろう。しかし、このへんがどうもふらついている。外向きにはともかくも、内側での私は、まるで驚くべき有り様なのだから。それがじわじわと、私の外向きにも現れているようだ。面倒なことが面倒になり、その人間を動かすことが煩わしくなり、そのままにと、できるだけそこの、ありきたりの枠の中にとどめようとする気分、傾向。パタパタと騒いだところで、大きく本質的に変更されるものはない。無理はいつか逆に跳ね返ってくる。それに、この組織であれば、とりわけこのような情報網の全国的均質化のもとでは、変わるときは全体がまるごと変わり、その一部分としての、この地域も変わってゆくにちがいない。後ろ向きに思えば、これまで二〇年近く、そのときどきの闘いの有り様と、その後の党の行方は、このような感慨をどうしても誘う。

経験を経ることが、しかくあきらめようの心得となるのはさびしい限りではあるが、もっと前向きに思えば、そのような先の見通しをふまえながら、確実な力のつくり方にむかってはげまなければならないのではあるだろう。

『現代資本主義国家論』第四巻。私よりもいくらか若い人々が、このような場に研究発表の場を持たされるのは結構なことだと思う。とともに、いくらか生硬な文章と論理で叫んでいるのを読むと、これで一体どんな役にたっているのかいな?とふと思う時がある。なるほどこれが〈真理価値の探究〉であるのか。

例えば〈先進国〉諸国の革命運動論についても、関心のありか、問題の摘出が腹に落ちてこないのは何故だろう。

一例をあげれば、話はこんな具合だ。

「共産主義政党を頂点に労働組合を〈伝導ベルト〉として、労働者階級内の〈先進的部分〉を動員する〈一枚岩〉的組織原理は、軍事的形態をとる一時的局部的変革には有効性を持ちえても、また、ある局面＝クーデターでは不可避であるにしても、今日の〈先進国革命〉においては、変革勢力の諸力を全面的、持続的に発揮させることは困難であろう」

これは加藤哲郎氏の「先進国革命試論」からの恣意の引用だが、これなども、論者の主観的思い込みが、実態を抜きに論理を追いかけて文章化しているところが際立っている一例である。

暗に日本共産党の指導性に疑義をはさんでいるわけだが、これなどは、もっと感じ考えていることを、普通の言葉でわかりやすく言えばよい。書斎学であり、具体的な動態分析のない机上の議論の典型である。

私のようなぐうたらの、だらしのない、とくに取り柄もない者が、それ〈前衛党〉の、第一線の地区組織の責任者だなどというのも、ふざけた話ではあるが、そんな党員のあり方を含めて、この国におけるこの党のあり方は、加藤哲郎氏には実感として理解できぬ、やはりきわめて不可欠の〈先進的部分〉たろうとする組織なのだ。この党を抜きに、いま、国家と革命について語ることはできぬ。そもそも国家と革命についての自覚的認識を理論と実践において系統的に蓄積しうる部隊を抜きに、なぜ〈革命〉が語りうるのか。〈クーデター時には有効〉な一枚岩の共産主義政党とは、論者はなにを構想しているのであろうか。この若い学者の風貌がなんとなく浮かんでくるのは、こういう類いの学者先生を、いくらか知っているからである。てんやわんやの日々の活動もなにも知らず、知ろうともしない学者先生にむかっては、現業労働者的気分で笑い飛ばしてやりたき誘惑にこそ駆られる。

一九八〇年九月五日

今朝のニュースで伊藤律についてまた若干の報道があった。入院したのは去年の暮れとのこと。その看護は最大級に手厚いものであったとのこと。さらにマスコミの狂騒の中心は、伊藤律の戦前から戦後にかけての挙動の真相解明、暴露にあり、あわよくばそれが見事にわが党の秘められた暗部をえぐることになればよいのだが、伊藤律は過去についてはこれまで一切語ろうとはしなかった。

それが、今朝のニュースで、一言のコメントとして紹介された。彼はなんと言ったか。

「(過去の伊藤律は)あれはマスコミの作り上げた虚像だった。私には(党の最高幹部としての)力量も能力も、もともとなかった」

こういう言葉を聞くと、私などはあらためてつくづくと、いかなる大げさな〈役職や肩書や称号〉があろうとも、人間は〈生の人間〉というレベルでは寸分も違わないということを、感じる。そうしてこういう感覚を私は死ぬまで持ち続けるだろうと思う。

　しかし、伊藤律の経歴を追えば、戦前は旧制一高共青再建の先頭に立ったこともあり、なかなかの知識人なのであって、この言はそのまま信ずることはできない。それなりの力量や意欲がなければ当時とはいえ共産党中央・政治局員などを無難にやれたとは思えない。

　戦前戦後の党の歴史は、暗部も含めて党の歴史として語られる必要がある。とくに人間個人の存在は、不都合だとしても消し去ることはできない。不都合な真実を歴史から抹殺する態度と方法は、必ずやがて禍根を残すようにおもえるのは、これはまた私だけの感想であるのか。

一九八〇年九月八日

私はしきりに強調した。

　道は遠いぞ、民主連合政府など、一体どれほどの国会議員の力がなければできないか。イタリアの例をとって、いまの七～八倍の議席にせねばならぬ。また自衛隊、警察内にどんな力が必要か。国家権力とは頭部の政府機構だけでなりたつものではなく、県と地方自治体、市町村を全くの下請け機構とし、さらに中央省庁の出先は全国的支配網を張り巡らせて統制、管理をきめ細かくやっている。ここでわれわれが自治体革新の運動を本気でやらねば、国家が根元から簡単には変わらぬことは明らかだ。県市町村の首長をすべて変えるくらいの展望を持たない限り、国会の力関係だけでは〈国家変革〉にはとても届きようがないこと。さらに労働運動のナショナルセンターはまだまだ弱く、労働者のなかの影響力は小さすぎる。党の力量はどうか。支部数はあるが結集は半分で、一気に集中したときに爆発的な力を発揮しがたい。必要なのは党の主体的力量についての冷厳なる現状認識であり、事業の容易ならざる展望をつかんで一斉に支部がたちあがれる力をもつことなのだ。その個性の数ほどの支部と党員の活動形態があってよいはずだ。そのひろびろとした指導上の観点はもっと強調され、実践されなければならない。

一九八〇年九月一一日

『講座・現代日本資本主義・政治』所収、影山日出弥の「戦後日本の国家権力機構」は論旨明快である。かれの具体的分析の構図がしっかりしているためだろう。その若くしての逝去が惜しまれる気鋭の国家論学者であった。

　党組織運営上の実務、組織問題について、もっと抜本的な対策を講じなければならぬとつくづく思いつづけている。下の実態は政党単位として、まして〈前衛党〉単位にはほど遠い。正確な実務がまずあらゆる活動の前提であるだろう。

一九八〇年九月一七日

私はもうやはり一時の気まぐれではなく、私のために、私につながる人々のために、もうひとつの力をつくさねばならぬと思ったものだった。

一昨夜も、Aさんの結婚式のあと、仙台の、この前まで赤旗分局をやり、いまは望んで他の大衆団体の専従をやっているKくんと、もう一人の若い分局の同志の二人で外へ出た。駅前のはやらぬ風の焼鳥屋に入り――そのときも、そしてこのようなことは私をめぐっていつもあったことなのだが――Kくんは、酔って余計に真剣に、私のお陰で自分がこの道に信念をもち、私の影響で常任の道へすすんだことを話していた。私の民青の時代の、あの内部では圧倒的な影響力をもっていたとき、たとえ一部分、一時期であっても、若い人々は、私の話に熱狂し、私を通じて党や同盟の理念を実感していた。

それは同時に民青の全盛の一時期でもあった。主観的に思うのではない。これは歴史の事実だ。そしてそれらの人々は、その時の私のことをいまもって語り伝えていた。〈ぼくにとっては神様みたいな人です〉と、ある常任がいった。私と久しぶりに会って〈ぼくの人生を変えたのはあなたです〉と言うなり飛びついてきた若い同志がいた。遠方から私を訪ねてきて、あの頃の私の話への感激を心から語ってくれたある役場の係長がいた。

そして、そのときほど私はみじめな自分を感じたことはない。私はまるでだらしなげに、じじむさく、酒の勢いを借りて、そのへんに寝そべって、若い人々の眼差しの熱さに、内心が混沌としてほてってくるのを感じていた。だが他方で、それらを私は自分の胸の奥にいつまでもしまっておかなければならぬと、思っていた。

一九八〇年九月一八日

昨夜はT氏夫妻が事務所に来た。律儀な人間だ。私に対してOさんの告別式の正式の案内を伝言しなかったことの詫びと経過の報告についてであった。県内外から学生時代の人々が集まった。一番丁から駅前へなだれ込んで、旧い話に花を咲かせたそうだ。その情景も彷彿としてくる。懐かしさが甘酸っぱく思い起こされる。

夜、横浜のSさんに電話した。一日はA氏宅に泊まったそうだ。そしてこの二八日から一年間、フランスの大学の客員教授として家族とともに渡仏するそうだ。K大の新進気鋭の数学者としてである。

思い出を走り書きしてみよう。

かれ、S氏の役割はどこにいても大きかった。彼との、あの仙台郊外の下宿での一年余の共同の生活。なぜ数学専攻の彼と、あんなに気を許して相対することができたのだろう。二人で布団の中で恋愛談義にふける。活動のあとだから真夜中の話だ。互いに民青の学生常任委員だった。私より一学年上だった。名前がだんだんとわかりかけてくる。その付き合いの様態が具体化してくる。目に浮かぶ。二人で布団をかぶって大笑いだ。ああ、もう我慢ができない。ガバッとはねおきる。私は自転車に乗る。彼は走る。私が全速力でこぐと、高校時代ハンドボールの選手だった彼は力一杯に疾走する。もう宮町に入った。どこかで安酒を飲もう。しばらくして落ち着く。帰りの道は東照宮の森の暗さの上に満天の星空だ。蛙が鳴く、空も泣く。二人は大声で笑った。深夜の道路で心の底からの笑いを笑った。

彼はすべての人の心情をごく自然に理解することができた。そのままに、動かないで、そこにたちどまっていていいよと言うことが出来た。だから気が楽になる。そこで辺りを見渡し、人との関係をはかり、ならば何ができるかを、彼はごく自然に導くことが出来た。かれは学生運動の中のリーダーであり、しかも青年労働者のなかでも充分な権威と好感をもって迎えられた。

どこに〈原則〉があるのかと思われたが、しかし彼にとっては人間の外側からとってつけた原則があるはずがなかった。〈原則〉とは活動者そのものだ。〈原則〉とはその人間のあり方だ。思想の強さは、生きているままの人間の力だからだ。彼は弱くもあり、強くもあった。彼はあらゆることに不断に興味と関心をたやさなかった。彼は自分の内側での格闘を早い時期に経過していた。家族的な違和と自分の位置、自分の能力と志向、そこから脱出しえた自分の体力と可能性への確信。彼は一人で生きることのむずかしさを若くして身につけていた。生きることの苦しさを共感することが出来たから、迷いをもつ若者の心情が他人事ではなかった。しかも自分をも、その人々との連帯のなかで越えていこうとする、その大きな方向だけが彼の〈原則〉であり〈意志〉だった。その力の強さは測りがたい。それは一つの特定の意志の力であるよりも、すべてを包括する生きる方向、生き方の姿勢だからだ。

彼はあの六〇年代のはじめ、学生と青年運動における一方のリーダーとして、私などにとってはある時期までは遠い存在だった。それが急に接近したのは互いに民青学生常任委員になってからだった。

彼が私をどうおもっていたかは不明だ。しかしそれはどうでもよい。私の、仙台に来ての、かけがえのない友人の一人であり、あの時期の私の力の源泉ともなっていたことは、いつまでも忘れがたい。

一九八〇年九月二一日

空には部分的な青が広がり、すでに外気は肌寒い。一昨日、落語家林家三平が死去。肝臓がんとのこと。去年の脳いっ血後、言語障害を克服して高座に立つ姿も、いくらか張りがなかったと思うのは今となっての気の持ちようか。生涯期間五四年間。身近でもAさんも癌とのこと。面会謝絶という。六二歳。先日は学生時代の先輩Oさんが死去。三九歳。若い頃にはいつ死んでもいいようにおもうのだが、年を経て命の終わりが見えかけてくると、死にたくない必死の思いに駆られるという。

つよく、ふと思われるときがあり、やはり結局はここをめぐって人間は在るのだなと思うのは、この期限を定められた人間個体の生死であり生涯ということであるだろう。

私などは、他に専門的に（知識的な）仕事をもたぬせいか、よけいに〈おまえ、どうするんだ〉とたえず自問し、あらぬ影にさえ怯えるように、思い込むときがあるわけだ。どうにも、しかし割りきれるものではない。人間など、どのようにかスパッと割りきれて形にはまるものではない。

この脈絡の上に、私などはいま現世的に生きるということの意味を踏まえる必要をかんじるのである。

いまのこの、いのちとくらしをまもる、豊かに向上させることのための努力こそ根本的なことだろう。将来のこととしてではなく、ただいまの問題だ。それが普通の生活意識に他ならない。

……理念、理想などクソくらえだ！　とまでは言わぬとしても、そういうイデーに生きる人々にむかっては、それはそれでごくろうさまですね、よく生きてくださいよ。しかし、私らに高まいなイデーを押しつけないでくださいよ。平凡でも、平安な日常なのですから。そっと、そっとしておいてくださいよ。そりゃぁ、私だって私のくらしがおびやかされればだまってなんかいませんよ。たたかいますとも。だから、いまのところは放っておいて。だって、共産党さんがくらしの敵となるかもしれないっていう人もいるんですからね。あたらしい社会、けっこうなことですがね。くるしく、堅苦しいのはいやですね。あるがままの、のびのびとやってもらわないとね。どうも共産党さんは、びくびくしてやってらっしゃるようなね。まぁ変えてみてください。よけりゃあついていきますがな。でも、それでこわさないでくださいよ。いまのくらしむきをね。やっとのことでここまできて、まがりなりにも無事平穏に、こどもたちも育ってきていますしね。まぁ頑張ってやってくださいよ？かげながら応援とまではいかなくても、みまもっていますよ……。

などというようなところは、まことに普遍的な〈生活感覚〉であるだろう。だから、たしかにいまのくらしさえも、考えてみればいつどうなるかも知れたものではなく、人のいのちさえも、一人の力では守りえぬこともたしかなことだが、それを理屈でいくら説いたところで、理屈に沿ってついてくるのは知れた数のものだけだ。〈大衆〉は健康であり、現実の生活と生活意識に沿ってものを考えるしかない。それは未来のくらしではなく、現世のくらしむきのことだ。そしてあわよくば、現世的な苦役を救い、未来へもつながる心情で豊かでありたいものなのである。

現世的に生きるということの内に、一つは現実をふまえて、二つは生活をふまえてという二つの良質の志向がふくまれているわけである。そこに関わり、そこに役立ち、そこをひろげ、ひきあげる展望を、自力で考える意欲を育てうるような党の活動のあり方が必要であるだろう。だが、党がかれらにとって必要で魅力ある対応を充分なしえていないことも明らかだろう。

現世的な、土着的なもの?を出発にし、それらを存分に含んだところの理論や思想や人間や活動方法。このところを真剣に研究しなければ前進しえないのではないか。私は、それを現在の支部の活動のあり方との関連でつよく感じる。

一九八〇年九月二五日

二一日付赤旗日曜版に三一歳の韓国光州出身の詩人、金準泰の長詩の部分が引用されていた。金芝河にしても、あの人生的、人間的な緊張が歴史の激動と結びついて詩語となって奔出する勢いはどこから生まれるのか。あの、一つひとつの語の抽象性と普遍性の格調の高さがわれわれ個人の胸につよく響いてくるのはなぜか。歴史という大きく、一見動かしがたく思えるものへの眼差しの熱さと挑戦の気迫。その流れをいろどる個人と歴史全体の結び目の自覚。それが不断にそう感じられなければこのように言葉が生きていいのちをもつことはないだろう。読後に残るものは、人間にとっての普遍的価値とはなにかについての問いかけ。

個体は消滅するしかない。その個体が人間のどんな普遍をになない、その普遍に個的ななにものかをつけ加えるとき、人間は歴史を生きることによって歴史をつくる。歴史の不可欠の構成要素となる。韓国の詩人は日本の詩人とはちがう世界を見ているようだ。かれらにとって歴史とは、政治とは日常性なのである。

そうは思う。見ようとして見えないものはない。イラク先制、イランを攻撃する。全面化するか。背景の動向は？

ともかくいま歴史は歴史的な時代を動き、個人はみずから生きのびる方途を恣意には定めえず、この歴史のただ中の意識と自覚をもって生きつづけることしか、よく生きる方法はない。歴史はわれわれを幾重にも緊縛して離さない。

一九八〇年一〇月三日

中野孝次『季節のおわり』。その最後の文章はこうである。

「――生きることと政治とが、そこで微妙にかさなり合っているようだった。そして私が従兄の義男と違うところがあるとすれば、それは自分たちの生を引き受けることと、あるがままにある社会を認めることを決して一つにしない、その点にしかないのかもしれぬという気がした」

一九八〇年一〇月四日

今晩最終回の、ベルイマンのテレビドラマ「ある結婚の風景」。観たのは二回だけだったが、実にリアルなので驚いたものだ。とくにあの男の、夫婦間のセックスの有り様についての感覚や焦燥が、さりげなくしかもシリアスに迫ってくるのはなぜだろう。あそこに、人間の真相もあり、それは実に普遍的なのだと痛感する。これが、〈社会主義〉になれば、根本的に変化するとは信じられないということは、案外に大切なことのように思えたものであった。

一九八〇年一〇月六日

〈こんなことをなんのために〉――という思いはつねに人間につきまとう。もっと何かほかにあるのではないか。その根底にあるものはなんだろう。

党が前進するためにはいまのままでよいか。そうは思えぬ。それは課題や方法のことではいろいろあろうが、一言で要するに、もっとホンネのところでのなまぐさい活動や指導が大衆との結び目のところで必要だということであるだろう。

私は今、拡大のことで気にかける。やっておらぬのだから進まない。

昨日は民商のソフトボール大会で終日議員らも含めて運動をして、今日は足腰がきしんでいる。

ところが、そういうこともあって日曜日の日中、事務所が不在となった。それで直接言われたわけではないのだが、県委員会でそのことが問題になっているという話が耳に入ってきた。

一日や二日、拡大が進まないでなんのかんの言うことはない。言われる筋合いもない。成績主義的指導や活動の害悪は批判されても、しかし、いまの党のあり方のなかでは、たえずその傾向がつよく現れ〈上〉にむかって格好をつけずにおられぬところがある。

絶えざる一本調子のカンパニアがうち続く。方針の文言、言葉の多彩は必ずしも行動の全面や多様の保障とはなりえない。結局のところは数や形で現れるところが過大に注目され、そこへ動員することが最大の眼目となる。その地域の大衆の、住民要求の多彩な独自性は消されるしかない。そこが党活動の根本の立脚点であるところの。そして〈上〉からの点検の項目がすなわち〈下〉への〈指導〉となり〈評価〉の基準となる。

〈絶体絶命の課題〉という言葉が踊っている。中央の意図と焦慮は伝わるが、支部や党員にとってはほとんどなんの痛痒ともなりえない。ある種の慢性的危機となり、受けとめようのマンネリズムを蔓延させるばかりだ。

いわゆる〈段階論批判〉も、問題の性格と実際に応じて言わなければむしろ間違いとなろう。

機関の指導において、重点とされる焦眉の課題を目前に、あれをやってからそれをとなれば、たしかに回避であり、消極的であるとの批判はまぬかれない。しかし、その場合も前提があって、いまかなりの支部がそれへ向かう基礎的な力が整備されておらない。個別に見てゆけば、支部によってはその段取りを計画的に順次こなして目標へ〈段階〉をふんで歩む活動の方法は〈誤り〉であるよりも力の源泉となりうる。かくして実践の単純な強調は必ず、頭で考えること、理論や方針の軽視をうむことにつながる。そしてそれは長期に向かう根本的な力の不足と欠陥を招来するだろう。そのような論議を否定的に取り扱い、ただひとえに機関紙拡大だということに対する正常な抵抗感覚が、私のみならず広範に存在しているのである。歴史は短・中・長期の段階を踏んで前進する。革命の戦略も段階を踏む。あたりまえのことではないか。ごちゃまぜにして、ぐちゃぐちゃと、いつの間にか歴史は進むものではない。

住民運動で党の姿が見えているか、われわれの宣伝活動は活発なのか。その段取りをとらせよ。地区や支部の会議で議論がつくされているのか。集まりは依然として悪い。そのための力を集中せよ。学習はどうか。中央の読むべき文献の豊富は、なによりも党員のためでなければならない。だがそれが徹底されないままである。支部で赤旗を読む時間を聞いたことがある。多くはあまり読んでいない。とくに党員は党活動のページを読んでいない。配達・集金の苦情処理対策もいいだろう。本のサービスもいいだろう。しかしどこか違う。それはあまりにも表面的な思いつきの域を出ていない。金をかけるならもっと支部の、分局の実情を掌握するためにまず金をかけるべきである。苦情の根元はどこにあるか。体制である。苦情に応じる態度と手だては分局還元金の有効な活用によっても可能であろう。その分局の毎月の経費、財政や配・集実務の現状を正確につかみきろうともせずに当座の手を打っても決して根本的には何事も改善されえないだろう。

もっとも困難な課題は、決して拡大そのものにあるなどというものではない。困難は支部の結集と団結のレベルアップと、一つひとつの仕事についての実務と分担と体制である。その全面性を充足しえぬ現状が、拡大についてもいや増しの困難を加重するのである。支部、この基礎的政治単位を総合的に前進させる指導について、いまの地区機関は無力である。

いまの支部の現実はどうか。自分の頭で考えるというようなところがない。なぜか。なぜだろう？支部長に〈政治家〉として向き合って、そのレベルの向上に集中していないからである。まず、よく話を聞く態度が機関に欠けている。地域なら地域の、そこの住民動向や関心や話題を、機関はほとんどなにも知らない。それは痛切な私の反省について言うのだが、支部を主役として扱ってはいない。つねに下請けとして、課題を上からおろし、命ずる対象としてしか見ていない。

結局、いかにも現実的でも合理的でもない。非現実的なのだ。ほんとうに党が力をつけるとはどういうことか、よく考えてみなければならない。

一九八〇年一〇月二〇日

昨日雨降る中、阿部伝さんの葬式だった。二〇〇人以上が参列して厳粛に行われた。伝さんのような党の機関の幹部となるとつきあいはどうしても公的なところに関わり、私的・個人的部分は狭くなる。しかし五〇年近くもこの地だけで活動していれば自ずから公的な面だけでなく私的・個人的にも抜き差しならぬ深い人間的関係が生まれてくる。たしかに存在としては遠くても、いつも出会っていると人間のぬくもりが伝わってくる。

伝さんは、一度も当選したことのない共産党の万年国政候補者だった。これは決してかれの人生の不名誉ではない。そのことによってどれだけ党に貢献したことであろう。その類の深い傷痕は、戦場体験の何よりの証であった。

参列者一人ひとりの思いは多様だろうが、真面目で誠実一徹な人柄への思いは共通していたはずだと思えた。

推し量れば内面的には決して平坦ではあり得なかった晩年であったろう。それを乗り越えて生きてきた。当たり前のように見えて辛いこと、辛い処を乗りきってきた人だ。県委員長の藤原氏も副委員長の伝さんを買っていなかったというよりも、ほとんど全く無視していた。しかし伝さんはただただ黙々として与えられた任務を果たした。伝さんにどうすることもできなかった。もろともの責任として寄り添って遂げるしかなかった。辛かったろう。伝さんが、若い幹部におずおずと相談していた光景が、今でも私の脳裡に浮かんでくる。決して愚痴をこぼさなかった人だった。〈私〉についてほとんど語らなかった人だ。それは若い頃あの戦後の労働運動を国鉄のなかで闘い、早くから党の幹部として生きてきた習性であるのかも知れない。これで、あの藤原時代に、もっとも直接に、全面的に藤原氏と関わってきた伝さん、石垣さんの二人が、この二年のうちに死んでしまった。

一九八〇年一〇月二一日

一〇・二一統一行動。中央ではまたもや社会党・総評あたりがごねて、昨日まで政党代表の挨拶をさせる、させないので共闘が危ぶまれていた。今朝のニュースでは結局やることになったようだが。

思うにいまの社会党・総評の幹部クラスは、どうも政治体質的には日本的な保守層に近接している。ある点では自民党などと画然と区別しうる原則が見当たらない。いかにもヌエ的で、違う形態での〈労働組合まるがかえ〉的体質が染み込んでしまっている。

俺たちに金はなく、出自も貧乏で学歴もない、しかし俺たちにはお前たちにひけをとらない労働運動の力があるぞ、どうだこの力を前にすればお前たちも困り果てるぞ。自民党の独占的栄華への妬み、羨望を裏に返した力と認識のあり方がこびりついているようだ。力が不安になり、力に負ければ、逆にまるがかえにされてしまう。すべてにむかって、それにとってかわるという知恵もない。これは理論、思想、政策の確信のことだ。信念の節操のことだ。公明党と癒着するのも根は力の組み合わせへの打算だけのことだ。もうこの頃は、全き保守にすり寄る公明党の行方をいくらか寂しげにみやりながら、すごすごと従ってゆく体たらくである。

一九八〇年一〇月三〇日

堂々とした闘争。切り刻んでゆくような活動上の詰め。そしてそこから労働者の力をたくわえて、再び大きく立ち上がってゆく勇姿。私の憧れはどこに向かっているのか。私の人生の標的はいま大きくどこを巡っているのか。何事もなかったかのように私は自分の心象をのぞきこんでいる。私は、はからずも政治であるよりは文学だ。叙事であるより叙情だ。意志であるより本質的に深く自然成長だ。だが私は、それらの矛盾を抱えて闘えと声高に言う。個性よ、普遍に向かって、それと格闘して羽ばたけという。

しかしまぁなんとも、この三〇数年間のうちの半分以上をこの党の中で直接に暮らしてきた人物の、成長の危惧よ、脆さよ。そうやすやすと何事かが本質的に変わりうるものか。この辺りについての疑問と不信と、それとともに一人の小人間が、党を抱えて行動する時に、やはり一つの明瞭な確信が生まれてくることへのひそかな誇りとの間の往来は激しい。

槇村浩の詩「工屋戦ニ」にこんな数行がある。

「今わたしらは静かな微風に胸をおしつけ
　瞬間の静寂に散らされた嵐を呼ぼうとする
　　そして全線の中で
　　波立つ水平をめぐる
　気負った清新さとともに
　　労働の鼓動をうたう青年舵手を見た」

一九八〇年一一月一日

昨夜の帰途は寒かった。もう一一月だ。

今日午前中、対中央部数申請の段になって気の滅入るような話ばかりだった。支部のKくんとのやりとりで「少しは全体の立場に立って努力してくれたらどうなんだ」と、いささか声を荒らげたが、その類いの焦燥のぶちかましではどうしようもないわけである。

夜の地区委員会で、問答形式で、党建設上の問題を列挙し討議した。思ったよりみんな率直に考え苦労していることがよくわかった。それでもなかなか思うようにはすすまないと言う。

その論議のあいだじゅう、私は、やはりどこかに無理があるのではなかろうかというような感想を持ちつづけた。とくに支部指導部のレベルが気にかかる。現にかなり大変な労働と日常の暮らし向きの中で、今提起される活動をやりきるためには専門的な時間と能力が求められるのだ。それが実際上は〈不可能〉だという現実。そこを考えなければならないだろう。活路はどこにあるのか。

全党員のレベルの向上をコツコツと積み上げてゆくことしかないだろう。

（後記・このときから地区は月初めの拡大集中行動をやることにした。減紙は月末集金時に必然的に生じる。それは月決め購読が必ず一定数あるからである。議員らはだいたいわかる。ならば、それを上回るであろう拡大を月の初めにやってしまうことである。それはかなりの議論の末に到達した意志の統一だった。それ以降、地区全体としては、数は多くはないが、年末、年度末を含めて減勢で月を越すことがなくなった）

一九八〇年一一月一九日

先日、あの元南海、いまは西武にいた野村監督が引退した。テレビでしゃべった言葉が一つの印象に残る。

彼はこの歳四五歳になって考えたのだった。一体〈仕事〉とはなんだろう。それは自分にとって〈成長と貢献〉の場ではないか。そう思う時、やはりこの場での自分の〈仕事〉はなくなったと考えたのだと。自分にとっての成長、他への貢献。それを満たしうる場所としての仕事。これは一つのたしかな教訓であるだろう。

一六日夜、志ん朝、枝雀の競演があった。森光子司会で、枝雀が例の調子でしゃべる。

「私はもう、なんにもせんで、ゴロッと眠っていたいんですな。なまけ者なんですなぁ。でも自分に合ったものはなんだろうと見つけたのが、まぁ例えばトロッコの、軌道みたいなもんですな。それに乗ったら、まぁ、ボチボチ、ボチボチ、休んだり、押したりしながらも、まぁ進みますわな。ほんまはゴロッと眠たいんですが、手は離せん。離したらもどされる。つまりまぁ、いわゆる緊張と緩和ですな、この調和で、私ボチボチ生きてますねん」とかなんとか。

一九八〇年一一月二〇日

「いうなればそれは台風の季節であった。混沌と矛盾、予感と焦燥、嫌悪と愛着、孤独感と吐き気――すべてそういったもののとりとめのない交替、混合、モザイクであった。そのような熱帯低気圧のなかを、あのころのようにもう一度小舟で通過する、そんなのはもうごめんだという気持ちが一方にある。しかし反面またそのような矛盾、緊張、混迷のシリーズのなかで方向を模索しながらけっこう耐えることのできた若くたけだけしいエネルギーをもう一度欲しいとも思う」（『真下信一著作集』第四巻）

一九八〇年一二月四日

『宮本顕治文芸評論選集』第一巻が一〇数年ぶりに刊行され、その三〇〇枚近い本人の「あとがき」を昨日読み終えた。彼の人間性というものは一般にたいへん魅力的なものである。私などはずいぶん教えられる。しかし果たして、彼の人間性は党の指導上にあますところなく貫かれているだろうかとも思う。まだ日本の党と政治についての解答は出ていないように思える。

最近の活動上の問題とも関連して私は、今の社会の中での共産党員のあり方とその評価について考えさせられている。支部でも指導部は仕事と生活の合間をぬって、かなり全面的な党活動を考え、組織することを求められる。そこをもっと率直に評価し光をあてなければならない。

そこで、例えば『グラムシの選集』第一巻の「共産党」の、つぎのくだりが思い浮かばれ、私はたえずたちもどる。

「現代において、原始キリスト教の宗教共同体とならべて恥ずかしくない機構は共産党だけである……天国での報償と永遠の祝福を信じている者の犠牲精神を駆り立てることは、さして多くの人間的な力を要求しはしない。一方毎週、毎月、毎年、工場での八時間労働のあとの八時間を、党のために、組合のために、協同組合のために、私心を捨てて働く労働者党員は、人間の歴史の観点からすれば、非合法の祈祷会に集まるためにどんな危険をもあえてした奴隷や職人よりもさらに偉大である。だからローザ・ルクセンブルクとカール・リープクネヒトは、キリスト教の最高の聖職者よりもさらに偉大である。その闘争の目的が具体的であり、人間的であり、限定されたものであるという、まさにその理由によって労働者階級の戦士たちは、神の戦士たちよりさらに偉大なのだ。かれらの意志を支える道徳の力は、その意志に課せられる目的が規定されればされるほど、それだけいっそう測りしれぬものとなる。機械にしばりつけられ、日に八時間牧師の説教のように単調な職業的動作をくりかえしている労働者が、ひとたび〈支配者〉に、社会的価値の尺度になったとき、かれの感情は一体どれほどの張力をかく得することだろう。無知のまま働くことを強制されていながら労働者が自分の実践活動のあり方と理由とを考えるにいたったという、まさにこの事実こそが一つの奇蹟ではないか。疲労や憂愁とたたかいながら、内面生活を機械化し、圧殺しようとする単調な動作とたたかいながら、労働者は日々自己の精神の独立をかちとり、観念の世界の中に自由をうちたてる。これは一つの奇蹟である。この奇蹟が共産党のなかに組織される。共産党によって表現される革命闘争、革命的創造の意志の中に組織されるのだ」

ここでグラムシが言わんとすることが、私にはよくわかる。グラムシらしい誇張もあろうが、その目のつけどころに共感する。他方で、日本の党の場合どうだろうか。残念ながら、そのように党員と党活動の現実をふまえた議論、理論化への試みがほとんどない。建前の強調と深化だ。そことは関係なく理論は理論の軌道を突っ走る。党活動の評価と賞賛はつねに数と形に向けられる。そこの重要性、不可欠性は全くいうまでもないところだが、しかし、一般の党員の生活と活動の現実をどのようにでもリアルにつかみ、そこをふまえた評価を、たえまない方針の徹底とともに行わなければ、話はすすまないのである。

いまごろになって、配達や集金の乱れに〈ゾーとして〉、よくこれでやってこれたものだと慨嘆してみせる感覚と態度は、やはり私につよい違和感を与える。

一九八〇年一二月二二日

昨夜もまた一旦床についてから肉体としては疲労しているのに精神というより神経が寝つかれず、さまざまなことが頭を駆けめぐる。起き出してまたチビリチビリと酒を飲む。なんの脈絡からだろう。私は西郷信綱『古典の影』のことが気になりはじめた。それは前にも引用した次の文意にかかわる。

「〈あるがままに見える世界としての経験の〉排除は罰なしにはすまされない。排除された現実は概念や理論の網の目をくぐってひそかに潜入する。しかも、見まいとしても、それは次第に見えてくる。そして見えてくればくるほど、それは見かけの非科学性、あるいは〈個人的体験〉として排除される。そうなれば、その概念や理論が化石化してくるのは、もはや時間の問題である。学問を判断するのに、それが何をいっているのかということより、何を単純に排除しているかということが一つのめどとさえなりうる。現実のトータルな変革をひきうけようとするマルクス主義において、この排除が報いる罰の鞭は当然もっともきびしいものがあるはずである」

「ある意味で自己はつねに他人のはじまりである。赤い糸のごときものが、何ほどか貫いているにしても、今の私にとって二〇歳の時の私が私でありながら他者であるのは、共時における私と他者の関係に図形としてほぼ等しいといえるだろう。この二つの次元は、たがいに交叉する。しかもそれは固定的ではなく、たえず時間的に動いており、各個人はこの弁証法的な運動の支点である」

一九八〇年一二月二六日

私の欠陥。思い入れの過重。観念の一人歩き。資質としては〈文学的〉過ぎるがゆえに、人を一律に動かす組織的指導にはあまり向いていない。数人か、個人的なつきあいか、またはひとりで空想をたくましくして、そこのところで仕事ができれば、性向に合致する。そんな仕事があるわけもない。などということと、戦前の少なくない知識人、作家などがマルクス主義に傾倒し、かつしばしば〈挫折〉していったこととのかかわり。

観念と現実の落差に悩むというのは、主として観念に寄りかかってものを測っているためである。現実的な土台に依拠して観念を構成するという方法が体質になっていないわけである。

ということは、理想へ向かう理論や方針を掲げてそれを実践する立場に立つわれわれの党の場合、極度にあらわれやすい。事態はたえまなく観念の図式に合わせてつくりかえられなければならぬ。つくり変えられないとすれば、それは現実に根拠があるよりもはるかに観念の内実と実践者の自覚と決意の強弱に問題があるとされる。大局的に、合理的な方針は必ず現実的なものに転化しうる。その確信の一般性を実践者の主体が、具体的な場面でどう貫きうるのかが問題ではあるだろう。このあたりの、理論と現実、その中間の媒介としての人間の主体的行動の関連と位置づけと意義についてなどは、私が知らないだけで、すでに理論的には解決ずみのことなのだろうかと、自信なげに私はふと考えるときがある。

果たして党を構成する人間は、この党の方針の実行をつうじて、真に唯物論的に訓練されてゆくのだろうか、どこかにたえず感じる〈無理〉や〈窮屈〉という感覚。それは現実変革の意識性と個人の立場との間の矛盾一般についていっているというのではない。それをふまえた日々の活動の場面のことだ。それをおこなう人、一人ひとりのことだ。彼や彼女は、ただいまの歴史的、社会的、個人的条件に多様に規定されているのであるが、その現状についての正確な認識が出発であるだろう。理論のかく得、対象の認識。その主体としての一人ひとりが、理論的にまた実践的に向上しなければ、あらゆる方面で〈無理〉と〈窮屈〉が生じざるをえないだろう。

これは私の言い訳か、自己弁護か、あるいは日和見的発想なのか。しかしまた唐突に言えば、現下の中国の、かつての文化大革命の大失敗と惨禍が追認されつつあるときに、革命運動にとっての、その根本にかかわる問題を孕んでいるのではないのかとの思いもある。事態は、正確な現実に即してしかすすみようがなく、持続性の基盤はひとえに歴史的現実の人間的主体による継起性に立脚するところにしかないのである。

むずかしげなことを言っているようだが、ことは単純だ。理論は抽象的、一般的でありうるが、現実は絶対的に抽象的、一般的ではあり得ないということ。しかも、その現実を構成し、それを動かしている人間主体は、何十億人いようが、千差万別の有り様をしているということだ。その生きた人間の現実を、ほんとうに知ること、知ろうとして必死の努力をすること。これは党の指導の大前提、大鉄則と言うべきなのである。

㈥一九八一年（昭和五六年）

一九八一年一月六日

この正月は三日夜、民青ＯＢの数人でみぞれ降る仙台の街を飲み歩き。四日はＫ君宅へ。五日は初釣りで貞山堀へ。寒風の中、三時間ねばって寒ハヤ一尾。

岡林辰雄『われも黄金の釘一つ打つ』。豪放な古参党員弁護士の松川事件のくだりを読むうちに午前三時。

さて、非生産的であることこの上もなし。年末は金集めに奔走し、今年になって、さて闘争の展望などについて真面目にはいささかも考えなかったものだ。

岡林氏の自伝を読みながら私は思ったものだ。氏のような〈強さ〉が、やはり本質的な共産党員の条件なのだろうと。少なくとも、そのような〈強さ〉を志向する精神のあり方において、私はつよく私自身について疑惑を投げかける。結局、氏の前では、私はなんであり、またなにであろうとしているのか、きびしく問われているような気分になった。

「私（岡林）にとっては、たたかいが基本になっている。いかにしてたたかって勝つかが重要なのです。現実のたたかいは、抽象的理論ではできないという観点を本能的にもっているわけです」

このような闘争心、戦闘心と、私は〈本能的〉に無縁なのだ。それはかけねなしの私についての真実だ。いくたの試練や経験を経た上で人は自己の確信にもとづく余裕をもって自己の体験を普遍化する。普遍化しうる体験とはあくまで個人的なものではなく社会的なものである。ひそかにではなく、誰の目にもわかるように生きることによって、人ははじめて自分について語りうる。

一九八一年一月八日

昨夜、岡林氏の本を読み終える。良き自分の行動、闘争史であり、氏の七〇年余の経験の重さがずしりと手応えて、私などは恐れ入り、まばゆいばかりだ。

私のごちゃごちゃ考えたり書いたりしてきたことを、氏は明快に確信をもってスッキリと言い切ってくれている。私などを前にしたら岡林辰雄氏は、なんとも理解しがたい思いで破顔一笑するだろう、その顔が浮かんでくるようだ。

以下に、私が考えていることと噛み合い、心にのこる処を煩瑣を厭わずに引用しておく。

「別にちがった人間として生みつけられているわけでもないのに、成功をも失敗をも、自分個人の能力や素質に主な原因があるように考えはじめるのがエリート根性というものではないでしょうか」

「革命の本質も、遠慮会釈のない批判が本質であるというのが科学的な考え方だと思います。誰かに遠慮したり、なにかをためらったりしているようではろくな批判はできないし、真実をつかみだして、社会を変革していくことなどできない相談です。それを排除して真に顧慮なき批判を貫徹できるのが大衆です」

「大衆的批判というものが人間を変える。人間は自然に変わることもありうるのだけれども、やっぱり人間を変える力をもっているのは人間による批判だと思います」

「生きた人間があり、それから理論と実践というものの違いがある。生きた人間と理屈というものの区別、そこに生きた人間に対する限りない尊敬があり、それに従いたい気持ちをもちますね。理論とか理屈とかいうものに反発するんです。インテリというものに非常に反発を感じていたのもそこからなんですね」

「おたがいに率直に言い合い、虚心にきくことが必要です。その雰囲気がないとだめになる。ほんとうに発展して大きな勢力になろうと思えば、それがなければできないですよ。ただ一人の人を、いわゆる個人崇拝で偉いということでやると、一時的には役に立つけれども、結局全体的には損をするんですよ。それで私はいつも人間は平等である、変われるものであるというようなことを心の底から言っている」

「論理が世界をつくっているのではなくて、歴史が世界をつくっておる。それが、論理をも動かし支配しているものだというのが私の考えです。論理が出発点であり、論理が一人歩きをしているのではない。一人歩きするようにみえても、それは錯覚であって、ほんとうのところは事実そのものが論理を動かし論理のまちがいを正し、そして発展してゆくものだと私は考えます。そういうのを、私は事実の論理ということばでいうのです」

「実践活動にもはいらず、つかまりもしないますますくと共産党の仕事をやったら、私は大変だったと思います。インテリのあほう鳥がえらくなって、軽蔑したのが山ほどおりますが、それ以上にひどいものになったにちがいありません」

ウーム、と唸るばかり。痛いところだが、また人間、どこにいても考えている方角は同じだと自信ももてる。しかしまた、これはたたかう弁護士活動をつうじて氏の会得した哲学的真理なのであり、立場が違えば、またおのおのの対応の苦労や工夫が必要となるのである。岡林辰雄氏が、党の地区委員長あたりをやったら、お見事となるかどうかは別の話なのであると、私は言っておきたい。つまり、理屈と実践はこの場合も違うのであり、相手にする人間もまた違うのである。

にもかかわらず、岡林辰雄氏の〈釘〉が〈黄金〉であることは疑いがないことを、私は新年にあたって書き残しておく。

一九八一年一月一三日

われわれが不断の生活や活動の中で直接に見聞し体験し、そしてわれわれの言葉と概念でもって考えていること。それらがなぜ〈科学〉〈哲学〉と結びつかないのか。ということは性急に哲学の直接的効用を求めることと同じではないだろう。日本共産党はみずからの理論的到達をしばしば世界にむかって誇る。それはその世界のこととして理解できるし、そこは確信のもてることである。しかしながら、党の日常的活動の最先端に立つところに、ほとんど〈科学〉〈哲学的唯物論〉が欠如しているという事態は放置されるわけにいかない。われわれの党活動の日常に〈科学〉や〈哲学〉や〈思想〉はほとんど不用となっている。求められるのは、前科学としての経験（とくに人間関係のうまい処理に関する）と技量（いわばやりくり上手の）と体力（かなりの無理に耐えうる神経的、肉体的の）が中心的要素となる。

日常の仕事の内容は上級の方針、指示にもとづく具体的な課題と数的目標にむかっての〈ツメ〉が中心である。とりわけてそれはつねに〈党勢・読者拡大〉に、その数へ収斂されてゆく。それ以上は求められず、それ以上のなにかに目を向け、力を注ぐことは、しばしば方針上の逸脱、我流、日和見主義、消極主義などとして批判、排除される。そして〈重点〉はほとんどたえず全国一律の党勢拡大の競い合いとなる（これはその課題がたえず遅れるという事情があるのだが）。方針につぐ方針の文書による厳密な提起は、たしかに日本共産党的に、系統的かつ整合的であるだろう。

しかしそれが一人歩きをする。それはたえず下部の現実の力量と矛盾する。そのときに、ふたたび現実に即して方針を是正するよりも、正しい方針を深く理解しえず、気概をもって実行しえぬ活動者の、一人ひとりの決意や思想問題の追及の方向へ向かう。そこから人間の心理や思考の弱点（それはどんな場合でも誰もがもつものだ）が抉りだされ、その一つひとつの傾向に政治的レッテルがはられ、陳列される。気の弱い多くの人々はそれだけで萎縮し、みずからの弱点、つまりホンネを押し隠す。物言えば唇さむし冬の風。

下部の現実の力量は、理論だけでは変革することができない。それはぼうだいな人間ひとりひとりを変革する仕事だからだ。そしてそのひとりひとりが関わる多種多様な関連の無数の連鎖の現実を、ひとつひとつときほぐす仕事だからだ。〈理論〉とそれにもとづく〈方針〉が実行される、その現場でなにがいかに在るのか、それを丁寧にみなければならない。

私などがたえず感じるところは、他の理論政策における同様の科学性の要求が組織方針上につらぬかれていないということである。

〈言うことは立派だが、やっていることとちがうんじゃないか〉あるいは〈独善〉呼ばわりを許しているわれわれの側の問題はどのあたりにあるのか。それは中央の公的に示される理論の理論的正確さと水準の高さ、理念、理想の高邁さが、実際の党員と党活動とあまりにも大きくかけ離れているところに要因の一つはあるだろう。

最近よく強調されるようになったことは、全国的課題だけでなく身近な問題をとりあげよ、もっと各人の自由な発言を保障する会議の運営をはかれ、などのことだ。しかし、それらはまだ方法、手段としての強調であって、支部の目的、支部活動のそもそものあり方として、理念としての意味をもって言われているのではない。それでは必ずや一時的な方針の強調に終わるだろう。

本来的に言うならば、もう一歩突っ込まなければならない。支部はおかれている職場、地域の情勢の政治的科学的な分析に立って、自らの党活動を構築すべき本来的任務をもっていると。そこが出発であり到達点である。会議が楽しくなる、みんなが発言する、それは結果としての現象であって、問題は活動上の内容の前進である。

支部が目の前に日常的にふれあっている人々、また社会に多様に存在するあらゆる組織や団体（人間の集団）に影響を与え動かし高めていけるように、党員がそのための活動のリーダーとなりうるように訓練されることが必要である。そのためにも、支部と党員の指導援助に直接あたる最前線の地区レベルの機関の指導の内容を改善し、水準と力量を一段と引き上げなければならない。あらゆる分野に目を配り、とりわけ〈リーダー〉を教育し育成する政治的組織的力量を身につける方向がつよく追求されなければならない。

すなわち、当該地域にことに責任をにない、支部に直接つながる地区委員会の、自主性、自発性の発揮と政治、理論レベルの向上の方向がもっと方針上で強調され、県委員会の政治的教育的な指導が抜本的に強化されなければならない。

問題は中間機関、とりわけ地区機関と支部指導部の体制と力量の向上に決定的にかかっている。党活動に誰しも感じるムリというのも、理論と実践、方針と現実の距離の大きさについての感覚に基礎をもっている。それは現実から出発し、現実の方向に理論や方針を接近させることによってしか解決できないのである。そしてこのことは、われわれの党活動にまだ充分に〈科学〉、しかも基礎的、初歩的な〈科学〉が欠如していることのあらわれなのである。

科学的な理論と方針は、科学的、合理的に組織された党なくしては実行されることはない。われわれは〈科学的〉社会主義を目指しているのであるが、いまだその域に到達するためには大きな距離があることを肝に銘じなければならぬ。

一九八一年一月一四日

今朝は氷点下五・七度。この冬一番の寒さ。そして空は快晴だ。ここ三日ばかりは月給取りの如く六時過ぎに帰宅している。

昨日思いついて『筑摩日本文学全集』――これは上の娘のために買ったのだが――をながめていたら、私などかなり著名な作品もあまり読んでいないことに改めて思いあたる。

島木健作の『生活の探究』は、かれが〈転向〉したあとに書かれたいわゆる〈転向小説〉の典型とも言われている。小松伸六はその批評で、宮本百合子などの批判的意見を否定的に紹介し、今でもなおそれが青春を描いた力作だとの中村光夫の評価を肯定しているが、しかしどうだろう。

私の粗雑な印象は、やはりさほど〈時代の背景を考慮に入れたとしても〉積極的テーマの迫ってこない、自慰的な作品であろうということである。格闘するものの意識ではなく、まずもって敗残したものの意識がまとわりついている。〈高める〉印象ではなく引き戻す力の方向への共感がベースにある。なにも図式的に〈高める〉ことなどないが、しかし格闘によってなにがかく得されたかというより、あとずさりする意識が、引き戻されたところで何を追認したかという話に終わっている。これは「前編」だけの印象だろうか。そうは思えない。

思想的格闘に敗れて、今度は思想をなげうって真の現実をみつめるというような二元的な、一貫しておらない、転向のほんとうの意味〈強権力への怒りに支えられたところの〉での自己批判を避けて個人の心情の殻の中に逃げ込んでいる感が余りにも強い。

だが、またあの時代に敗れたものにとっては、そのように行くしか行き場がなかっただろうことも理解される。そこに、たとえば若月俊一氏のいうようなこの作品への率直な共感も生まれるのであろう。

仙台に学んだ後、やがて国策の一環として香川県の農民運動のオルグとして派遣されたという。

かれは余りにも純粋であったのかもしれないのだ。苦学という個人的経過は、苦学を乗り越え、その境遇を解決するものとしての、きわめて現世的動機に裏づけられた運動と目標を夢想しがちであるだろう。それは理論から入るよりも、ある面で脆いのかも知れない。かれはかれの〈理論〉――余りに観念的で純粋な――に敗れたのであってマルクス主義に敗れたのではない。またかれはマルクス主義の理論によってはつかまれないところの現実を発見したのではなく、もともとかれが出発とした自分の現実にひき戻され、立ち返ったに過ぎないとも言える。

かれは本来的に〈知識人〉ではなく、苦学のすえ成り上がった知識人の類型に属する。それは彼ばかりではない。少なくない〈即席知識人〉の一典型であったろうし、それこそ富農であれ貧農であれ、日本の農民的意識によってかく得された〈マルクス主義〉を、自己の〈思想〉と思い込んだ多くの知識人に共通のものであった。

私は島木健作の作家的力量を認める。その繊細で正確な描写力は別の立脚点をもてばさらに開花しただろう。天皇制強権はそれを温室と農村に深く閉じ込めようとして彼はそれに応えた。その記録として『生活の探究』は読まれるべきであろうし、この時代を踏まえた批評としては小松伸六とは逆に次の宮本百合子の洞察によって位置づけられるべきであろう。

「何々文学には満足できず、さりとて理念と行動の一致は追及せず、だが考えることはやめられない知識人の心情にふれたのが『生活の探究』であったと思われる。これまでの作品で、この作家は執拗に知識人の歴史への任務の自覚と良心の苦悩と、それに殉じようとする精神をとりあげて肯定してきた。ところが、この度『生活の探究』においては、よかれあしかれ知識階級の一特質をなす知性の世界を、観念過剰のゆえに否定して、単純な勤労の行動により人間としての美と価値を見いだそうとしていることは、一方の極に生産文学をもった当時の人間生活精神の単純化への方向と合致していて、きわめて注目をひかれる」(『全集第一二巻』)

いわゆる〈転向の文学〉とはそもそもなんであろう。

今にして思えばなんとでもいえるようなところがある。島木健作にしても、もっと狡猾だった中野重治にしても、彼らが生き、表現した時代の位置はなんであり、その作品の意義や値打ちはどこにあるのだろうか。まったく抹殺、全否定さるべきものなのか。作品を弱者の権力への屈服の自己批判の弁明とみることは正当であり可能だ。しかし、同時に、あの時代に多くのとくに若い人々が共感をよせたことも事実だ。単に権力の走狗に成り下がったものによる宣伝文学とだけいうこともできないだろう。どんなに弁解と内容の浅薄、卑屈があったにせよ、批判とは別に、とくに青年層に広く愛され支持された現実があったということ。この事実は打ち消しがたい。

私はその時代に立ち会っていれば何を言えた人間かといぶかしく思う。

人間精神の彷徨の形態は時代に条件づけられながら多様である。人間は正の遺産だけではなく、いなむしろ、負の遺産をより多く抱え込みながら格闘し生きている。その証言としての『生活の探究』はわれわれに何をよびかけ、何をよびかけていないのだろうか。善意をたとえ主観的でも深々と承認せよとの声が私のなかに充満している。

この作品の中で作者が、ある人々を〈節操をもつ人〉と呼んでいることに苦笑を禁じえないが、そしてかれのマルクス主義の人間理解を卑俗だとおもうしかないが、しかしそこにある懸命な真面目さを拾い上げたい心情に駆られる。

そこにあるのは分かりやすい大衆の心情と処世術である――現実というものの実像がそうならば、あえて無力な個人が、地に足のつかぬ理論をふりかざしてパタパタとうち騒いでみたところで何になるというのか。その現実の生活に沿って生きてみて、そこからコツコツと何かを具体的に変えてゆくしかないではないか。今ごろに声高に天皇制打倒とさけんで、あたら個体を失うよりも、その方が実際的ではないか、そうとしか、この時代をよく生き延びてゆくことはできないのではないか――という心情。これはまぎれもなく、単に転向者の心情にとどまるものではなかったはずだ。

しかしながら、時代は、容赦はない。現実に屈伏する精神は取り締まる対象外となる。大きくは、人間は扱いやすい物となる。権力は、そこにいくらかの反抗を見てもおそれることはなくなる。支配機構の広大な網の目のなかに位置づけられる。

『赤蛙』も読む。「(赤蛙と会うことによって)私はしばらくでも俗悪な社会と人生とをわすれることができたのである――」

結論だけを書く。この作品は、赤蛙を見る作者の目を移動するだけでよかった。それだけを書きければよかった。それを、いかにも寓話的にしたところに、この作者の弱気と正直があって、その精神は骨抜きにされていることが、痛切にかんじられたものであった。

一九八一年一月一九日

一月一七日、仙台でOさん（実に紳士的な学生だった。いつも温厚で知的で、私が素直に尊敬していた先輩だった。心臓病で突然亡くなった）を偲ぶ集いが開かれた。久しぶりに学生時代の友人らと語り合った。

私はいつも思うのだが、私の歩き方は当時の学生運動のいくらか外側に在って、ひたっとくるものをそのなかで見つけたことのない時代だったのだ。私は元来観念過剰気味の個人主義者で、仙台に来たのもいろんな意味で自分を捨てたい気分がつよく、そこでの〈学問的情熱〉はまったく無く、ただ高校時代の自分の思想的なものの弱点をどのようにかできぬものかと思い悩んでいたのであった。恰好ばかりの学生運動は空虚に思え、皮膚的にさえ嫌悪していた。自分にはあんな風に勇ましくはとてもやれぬという〈コンプレックス〉もあった。他方で、セツルメント運動への深い憧れをもっていた。そこでの経験は小さくない転機をつくったようだ。ある人々は、セツルメントを〈隠れ家〉だと言いふらしていたが、そういう人は、ほんとうにはなにも真剣には学ぶつもりはなく、現になにも学ばなかったのではないか。〈学生〉を標榜する運動よりも、私は労働者や地域の住民との人間的なつながりに、心理的にもつよく惹かれていた。

そんな気持ちがたえずあった。その意味で私は〈独特〉であったし、決して〈そもそも〉〈活動家的〉ではなかった。私は大声でしゃべるよりも、狭い部屋でボソボソと話し合う方が好きだった。それに私は自我意識ばかり強かったから〈非協調的〉で、組織的なものにはすぐにはとても馴染めなかった。私はたえず〈運動〉には、はもっと人間臭いもの、個性的なものが必要だと感じていた。もっと合理的、常識的で、もっと人間的なものがなければ広がらないだろうと感じていた。だから入学して、宮本百合子を読んで、この感性が路線の基礎にあるならばと共感した。またやがて党の七大会あたりの、五〇年問題の総括の立脚点、その思想への共感は〈これはまちがっていないな〉という日本の党への確信を強めさせた。

一九八一年一月二〇日

現在の党の、とりわけて地区機関あたりの〈幹部〉〈私はそもそもこの〈幹部〉という言葉、語感が非常に嫌いであるのだが)のレベルは、全国的にみてどうなのか。はたして党の全般的路線をどのくらい正しくつかんでいるのだろうかと、ふと考えることがある。当座のことは処理できても、自分なりにでも、深く思想としてつかむ努力をしているのだろうか。

党員であることが〈マルクス主義者〉なのではない。なにも思想集団として狭めることを言うのではないが、しかし長い目で見れば、この思想や理念の〈権威〉を末端まで行き渡らせて高めねば、新しい変革の先行きは不安定と言わねばならない。またどんなに優れた方針も、現実の行動となるとそんなにきれいに通じるものではないわけで、結局は具体化のところでの、一つひとつの齟齬を除去するところでの人間のありようが決定的なのである。

いくら聞かせても、理解できぬ人もいる。下ばかり見て上を向かぬ人もいる。上ばかり見て落ち着かない人もいる。言われてはやりたがらぬ人もいる。どうにも多忙な人もいる。人を動かせぬ人もいる。いるわいるわ——そうして、そのなかに私も一人の党員としているのである。

一九八一年一月二一日

〈自由のための闘争〉、それは久しく共産主義者の旗印になってきた。しかし今この時代において、現実の〈社会主義〉は自由への抑圧者としてあらわれている。人間の精神と行動の自由こそあらゆる人間的なものの源泉であり動力であり、それをぬきには高度の共産主義と共産主義的人間など生まれてきようがないのだ。

私はときおり思う。党も〈現存社会主義〉の否定面とともに、その積極面と到達について強調するのだが、しかし〈自由の精神〉が許されず存在しないところに、どのような意味で本質的に人間的な〈社会主義〉の優位と展望を語ることができるのだろうと。

やはり私はこの党の中にあって思う。人間的な、あらゆることの前提としての、人間精神と人間行動の自由。人間の全的発展の根本条件としての自由。制度、体制としての〈優位〉とは?それが思想の自由と結びつかぬとき、一体その社会とはなんであるのか?それが社会主義的な人間の自由な存在とどう関わるのか?

現にソ連圏、中国で人間精神への抑圧は充満し自由は彷徨し悲鳴をあげ号泣している。その現実を、現存の党の指導者たちはどのように認識し説明しようとするのか。

一九八一年一月二三日

石川淳『普賢』。うかつにも、その名は早くから聞きながらまともに読んだのは初めて。かれ三〇代後半の処女的作品で芥川賞を受賞したのであるが、その文章、それは江戸戯作か二葉亭を引き継ぐような、あたかも人生に通暁しきったような感を抱かせる。中で庵文蔵の独白はこう言う。

「おれは何か、そう欠陥といっておこう。何か欠陥があるんだね。何か現代にのさばって生きるのに不適当なものが。社会組織の欠陥。そんなものをほじりだして、責はむこうにあるときまったところで、それがどうなるんだ。そういう真似はめんどくさいのみならず、第一無意味だ。というのは、おれの欠陥は社会組織がどう変わってもやはり欠陥として残るであろう性質のものだからだ。寄合世帯をこねかえしてみたぐらいのことで、数千年来、ついに今日のごとくに出来上がってしまった人間の出来工合にいかなる本質的な変化が生ずるのか。ところで、おれは今日のような出来工合の人間諸君と付き合うことはまっぴらだ。それをおれの欠陥のせいにしたのは、おれとしてはずい分謙遜しているんだから、こっちではどうしようもない。先方で都合をつけてくれればだが、こいつはできない相談だろう。人間を鋳直す釜なんて重宝なものはないからね。ユカリのようにすぐ燃え上がる生まれつきのやつは別だが、あいつはあいつだ」

「そうしていながら、そうしている自分がこのおれなのかどうか、つまり自分の行為も他人の行為も霞の幕をへだてた知らぬ世界のまぼろしの如く、善とか悪とか偉大とか卑賤とか、一切の批判反省と絶縁したまっくらな海にただようおれは透明な魚なんだ。そのくせそれらの愚劣な行為で刹那、刹那、おれはいっぱいになっているらしい。あたかもそれがおれの思想の唯一の捌け口でもあるかのように、かりに思想などというものがおれにあるとすればだが――」

この庵氏はこの小説のさいごに自殺してしまうのであるが、この時代の知識人士のもっとも典型的な心理を言い得て妙である。作家はこう語らせながらも、夢にみる恋人ユカリを、官憲の手から救うために行動を起こすのであるが、同時にその時かいまみた〈活動家ユカリ〉のおぞましき姿にもうちのめされてしまうのである。

〈数千年来ついに今日の如く出来上がってしまった人間の出来工合――〉という言葉は、はたして深い虚無の淵源を語ろうとしているのだろうか。それとも身を以て体験してきたゆえに、しかく断言するほかない、したたかな現実直視の姿勢でもあるのだろうか。

これらが微妙に私の琴線に触れあうところは、私自身がまたたえず理論と現実の乖離の傷みを感じつづけているからである。そうして思う――人間の人間である特質としての考える能力、考えて実行する力量は、果たして

〈ここまで〉で〈出来上がってしまった〉のであろうか。この先は真っ暗なのだろうか。

このとき私がおもいおこしたのは、唐突にも、かつて引用して書きおいたエンゲルスだった。

石川淳はここで、深い諦めと虚無の根拠として〈ついに出来上がってしまった人間〉というのであるが、この虚無感への到達によって、石川は人間（その認識能力）について、人類史的視野から考えるとば口に立っていると思えたのである。エンゲルスの〈直視〉は、ここから羽ばたく。

「（人間）思考の至上性は、きわめて非至上的に思考する人間たちの系列をつうじて実現されるのであり、真理性の無条件の主張権をもつ認識は、相対的な誤謬の系列をつうじて実現されるのである。このどちらも人類の生命の無限の持続をつうじてでなければ完全に実現されることはない」と述べて、こういう。

「じっさいわれわれは、まだ人類の歴史のごく初期にいるのであって、われわれがその認識を――実にしばしばかなりの軽蔑をもって――訂正できる世代の数よりも、将来われわれを訂正するであろう世代の数の方がおそらくずっと多いだろうからである」（『反デューリング論』全集二〇巻）

考えてもみたまえ。石川淳の言うことは間違ってはいないのである。しかし、彼はそこで立ち止まり、ため息をつき、諦めの根拠を求める。たしかにこの日本という国、そこにすむ日本人という人種。これは〈数千年〉という波乱怒濤をくぐってここまで出来上がってきたのである。それは日本に限ることではない。世界が、人類が歩いてきた道のりだ。それを、たとえば人間のまるごと、根元から改造するとはどういうことか。そのために費やす時間の尺度とはどういうものなのか。それが例えば数十年程度と、もし本気で考える人がいたら、かれは狂人かおどろくべき変人というほかないではないか。そう石川はいうのである。

そうなのである。エンゲルスが言い、マルクス主義というものが、人類史を見渡して考え構想した尺度からすれば、数十年などという時間は、まったくとるに足らない瞬間とも言いうるのである。これがまともな人間の感覚というべきではないのか。社会体制の変革・交替、つまりは人間の変革に関する展望では、何十年という時間はものの数ではないことを、われわれは何度でも腹に叩きこんでおくべきではないのか。

奇しくも、石川淳はマルクス主義の視野と重なる地平にいた。〈人間を鋳直す釜なんて重宝なものはあるわけない――〉という虚無感を吐き出すような辛辣な言葉もまた、石川淳の世界観、人間感の基底をなす。

だが、にもかかわらず石川淳は虚無を徹底することで、マルクス主義に近づいているのである。そもそもマルクス主義は、一切の社会、経済、政治、そうして人間の〈終極論〉〈虚無論〉との闘争だったと、私などは考えている。終わりなく、果しがない。人は好むと好まざるとに関わらず、ともかく地球が存続する限り生きる。生きないわけに行かないというふうにして生き続ける。そういう終わりなき人間の未来への旅路をマルクスはいまの現実を直視することをてがかりに展望しようとしたのである。その視野の巨大さこそマルクス主義の思想としての巨大さなのではあるまいか。

石川淳が、こうしてマルクス、エンゲルスの理論と重なって見えると言えば、誰かは目を剥いて怒りだすだろうか。文芸批評家は笑いだすだろうか。

〈右向け右〉方式の号令で社会と人間が変わるとすれば〈革命〉とはなんと簡単なことだろう。

人間はどこか深い処で理論の枠組みの中には収まりきらないものを荷っていると、私はいつも思い知らされているわけなのだ。統一した意思、単一の力。それらに向かって全人間がうちそろって行動すること、少なくとも歴史的な期間において持続すること。それはひょっとしたら、竟に永遠の目標である他ないのではないか。だが諦めではないことはいわなければならない。

いま、一つの党の組織のあり方を見てさえも、私は一方での焦慮と他方での遠大なる安心をもって感じるのである。

一九八一年一月二七日

信号を右折する車の脇をあやうくすり抜けて、中学校あたりのカーブミラーにさしかかり、しばしばそこで二級酒を買う乱雑な商店の前を通りすぎたとき、私はふとこんなことを思っていた——。

アメリカという、もっとも発達した資本主義国での社会主義への展望を開くことなしに、社会主義は今日根本的な思想と行動の優位をかちえないのではないのか。アメリカ〈民主主義〉はなぜ共産主義へと〈前進〉しないのだろうか。かくもさまざまな様式と意匠において、たとえ表面的にせよ〈アメリカナイズ〉されてきているこの日本で、まさにそのアメリカ的なものと共産主義との〈懸隔〉ではなくてむしろ〈関連〉を、われわれはどのように理解すべきなのだろう。

この〈高度に腐朽した帝国主義〉は、その〈腐朽〉の言葉のままに朽ち果て、それとはまるで別の方角からアメリカに社会主義がやってくるのだろうか。資本論はアメリカでどのように読まれ、理解され、具体化されているのだろうか。

このことについて誰かは納得できる解明をすでに与えているのだろうか。それともまたも私自身の〈おそるべき無知〉であるのか。

世の中は変わってきているのである。その変わりようを、昔日を懐かしむ形で嘆息し批判することはあたらない。また軍事大国化への危険を叫ばねばならぬが、声高に叫ぶことだけがそれを阻止する力なのでもない。〈敵〉の戦略は多面的であり、それに対抗してそれを凌駕するに、こちらがいつまでも単純なやりようを貫くだけでは不足なのである。そしてその方法の多様を生むところの思考の自由と多様を涵養しなければ、こちらはいざとなれば討ち死にするしかあるまい。

一九八一年一月三〇日

この間、私はこの四年間の私のノートをながめていた。気分として重たい季節だった。浮薄としか言いようのない時間だった。表向きは現実のあれこれが波風をたてて私に襲いかかり、私はそれにどうにか向きあっていた。内側で私はその感性から見ても矛盾し、背反したものにむかって全身をかたむけていた。

どういう意味での〈証言〉になりうるか。ただひとえに私自身の追認のために他ならない。どうみてもそれ以上でも以下でもない。ただ足跡をそのとおりに残しておくことの値打ちを、私だけの必要によって確認するのである。

そうして私は三六歳というかなりの年齢に別れを告げる。

この間、西沢舜一『「甲乙丙丁」論――いろはにほへと』を読み、中野重治についての映像がこれまでになく曇ってくることを感じた。これは考証をくぐりぬけた告発の書である。それはあくまでも説得的であろうとし、そして中野重治の人間の、また作品の核心、つまりかれの逃れようのない人間性の深淵に容赦なく迫ろうとするものだ。

戦時下の〈文学報国会〉菊池寛に宛てた中野の〈嘆願書〉は、中野にとって歴史的、個人史的な屈辱であり、その屈辱の証拠を、あの平野謙（平野自身が負い目となる深い傷をもっている）につかまれていることによって、中野重治という個人の軌跡がゆらぐ。中野の必死の自己防衛は、いじらしくけなげであるとともに、否、それゆえにこそ、なんともいいようのない、かなしい人間のあり方を示す。

元・日本共産党中央委員としての中野重治にむかっての、これは政治の苛酷さとも言えようが言えまいが、しかし、政治の側からの批判に耐ええないで、その人間、その作品の値打ちは危ういものだろう。しかも、彼中野重治は公然と、公的政治的人間として存在しつづけたのである。その重さを、受動的な個人の重さにだけ押し込めてはならぬだろう。その社会的な公的な重さを分かちもつ個人の位置、個人における立場の自覚が肝要だろう。そこに人間の節操がもとめられ、そのときの忍耐こそが、個人がおよそ政治的、社会的に生きることの意味につながるものだろう……。

なにものへ向かっても立ちむかえる強靭さ。それはあらゆる多方面での多様な試練と経験によるしかない。それを体得する千差万別の方途と方法があるだろう。

あからさまに陽の下にさらしてなお、なにものにも恥じぬ内側と外側。少なくとも公的政治的に生きる、生きようと意図する人格にとってのたえまない目標はここにあるだろう。その途上での過誤をおそれることはない。そのあとの身の処し方、向き合い方。

それを支えるものとしての大まかな、しかし堂々とした理念。それはすぐさまに共産主義的なところでもなく、長きにわたって人々がつくりだしてきたもっとも普遍的な、もっとも最大公約数的なものとしての民主主義的な理念。まさにこの民主主義的なものを徹底し堅持しうるところからひらけ、羽ばたくところの共産主義的理念。それにむかって。

㈦一九八二年（昭和五七年）〜一九八四年（昭和五九年）

一九八二年二月二一日

この時期に地区では『女性のひろば』の拡大に力をいれた。その経験を書いて週刊「赤旗、学習・党活動版」に送った。そこでは「『女性のひろば』三倍化の教訓」という表題で掲載された。この中で私が言いたかったことは、党への接近の道幅をより広く考えるべきだということだった。党はその当時、いろいろ多彩な定期刊行誌をもっていた。中でもそれなりの支持を集めていたのが『女性のひろば』だった。これは、ある重要経営支部の拡大活動の中で発見したことだった。この経験を広げて一気に拡大が進んだ。やがて『女性のひろば』編集長の佐藤庸子さんを招いて講演会をやることになった。奇しくも佐藤さんは東北大学出身で、喜んで駆けつけてくれた。当日、いつもは地区の会議に出席したことのないような婦人党員など五〜六〇人が集まった。終わってから懇談会も有意義で楽しいものだった。

一九八三年七月一七日

週刊「赤旗学習・党活動版」に「党史への確信と誇りが選挙での前進を支えた」と題して原稿を送った。この年の六月二六日、史上初めて政党名投票による参議院・比例代表選挙が行われた。全国的にも同じような状況だったが、とくに仙南地区のような広大な農村地域を抱えていると不安は尽きなかった。果たして投票所で、農村のお年寄りなどが自分の手で、生まれて初めて「きょうさんとう」と書いてくれるかどうか、想像するだけで、不安ばかりが募ったものだ。だからこそ、われわれも必死だった。経営支部が地域を分担し系統的なビラの配布を行い、その中で対話をひろげ結びつきを強めたいくつもの感動的な経験が生まれた。私も党史学習活動の先頭に立った。最終盤の決起集会には約四〇〇人が参加したのだが、そんな規模の地区主催の集会は史上初めてだった。開票日は、どうなることかと得票数を固唾を飲んで見守った。全国で四一六万票、七議席を獲得したことを知った時は、みんな抱き合って喜んだものだ。地区内でも予想を超える得票数で、比例得票が町議選を上回ったところがいくつもあって驚いたものだ。ともかく、この選挙は、いろんな意味で歴史的意義をもつものだった。またこの中で私が強調したかったのは、党の学習というものは、このように現実的な活動力になる、まさに「知を力に」するような形と内容で取り組まなければならないということだった。

一九八三年八月一四日

参院選の翌月、年末の総選挙を前にして一九八三年八月、伊豆学習会館で「全国地区委員長講習会」が行われた。その最終日一三日の全体会議で私は発言した。その発言全文が翌日の赤旗・党活動版のトップに写真入りで大きく報道された。

一九八四年七月一三日

冗談に〈俺がいま死ねばたいへん惜しまれるだろうなぁ〉というが、ほんとのところ、そんな大事な時期にいるのかもしれない。

なにごとかはこれから始められるのである。このチリ、アクタの中から這い出てシャワーで体を流し、まだいくらかのチリがついてはいるが、私は背のびをしてまぶしい空を見あげるのである。

体にこびりついて離れぬチリ、アクタもあろうが、しかし、這い上がってきたなというひそかなよろこびや確信はある。さすれば、このあたりが〈不惑〉ということにかかわるのかと、すぐに調子にのる私の感覚は感じたがるのだが、それはどう名づけてもよい。

ただ私は小学生の頃からそうだったのだが、〈私とはなんだろう、私はなぜこのようにして生まれてきたのだろう?〉と考え込んできたようなところがあって、そのこたえを追いかけてきた気がするのだが、いまようやく、なにか、つかまえられはしないが、わかりかけてきたような気がしないでもない。

一人の、普通の人間個人が、四〇年間かかって、このへんをうろついているというのも、さびしい感じがするが、そういうものが、むしろほんとうだろうとも思う。なにかをあきらめたり、捨て去ったりするのも、考えてみれば〈傲慢〉なのかもしれない。ほんとうにあきらめたり、捨て切ってしまうほどにものごとがわかったのか?　と問いかえされてもこたえられない。

いろんなこと、あらゆることにこだわりつづけて生きてゆくということが、ほんとうに大切な人間の生き方だと思う。私など、どれもこれも中途半端であるが、取り柄があるとすれば、浅いなりにあらゆる人間の所業に関心とこだわりをもちつづけているということだ。みんなほおっておけない気がする。私は正義感や潔癖感は非常に弱いので、われながらいいかげんだなぁと思うのだが、これも考えようで、いざというときの私の精神と肉体の、健康上の〈安全弁〉なのかもしれない。私から見て〈俺はダメだなぁ、どうしようもないなぁ〉と、自分で思い込んでいるだろう人々――それはほとんどの党員がそうなのだが――も、私の尺度で測れば、そのだれもがかなりつよく輝いて見え、尊敬や信頼の対象となる人格だ。

仙南地区最後の六月一〇日の後期地区党会議の「まとめ」のなかで、いくらか思いをこめて〈生来わがままな私とこの八年間一緒に活動してきた事務所のみんなには、たいへん迷惑をかけてきた。いつも怒ってばかりいたが、ここで改めて感謝する〉と、サブちゃんや大沼くん、松田くん、吉田のぶおくんらの名前をあげたとき、私は胸がつまってしばらく言葉が続かなくなってしまった。

しかし、それはほんとうの気持ちだった。私は我が儘放題だった。いざというとき、サブちゃんを始めみんな私を擁護してくれた。よくぞみんなついてきてくれたと思っていた。さほど恰好のよい〈同志愛〉ではない。しかし、掛け値なしの一体感があった。〈おまえら、早く嫁さん見つけろよ！〉気持ちの中でそう呼びかけていた。

六月一三日には、地区委員会の人たちが私の歓送の集いを開いてくれた。四〇人ほどが集まり、劇作家の作間謙二郎さん、石垣病院院長の石垣儀一郎さんも来てくれた。その最後に、私は『愛と死の肖像』（アラゴン編）の、最後の手紙の一節を、酔いにまかせて朗読した。それは私の高校時代の、フランスの党への憧れを作った文庫本だ。いつまでも、そういう人間が私なのだ。

そうだ、私が二九歳の時、民青県委員長を終える最後の県大会。仙台の白鳥ビルの八階ホール。二百数十人の代議員に向かって、私は「別れのことば」の内容に、同じようにフランスのレジスタンスとその中での党と青年同盟の誇りについて語り、語りながら胸がつまり、終えたときの、つよく長くつづく拍手に、私の話への深い共感を感じ取ったものだった。想えば、その場景が彷彿としてくる。当時、民青は全県で六千人を超える勢力をもっていた。

私の〈いい加減さ〉は私自身が自認するところだ。まるで党の何かを担うかのようなまわりの期待や願望を時折つよく感じるが、しかし、そういう人々が〈私〉に見ているのは私の真実ではなく〈虚像〉だ。

私は、自分をもて余し始めていたのだ。元来、まことに野放図に、礼儀知らずに、無頼に生きてきた私は、ときおり自分自身を統御できなくなるときがあることを知っていた。自分でも暴れている自分が〈手に負えない〉ことがあった。私には〈誠実さや真面目さ〉が欠けていたし、そのことは身にしみて感じていた。

私にはあらゆる高貴なものへの飽くなき憧れが強くあるとともに、唾棄すべき品性の下劣さも持ち合わせていた。そういうことを二重人格と蔑む人もいるが、私はそれが人間の真相にちがいないという、どこかに確信があった。その往来はつねに激しかった。それをなだめるために本のなかの人々の言葉に耳を傾けていた。それが、私という人間の真実なのだ。私には、〈人間らしさ〉ということでは、その全てが備わっていると思っていた。それは、人間もまた本質的に充分〈野生〉を本性としているという意味でだ。

正直言って、私には何にもない。だから、私には、その意味で〈党〉しかない。党が〈私〉なのだ。私の党なのだ。この党を抱えて、この党と一緒に歩いてゆくしか私の道はないのだ。ほそぼそとして私は党だ。


（「ある日本共産党地区委員長の日記」了）

三、仙南地区から仙台地区へ

（一九八四年～一九八七年）

一九八四年秋、私は足かけ九年いた仙南地区から仙台地区へ任務変更となった。仙台地区ではははじめ副委員長として、やがて県常任委員を兼務した。

仙台地区委員長は、私も知っていた山本良さんで、私より八歳の年長だった。彼は東北地方でも有数の戦闘的な労働組合として知られていた東北電工労組の委員長出身だった。まさに六尺の長身の上に大酒飲みのヘビースモーカーで、粉末ノーシンの常用者だった。磊落豪放な性格で、口数は少なく、当時はまだパージ組もいたが現役の労働運動出身者は少なく、その多くが東北大学出身であったから、それだけでも存在感は他を圧倒していた。しかも、その経歴からは想像もできない読書家だった。最初は私もいくらか時代小説を読んでいたから、山本周五郎だ、池波正太郎だ、いややはり藤沢周平だな、など語り合っていた。

しかし改めて彼を見直したのは、あるとき、そんな読書談義のあと、彼がポツリと「モラヴィアもいいなぁ」といったことだ。私はそのイタリアの作家の名前さえ知らなかった。それから慌てて岩波文庫の『無関心な人びと』などを探して読んだが、それが実に面白いというか現代的な問題提起に溢れていると気づいて驚き、改めてヤマチャン（最初から二人の間では「ヤマチャン、ケンチャン以外で呼び会うことはなかった」）の読書の量ばかりでなくその広さと深さ、見識、その鋭さに感服した。

それからの二人の仲は文字通り阿吽の呼吸となった。目配せ一つで互いの意思が通じあえた。

仙南地区と比べれば仙台地区の規模は桁違いだった。支部数は二五〇を超え党員現勢は数倍あった。経営支部も各種公務員から民間経営まで多彩だった。当初は副委員長三人制で出発したが、一度の地区活動者会議（支部長、支部指導部対象の）のあとから、地区委員会の主報告はすべて私に任された。ヤマチャンは、会議のはじめに一言「ただ今から始めます」と言うと引き下がり、私が報告、提案を行った。中央委員会総会の決定（当時は宮本議長の冒頭発言も、決定の中に重要な位置を占めていた）が出るとだいたい地区活動者会議が行われる。参加者はいつも二〇〇人を超す規模の会議になる。しかし支部によっては欠席者が出る。私が報告をやるようになってから、ほぼ八〇分~九〇分の報告をテープにおさめ、欠席地区委員、支部長は個別に呼んで必ずテープを聞かせる仕組みが出来上がった。それは地区党会議でも同じだった。私の報告は仙台地区の党員には新鮮な驚きだったようだ。ある党歴の長い人が「共産党の会議で笑ったのは初めてだ、こんなに笑って報告を聞いたのももちろん初めてだ」と語った。別の古参党員は「中央の決定の一語一語にこんな重みがあることを初めて知った」と言ってくれた。やがて赤旗東北総局の記者が評判を聞きつけ、取材にきた。そんなことは珍しかったが、仙台地区活動者会議の模様と報告内容の記事が、一般のニュース記事と並んで赤旗日刊紙東北版に掲載された。見出しは「地区委員会、気迫の報告」というものだった。

こうして決定の理解に関してはかなり徹底的な意思の統一がはかられるようになり、諸活動の変化と前進の力になった。さらに私は教育学習活動を重視して、地区主催の「支部指導部講座」を定期的に開催し、支部にも出かけて出張講座を開いた。これには図表なども使い、分かりやすく語ることを心がけた。また婦人市会議員からの要望もあり、婦人のための学習講座を何度か開催した。

それまで、仙台地区には〈こんなに大きい地区は大変だ〉という声が少なくなかったが、私は仙南地区の経験から〈大きな地区がどんなに羨ましかったか〉と語り、そのもてる力を全面的に発揮すること、とくに政治的な意思の統一に努力した。

党勢拡大もすべてが順調とはいかなかったが、例えば一九八五年の第一七回党大会では、ヤマチャンが代議員で出席し不在であった党大会期間中、党大会に呼応する拡大行動を呼びかけ、一日で一〇〇人を超える赤旗読者を拡大し、赤旗党活動版に大きく報道された。そういうことは全党的に珍しいことだった。

また私は積極的に選挙でも日常的にも街頭演説に立ち、個人演説会の弁士などもつとめた。

あるとき、青葉通一番町の繁華街で、中央の中型宣伝カーによる街頭演説が行われた。昼休み時間の人通りの多い時間だった。事務所にいたら急に弁士が足りなくなったと川端先生（川端純四郎東北学院大学助教授、長く日本共産党後援会代表を務めてきた著名な神学者でオルガニスト。その学習会の講演はどこでも大好評で、話の上手な人だった）から名指しで呼ばれた。というのも何日か前、何かの会合のあと、二人で酒を飲み交わしながらの会話になったとき、川端さんはしきりに「党の専従者がさっぱり街頭で演説をしない、それはおかしいのだ」と言う。私は「そんなことはない、機会さえあればいつだって出てゆくのだ」と、どうも大人げない口論になったことがあった。そのことがあったせいだろう。

私は急いで青葉通一番町に向かった。着くやいなやマイクを渡された。なんの準備もなかったが、そういうときの私は慌てることはない。恥も外聞もなく、ともかく今日の情勢と共産党躍進の意義について三〇分ばかりしゃべった。中央の宣伝カーは中型とはいえ抜群にマイクの性能がよい。しゃべっていても、なんの違和感もなく、思っていることを、まるで目の前にいる人に語っているように話せる。それはびっくりするほどだった。自分の声がその周囲のたくさんの人の気持ちに届いている実感があった。川端さんは何も言わなかったが、無事に終わった。そのあと、全く偶然のことだったが、中型宣伝カーの車長（運行責任者）の日報というのを、ひょいと見ることがあった。そのなかに、前日の一番町街頭演説についての報告があった。そこに一行「鈴木副委員長の演説が始まると歩行者の足が信号で止まった」と書いてあった。それは車上から見ていて私も感じていたことだった。ひどく安堵したものだった。

一九八六年七月の衆参同日選挙の最終日、今度は名掛町の広瀬通交差点で打ち上げの街頭演説会があった。初めて中央の大型宣伝カーに乗ってしゃべった。その時、この宣伝カーでしゃべれば、どんな人でも演説上手に聴こえるのではないかと思ったものだ。私の声が仙台の夜空の遠くへ響き渡るような感覚になった。このときは組織された党員たちもつめかけていた。車から降りてとこと歩いていたら、何人かから「よかったよ」と声をかけられた。残念ながらこのときも衆院選での議席回復はならなかった。

個人的に印象に残ることだけを書いてきたが、あれこれのことを書き始めるときりがないからである。一方で、私は離婚して独り身になり、仙台郊外のアパートで暮らしはじめた。個人の生活をめぐっての波乱が続き始めていた。

仙台地区には一九八七年まで足かけ四年いたことになる。

あるとき、突然、北海道・東北地方出張所という同じ県委員会事務所にある中央機構の事務主任への転勤を命じられた。中央委員会の勤務員になった。前任者は、党の北海道委員会委員長に転出していた。

一番驚いたのが、本部勤務員になった途端に、給与が地区委員会の倍を超えたことだった。そのことに何よりも驚いた。なるほど、本部勤務の待遇はこの位でないと、優秀な人材が集められないのだなと、他人事のように感心したものだ。地区の常任給与があまりにも少なかったというだけの話ではあったが。

四、地方出張所から党本部へ

（一九八九年〜二〇〇四年）

一九八九年の一〇月のある日、突然本部・書記局の浜野氏から電話があって、明日にでも本部の書記局に来るようにとの連絡があった。私は、瞬間に、これは何かこっぴどく批判されるのだろうと覚悟した。というのも、地方出張所という部署は甚だ中途半端な位置にあり、道県と本部の中間にあって、とくに日々に明瞭な仕事があるわけではなかった。本部の時々の要請、あるいは道県委員会からの要請にもとづいて臨機応変に対応するものであったから、ときおり各地への長期の出張などはあったが、フワーとした居心地が私にはいつも落ち着かなかった。事務所には中央役員二人と文書連絡員一人と私の四人がいた。事務主任というのは、そんなことはつゆほど考えたことはなかったが、やがて中央役員になる前段の位置にあると思われていた。

しかし私は私である。あるとき、中央の決定か呼びかけ文書だったか忘れたが、ともかく、この決定文書は、一切の解説、解釈をしてはならず、支部で読み上げるだけにしなければならないとの指示があった。私は、「中央決定文書は経文じゃあるまいし、そんなバカなことがあるか」と仙台地区のある支部に出かけ、そこで解説、説明しながら読み合わせて討議した。みんなよくわかった、理解がふかまったと反応はよかった。それを報告し、週報にも書いて送った。するとすぐに書記局から連絡があった。それが指示に反する行為だというのである。それを受けた、当時事務所責任者であった外尾静子中央委員は驚き、困惑した。本人もよかれと思って私のしたことを書いたのであるから、責任は自分にあると思い、真面目で中央にことに忠実な人であったから、それから二日ばかりは自己批判書を一生懸命に書いていた。そばで見ていて、すまないことをしたと内心は謝ったが、仕方ないことだとも思っていた。

私が考えるほど甘くはなかったはずだ。外尾女史がどんなに悩み傷ついていたか、想像にあまりある。

そんなこともあったから、浜野氏に呼ばれて一番ピーンときたのがそのことだった。回りも、なんのために呼び出されたのかを知らなかった。

浮かぬ気分で駆けつけた代々木の本部には、事務主任の会議でしばしば行ってはいたが、個別に書記局に入るのは初めてである。その当時は、かなり生活も乱調気味で、頭もぼんやりしていた。何を言われても腹をきめるしかないと覚悟を決めていたのだが、書記局に入ってゆくと、常任幹部会委員・組織局長の浜野忠夫氏と、選対局長白石芳朗氏が並んでニコニコして私を出迎えてくれたではないか。

やがて浜野氏が切り出した。「今度、日本共産党後援会の全国連絡会を結成することになった。そこで事務局長を選ぶことになった。宮本議長からは、大変重要な部署であるから、若手のもっとも優秀な幹部を充てるようにと指示があり、検討した結果、宮本議長の白羽の矢が君にあたったんだよ。よろしく頼む。結成大会は一一月にやるから、それまでに上京してくるように」という話なのだ。

そう言われてもまだ頭はぼんやりしていた。私は宮本議長とはその後も一度も面談したことはない。

ともかくこっぴどく批判されるのではないかと思っていたから、ひょいと拍子抜けしたような気分になった。ともかく上京しなければならない。東京での住居をどこにするか、早速、管理部の人の案内でいくつかを回って、板橋・小豆沢のアパートに決めた。それからあわてて引っ越し支度を始めた。

表向きとは違って、実際は、私をめぐるいろんな難題があった時期で、このままでは、神経が参ってしまう、なんとか転機を作らなければと思っていたから、まったく思いがけない助け船が急に向こうからやって来たようにも感じられ内心は大いにほっとした。

日本共産党後援会全国連絡会の結成大会が開かれ、不破委員長が基調講演を行い、最後に初代事務局長として私の経歴などが紹介された。まだ頭の中はぼんやりしていた。バタバタと準備が進み、県と地区の送別会も開かれ、全国連絡会の事務所も決まり、落ち着いたのは、もう一九八九年の年末に近い時期だった。

そこから私の本部勤務が始まる。それから二〇〇四年に退職するまでの一六年間本部にいたことになる。思えば、一九六四年、学生で民青の常任委員になってから数えるとちょうど四〇年間、私は党と民青の常任として生活してきたことになる。

一人事務局長の時代が始まった。自分の活動の転機とすべく当初は夢中になって勉強した。毎月ニュースを編集発行し、常任世話人会を開き、また全国各地の党の学習会・講演会の講師としてでかけた。

それを機会に私が読んだ現代政治史に関する本や史料は数十冊を超えただろう。〈卒論〉を書いたとき以来の勉強をしたつもりだった。

その中で私自身痛感したことは、日本における政治家個人の後援会組織が世界にもない日本独特の組織体であること、これが牢固として日本の保守・自民党政治をささえ、また日本の民主主義的傾向を阻害する一大要因となっていること、選挙と議会をつうじて革命をやろうという党の基本路線にとって、この分野はいまだ未踏の広大な戦線であること、ここで打ち勝つ活動は、戦略的なきわめて政治的に重大な意義をもつ活動であることなどであった。これを単に組織活動の一環としてはならないこと、そのためにはどうしてもまずその政治的な意義の全党的な徹底が不可欠であること。私は、この任務にある強い確信と誇りをもった。

中央の決定ではその中心的な政治的な意義が正面から書かれていた。宮本議長の発言はその意義を、数々の汚職腐敗にも関わらず自民党が選挙で勝ってきたこと、これに対して党が天安門事件のような逆風があっても確固と前進する力をもつために党後援会が避けて通れぬ重要な課題になっていると、疑問の余地なく解明していた。だからこそ「日本共産党後援会」の「全国連絡会」が初めて作られたのである。私は、そこを出発点に、歴史的、政治的に具体的に掘り下げてゆくことに努力した。しかし、そういうことについて率直に話し合い、勉強会をする機会はなかった。聞いてくる人もいなかった。やがてその一端を『前衛』誌の論文で書いた。

私は私なりのレジュメを作り、全国三〇以上の都道府県での学習会の講師となって歩いた。殆どは党の都道府県委員会の主催で、たまに後援会との共催がある。私は、党活動における後援会の意義と位置づけ、活動方法についての講義を任務とする。党の決定にたって後援会問題を軸に語る。規模の小さい処は十数人で、そういうとき県や地区の担当者が〈参加者が少なくて申し訳ない〉と言う。しかし、私はちっとも気にならないどころか、仙南地区で慣れているし、休日の日中、平日の夜、党の会議や学習会に出席することが、党員一人ひとりにとってどんなに大変なことか知っているから、〈ほんとうに参加してくれてありがとう。ご苦労様〉と感謝しながら話をする。

話し終えていつも〈まずかったかなぁ、いまいちだなぁ〉と反省する。それでも、あとで聞く党や後援会幹部の感想、送られてくる出席者の感想文を見ると、びっくりするほど好評なのである。私はその感想を真に受けて喜んだり、図に乗る感覚は持ち合わせていない。その内容は、いまも手元にあるのだが、私の話を通じて別のことに感激したということではない。改めて中央の決定、方針がよくわかった、日本の党の素晴しさが胸に落ちた、後援会の活動にやりがいと希望が持てたなどというものだった。

しかしやがて、私が自分で考え、〈自分の言葉で党を語ること〉がいかに間違いであり、上級の指示違反として厳しい批判の対象となるものか、痛切に思い知ることになる。

しばらくして桑原信夫常任幹部会委員・選対局長に〈おまえ、地方に行ったら、大幹部だってなぁ〉と強い冷やかし調子で揶揄された。〈おまえ〉とはそういう関わり方だからいいのだが、その語調の〈地方に行ったら〉は、いかにも〈地方＝本部から遠い田舎〉の目線であったことに驚いた。次は、書記局から出てきた選対局の若い指導部から〈けんじさん、地方では、大幹部だそうですねエ〉と皮肉たっぷりに言われた。選対局長に講義レジメを見せたら〈よく恥ずかしくないなぁ〉と突き返された。このときはその意味が皆目わからなかった。しかしそんなことが書記局でもっぱらの話題になっていることはわかった。

それにしても中央には〈大幹部〉というものがいて、中・小幹部がいて、私などヒラの勤務員がいるという厳然たる序列があることは理解できた。それでも私は学習会に呼ばれ出かけていた。

それから三年後には、事務局長には新しい人がなり、私もあらたにつくられた後援会対策部の一員となった。以前、地方出張所でも一緒だった外尾静子氏が幹部会委員となって〈部長〉となった。しかし、そこでも、政治的な議論ができる雰囲気はなかった。外尾氏はそのことに全く無関心であった。それでも、私はたまには呼ばれて地方へ出かけていた。

あるとき、何かの用で書記局に行った外尾氏が、帰ってくるなり血相を変えて私に向かい、まるで何も知らない子どもを叱るように云った。「けんじさん、あなたはお話上手で、地方に行くと大幹部だそうですね。中央から講師で行ったら、中央の決定を紹介してその内容を皆さんにそのとおりにお話しすればいいだけなんですよ。それ以上につけ加えることなんかなにもないんですよ。それに、けんじさんはわざわざ学習会の感想文をとってるらしいけど、そんな必要ないじゃありませんか。中央から講師が来ればだれだって悪いことなんか書きませんよ。いいことしか書かないものです。私は学習会に行っても、感想文なんてとりませんからね――」。いま、書記局で、そういうお咎め、批判を聞いてきたんですと、その表情は語っていた。真面目で書記局指示には敏感、忠実な外尾さんは、指摘された通りのことを〈部長〉の立場から私に申し伝えたのである。その剣幕に驚いたものだ。

感想文など私から言ってとるなどあるわけがない。それぞれの県・地区機関の判断である。多分、相変わらず県から聞こえてくる話、大変好評な感想文の内容が、書記局のなかで、黙視できない問題として話されていたのだろう。（※感想文は「付録」として最後に載せてある）

鈍い私は、そのとき初めて、桑原信夫選対局長が私を叱責した意味がわかった。〈自分の言葉で党を語る〉ことなどもっての他なのである。それができるのは〈大幹部〉という人間だけなのである。

中央決定とは神聖な経典なのであって、まるで聖書とおなじように扱わなければならないのである。ましてヒラの勤務員が〈決定〉について自分の言葉で、自由に話すなど、許されざることなのであった。私のそれまでのすべての講演は、指導部から見れば、得意げになって我流の話をする、最悪の行いなのであった。その〈評判〉がよくなればなるほど、書記局は苦々しい思いでみていたことを初めて知って、私は、ここは私のいる場所ではないなと強く思い知らされたものだった。

私は黙って聞いていた。そして、それからも何回か講師になってでかけたが、同じような調子で、かつて仙南や仙台地区でしゃべってきたように〈自分の言葉〉で喋った。それ以外私にはできなかった。あの地区委員会の時代と、私はなにも変わってはいなかった。

それからも『前衛』や「評論特集版」にいくつかの文章を書いた。

やがて後援会対策部はなくなり、選対局に統合された。私もまたその一員として、各地の地方選挙のオルグ要員として派遣されるようになった。だが、選挙の実践的な、政策的な指導ではほとんど無能、無策の私にはやがて身の置き場がなくなった。

個人的な問題が私の不徳という他ない事情から私に襲いかかってきて、私の精神は参ってしまっていた。

本部勤務最後の期間は、選対局の同志たちの友情と援助がなければ、とても務めることはできなかっただろう。その恩義と厚情を私は決して忘れることはない。

こういう話はにわかに信用されがたいと思うのであえて名前をあげておくが、その後、組織局の幹部会委員・石灰睦夫氏（現名誉中央役員）から食堂の万座のなかで私を指差して〈この人は必ず党を離れる人だ、それは私が断言しておく！〉と大きく強い口調で突然宣告された。周りの人たちのほうが驚いていた。つまり〈あなたは、わが党には不要な人物である！〉と〈離党勧告〉がされたわけである。そのときも、私はそのことには理由があるなと思っただけで、その言葉をそれほど気にもしなかった。石灰氏は日頃から思っていた確信を面と向かって言ったにすぎなかった。彼になんの恨みもない。

それからしばらくたって岡山県に行ったとき、本部組織局から戻り岡山県委員長になっていた石井妃都美という明るい中央委員（現名誉中央役員）が、目をまん丸くして――〈あたしが本部に行ってイチバーン驚いたの

神奈川県の講演会場（1991 年）

は、スズキさんのような人も本部にいるんだということなんですヨォオ！〉――まるで〈羊の群れの中に野犬、それも狂犬を見た〉驚きだった、というように、大きな快活な声で私に向かって言った。正直な人の正直な感想であったろう。迷惑をかけたものである。

やがてそれからおよそ一〇年後に、石灰氏が、自分の人を見る目と予言のたしかさについて、会心の笑みを浮かべながら周りに話したかどうかは、私の関知するところではない。

こういうことがあったのだが、私はここで勤務員の処遇に関しては、基本的には党中央委員会は実に辛抱つよく配慮し、寛大な対応をするものであるということを、とくに私自身の体験からして強調しておきたい。

なぜ党の〈活動方針〉は他党と違って〈決定〉なのか。なぜ〈大会方針〉ではなく〈大会決定〉でなければならないのか。私が、本部にいてつくづくわかったことは、この〈決定〉という言い方のなかにこそ、〈民主集中制〉が表現されており、〈一枚岩の党〉〈鉄の規律〉の党の一番の根拠と秘訣があるということだった。〈決定〉になることによって〈民主的討議〉は終わり全てに決着がつけられる。まさに〈決せられた〉のであり、あとはひたすらの〈実践〉があるのみである。

それはあたかも〈最高裁の判決〉と似たような比重をもった党の最高の方針で、一旦決まった以上、それに異論は許されず、ただひたすらに実行、実践するしかない最高の指針なのである。それは全党員を決定的に拘束する。それに従わないということ、それに異論を挟むということは、すなわち全党の意思への挑戦、反抗なのであって、党への破壊活動とみなされる。またそれに自分流の解釈を加えて説明することは、もっとも批判されるべき〈我流〉なのである。それが許されるのは〈最高幹部・大幹部〉だけである。

しかも、にもかかわらずその〈決定〉があまり読まれていないとすれば（最近の各種の決定の読了率に示されている）、それは決して中間機関と党員だけの責任とはいえないのである。「読みたくなる、読みやすく、わかりやすい文書」になっているのかどうかを中央自身が自己検討し、その改善のために心血を注ぐのが当然の責任であるだろう。

私はまったく事実に立って言っている。言わずにおれぬ気持ちで書いている。

たとえば最近、青年向けの学習会で講演を行った志位和夫前委員長は、そのなかで、共産党が将来政権をとったら独裁政治になるのではないかとの疑問を取り上げ説明する中で〈私の顔をみてください。この顔が独裁をやる顔だと思いますか〉ということを語った。マルクス主義における〈独裁〉は、それなりの理論展開の歴史がある重要な概念の一つである。これがこのように語られ、一字一句赤旗に掲載されたとき、私は、この〈おのれの容貌をもって理論の説明にかえる〉などとふざけた話がまかりとおることを、許されない堕落だと、誰も感じずだれも違和感をもたず、だれも意見を言わなかったのだろうかと思った。こういう発言が〈自分の言葉で党を語る〉こととすれば、党は科学的社会主義の党でもなく、宗教団体と変わらぬ政党であるということになる。こんなマルクス主義政党の中心的指導者のいたことを聞いたこともない。

いま、日本共産党に〈個人崇拝〉などは無縁だという人がいるが、それとほとんど同じ構図の〈大幹部崇拝〉が、宮本顕治氏以来、ずっと長く続いているといって決して間違っていない。それを作り上げ、支える力と機構が厳然として存在する。今度の二九回党大会の役員選出で驚いたのは、九一歳になる浜野忠夫氏が、その高齢にも関わらず常任幹部会委員に選ばれ、人事局長に就任したことである。九一歳とは、どう考えても、どんな組織であろうと、〈長い間ご苦労さまでした〉と拍手で送られ勇退、引退する年齢であろう。そういう〈常識〉は日本共産党には通用しないのだろうかと思うのは私だけではないだろう。

いま日本共産党は、再びの〈中央委員会の分裂〉を恐れているのか。しかし過度に恐れ、警戒するあまり、意見あるいは異論の公式の表明がすなわち〈分裂策動〉であるかのような立場に落ち込んではいないか。それを恐れるあまり、一切の多様性を認めないとしてあらゆる方面に〈鍵〉を掛けてしまえば、今度は党の深い停滞、沈殿、沈没を招くことになるだろう。そもそも、〈分裂〉を意図して画策する党員がいるのか、そういう党員がこの党のなかに居続けることができるのか。もっと心からの信頼に立つべきであろう。

かつて宮本議長がある中央委員会総会で〈みなさんは、並び大名じゃあないんですからー〉といくらかアイロニーをこめて活発な意見の表明を促したことがあったが、その風景がずっと続いているかのようである。

また、都道府県委員長の、それぞれの都道府県を自分が責任をもって預かっているのだという自覚や誇りにたった発言を全く聞かなくなった。都道府県委員長がすくなくともその地方の政治革新について、明瞭な確信と展望をもって語れる力をもたなければ、地区委員会もそうならない。それぞれの中間機関は、県政・自治体革新が第一の主要な任務になるべきだ。そうしてこそこの国の〈国家機構全体〉を変革する展望を拓くことができる。

この点では例えば自民党の〈県連〉というもののほうが、少なくとも形式的にははるかに〈自主的・自立的〉にさえ思える。なんでもかんでも党本部のまったくの言いなりになっていないのは、それぞれが地方の政治にそれなりの指導力と権威を持っているからである。そこを無視したら自民党そのものが下から崩れてゆく。反抗もあるが全体としての結束は強固だ。

日本共産党もまた〈地方分権〉ということを我が身に即して真剣に吟味してみることが必要となるだろう。

去年、党史『日本共産党の一〇〇年（一九二二〜二〇二二）』が刊行された。

それを読みながらまずつくづく思ったことは、かつて一九八三年、比例代表選挙で史上初の政党名投票が行われたときの、あの『日本共産党の六〇年史』のときの私の受けとめ方と今とではずいぶん違ってきていることである。そのときのリアルな状況は前述したとおりである。

いま『一〇〇年史』を読んで思うことは、日本のマルクス主義、共産主義・社会主義の運動の歴史や伝統と日本共産党の位置というようなことである。日本に初めてマルクスの『共産党宣言』が翻訳紹介されたのは一九〇四年、堺利彦、幸徳秋水によってだった。直後と言える時期に大逆事件が起きる。天皇制と日本社会主義の創始者たちとの歴史的な対決、闘争でもあった。マルクスの理論はさまざまな形をとって日本社会に浸透していった。大逆事件が与えた思想的影響は、否定的なものだけでなく、非常に大きかった。そして日本で『資本論』が完訳されたのは一九二〇年のことだった。マルクス、エンゲルスの著作の翻訳がピークに達するのは一九二〇年代であった。一九〇八年生まれの私の父でさえ、一六歳頃の東京簡保局の職場で『資本論』の解説本らしきものを見たという。高畠素之の名も知っていた。父は無論党とは関わりはない。

一九一七年のロシア革命の後、コミンテルン（国際共産党）日本支部として日本共産党が作られたのは一九二二年である。つまり〈本店〉はロシアにあって、日本共産党は〈上から〉つくられた〈支店〉だったといっていい。その最大の任務は世界プロレタリアートの祖国ソ連をまもりぬくところにあったことは言うまでもない。だから、日本共産党が〈わが国の社会運動の流れをうけつぎ〉〈科学的社会主義を理論的基礎として〉創立されたというのは甚だ歴史の事実とは違っている。むしろ日本の運動の流れからいえば〈傍系〉として外から、上から作られた政党であった。このことを否定することはできず、この事自体について恥じることはなにもない。世界の動向の中でこの時期に日本にも史上初めて共産主義政党の旗が立てられたことの歴史的意義を打ち消すことはできない。その上に立って、現実の日本においていかに闘ったのかが重要なのである。同時に、このとき、コミンテルンのあり方について、強く、また説得力のある論陣をはって反対したローザ・ルクセンブルグのような人物がいたことも知っておく必要がある。

創立間もない日本共産党が、敢然と侵略戦争反対の旗を掲げたことは誇るべき歴史の事実である。

戦前の無産政党への国民の支持は天皇制絶対主義の専制政治のもとでも、強固な地盤をもつものだった。一九二八年の総選挙では無産政党が得票数四九万、四・七％を獲得し八人が当選、労農党は二人が当選した。その無産政党の全体としての奮闘は、それまでの人民の運動の蓄積があったればこそであった。

たびかさなる大弾圧のもとでも党は勇敢に闘ったが、しかし一九三五年以降戦後までほとんど壊滅状態で政党としては影も形もなかった。弾圧によって検挙投獄された人のうちの多くは党員ではなかった。いわば同調者

（シンパ）、支持者だった。知識人・文化人のなかにマルクス主義思想は広範な影響を与え続けていたが、彼らもまた徹底的に弾圧され、死に至ったものも少なくない。

そして戦後十数年、日本共産党にとっては「スターリンは世界の指導者・神様」の状態が続く。

私が党に加わったのは一九六二年だが、そのころ読むことを進められたのはレーニンとともにスターリンの著作や『ソ連共産党小史』などであり毛沢東だった。六〇年代に党に参加した人たちは、青年時代にうけたその理論思想的影響が、どこかで体に染み込んでいるはずだ。コミンフォルムになってからも、ソ連との関係は継続、むしろスターリンの威光はさらに輝きを増していた。その時期に、野坂参三（その経過は承知の上でいうのだが）などソ連との内通者がいたことは事実だろう。しかし私などから見れば、それは日本共産党の成り立ちからすれば、ある意味では避けがたい歴史的時期での出来事なのであった。それを後の尺度で測って処分することはできないのではないのかという感想を今でも持たざるを得ない。それは歴史を飛び越えている思考と発想だといわなければならない。野坂参三について言えば、中国での反戦活動さえも全否定されているが、それは歴史の抹殺といわねばならない。

私がいまでも鮮明に記憶にあるのは宮本顕治氏の『わが党のたたかった道』（一九六一年・その後絶版）であったと思うが、そこではハンガリー事件について宮本氏が熱烈にソ連を擁護しハンガリー反革命勢力を激しく糾弾していた。その剣幕に驚きながら読んだものだった。日本共産党はやがて自主独立の立場と路線を確立していくのだが、その時期でさえ、スターリン主義の影響は色濃く残っていたとは私の実感でもある。党が本格的にスターリンの巨悪を詳細に批判するのは二〇一〇年代になってからであり、しかしそこでも、スターリンの革命論、社会主義論、革命政党論についてその著作に即した徹底した批判はまだなされていないのが現状である。スターリン主義批判がスターリン個人の巨悪、その大国主義・覇権主義と一党独裁という批判の域でとどまっていては本質的にスターリン主義を脱却したとは言いがたい。

私の自省をふくめて強調しておきたいことは、レフ・トロツキー評価のことである。私も学生時代は暴力学生集団をひとからげに〈トロツキスト〉と呼称し、それを蔑称ともしてきた。それは長く続いた。しかし私自身トロツキーの著書、例えば『文学と革命』『レーニン』『裏切られた革命』などを、虚心に読んで驚いた。その広い教養と鋭い革命論は、レーニンがスターリンよりはるかに高く評価しただけのことはあったのだと、おのれの無知に呆れた。何よりも、自分の政敵の総称としてスターリンが最後まで打倒・粛清の対象としたのが〈反革命・トロツキスト〉であったことを思えば、まことに、私自身が〈スターリンの立場〉に立ち続けてなんら恥じなかった証しではなかったのか。レフ・トロツキーについては、すくなくとも、スターリンによる評価とは別に、歴史的経過と理論の内容に即して正当に評価される必要が、いまもあることを強調しておきたい。

なぜこのことを改めていうかと言えば、このことを考えても、われわれはいまでも〈全くスターリン主義を完全に払拭し、その残滓ものこっていないのだ〉と言い切れない問題を感じるからである。

今日の日本共産党の政治的役割は非常に重く大きい。まだ国会議席は少数とはいえ、国会論戦でも、ごく普通に見ていて、一番鋭く、安心して聞くことができるのは日本共産党の論戦であることはだれもが認める。日本政治で、もしいま日本共産党がなければ、たちまち戦前の大政翼賛政治となるだろう。いま日本共産党は悪政を阻止し日本政治の革新的な展望をひらく上で不可欠な存在として輝いているのである。

こうして徐々にだが、日本共産党は日本国民のなかに定着する条件を切り開いてきた。だからこそ、私などからみると、文字通り〈スターリン主義の一掃〉を理論・思想面から徹底しておこなうことができる時点に来ていると思うのである。その課題はまだ、済んだ過去のことにすることはできないのではないのかと言うのが、率直な思いである。そして、この道を乗り越えたときに、日本共産党はもっと着実に大きく前進してゆく軌道にのるのではなかろうか。それにはそれなりの時間が必要となる。

ここに引用しておきたい「党史」にも関わる一文がある。「まえがき」に書いた高史明の妻・岡百合子の回想記である。一九五五年、いまだ日本共産党は分裂と混乱の渦中にあった。互いに、分裂した両派からその交際さえ〈決定〉によって禁止されていた二人が、ようやく交際を再開しやがて結婚するのだが、〈非合法〉で開かれたその結婚式の模様を岡百合子が回想している。高史明はその後朝鮮国籍者という理由で日本共産党から追放されるのだが、そこに来賓として宮本顕治が出席する。そのときの情景が次のように描かれている。

「――『結婚を祝う会』がはじまる。――『では、来賓の宮本顕治氏にご挨拶をいただきます』。私たちに一番近い席に、共産党の幹部、宮本氏が座っていた。私にとっては初対面の人である。彼としても、地域で多少かかわっただけで親しいという間柄ではない。が、間もなく選挙に出馬する予定なので顔を売っておく必要があるし、私たちの会にハクもつくからと、実行委員会が招いたのであった。

宮本氏はゆっくりと立ち上がり、あさぐろい精悍な顔におだやかな笑みを浮かべて一礼する。『今日は、このようなすばらしい会にお招きいただいて光栄です。おふたりの力があわせられて、何倍もの力になることを私は確信しています』。少し野太い、低い声で挨拶する宮本氏。その意志の強そうな顔を私は見上げる。かつての「国際派」の中心人物と聞いたが、反戦学同にいた時も会ったことはない。党の統一の過程でいろいろあり、苦労したとも聞く。だが、私にとってこのひとは何よりも、あの宮本百合子が、いのちをかけて愛したひとと意識されていた。――四年前、その百合子がなくなった時のことを思い出していた――。

宮本氏は、最初の挨拶の言葉を云ったあと、しばらく手持無沙汰な様子で立っていた。私たちふたりのことを何も知らないから、それ以上言うことがないのだ。だが、それですわったのではあまりにあいそがないとおもったのであろう、突然『では、ふたりのために平和のうたをうたいます』と云った。え?という感じで一瞬座がしずまる。と、宮本氏は、野太い声のままポッポポ、ハトポッポと歌いだした。みんながどっと笑う。宮本氏はにこりともせず大まじめな顔のまま、ごていねいに二番まで歌った。歌いおさめ、終わると一礼してすわった。獄中十数年の宮本氏である。長い孤独な独房生活の中で、ときに歌を口ずさんだこともあったのであろうか。ミンナデナカヨクトンデイケーという歌詞は、おかしく、そして少し、悲しかった。座はいっぺんになごやかになる。お酒の瓶が動き出して、あちこちで声高にしゃべり、笑う声も聞こえ始めた。私の席から見える父や兄たちのところでも、兄が茶碗のお酒を飲み、幼い姪たちが折り詰めを広げはじめるのが見え、私は少しほっとする――やがて終わりに近づく。私たちはふたりで立ち、誓いの言葉を云った。ふたりともほぼ同じ内容である『革命のために、党のために、ふたりで力を合わせてやっていくことを誓います』――この宴に、彼の身内が一人も出席していなかったということも、考えれば異常なことであった。それは、朝鮮人でもなく、もちろん日本人でもなく『何ものでもない』自分を生きていかなければならなかった彼と、その彼とともにあゆむことをきめた私、ふたりの『それから』を象徴することでもあったともいえた」（「岡百合子『白い道をゆく旅』」）

この一節に私は深く感銘を受けた。こういう党の〈幹部〉と党員たちの交流があったことに励まされた。こういうときに童謡を丁寧にうたう宮本顕治に共感した。特殊な条件下でなくとも、普段にこうでなければならないと、私は思う。喜び、明るさ、優しさ、悲しさなどがこの党の中でこそ交流しあえるようにならなければならない。それは努力すれば、この党の理念と思想をほんとうに身に着けた集団であれば必ずできることだと私は確信している。

日本の党は、大きい流れから言えば、日本における共産主義運動の中に位置づけられる。しかし間違ってならないのは、日本共産党が日本のすべての運動の〈前衛〉でも、〈永久不滅の政党〉でもないということである。さまざまな共産主義を志向する運動や思想がいまもある。『資本論』をめぐる書物は、無限にあると言って過言ではない。それは多分、これからの長きにわたる人間の歴史とともにあり続けるだろう。日本共産党は、それらと並走している関係にある。われこそ抜きん出た、別格で唯一の担い手だなどと考えてはならない。もっともっと謙虚にさまざまな健全な社会主義・共産主義運動や思想・理論とおおらかに意見交換し学びあいながら、たえまない自己変革を成し遂げ、運動をすすめてゆくことがいまほど大事な時期はないと、私は考えている。

私は、この党の一〇〇年のうち六〇年以上を、やがては外野からではあったが、体験し見てきた。

私は共産党のお陰でなんとか生きてきた。他の仕事、職場では、どんなところであろうと、きっとこんなに長く勤まらなかったことは疑いの余地もない。最後は共産党本部でも使いものにならなくなったが、それでも退職まで居させてくれたことにはただただ感謝するしかない。こうして生きていけるのは、日本共産党のお陰なのである。この道以外に、私という人間の生き方はなかったのである。

私の生涯は日本共産党とともにあった。いろんなことを学んだ。他では学べなかっただろうこともたくさんある。青年の頃に夢見た未来へ向かって、微力でもなにかの役に立とうと思ったものだった。しかし過ぎ去って振りかえれば私は色んな意味であまりに未熟だった。腹の底から思う、私はほとんどなんの役にも立たなかった。

二〇〇四年、本部退職の送別会で挨拶をしたときは、聞いていた人たちは何事かと驚き呆れた様子だったが、私は大勢の前で感謝を語りながら、選対局の同世代の同志たちの厚情を思い出し、あふれる涙をとめようがなかった。多分こんなかたちで党本部を去った人間は、それまでにいなかったのではあるまいか。

最後まで私は恥ばかりの人間ではあった。私の精神はどこかで狂っていた。だが、あらゆることにかかわらず、私は自分を共産主義者だと思っている。〈奴隷か、それとも共産主義か〉――それは人類が生きのびる限り人々の合言葉であり、選択であり、また希望であろう。

三〇代、「ある日本共産党地区委員長の日記」で考えていたことは、私の生涯の一貫したテーマであり問題意識だった。死ぬまでその信念は変わることはない。

七〇歳になった頃、なんだか本当にその歳でやっと〈大人〉になれたような気がしたというのはほんとうの気持ちだった。そして、八〇歳を過ぎた。否応なくまもなく人生の終焉を迎える。

この党の常任生活の四〇年間、私と関わらざるをえなかったすべての人たちにおかけしたさまざまなご迷惑をお詫びし、あらためて心からの感謝を申し上げる。

（了）

〈付録〉　全国各地の後援会学習会の感想文

（※「感想文」のことが何度か出てくる。それがどういうものかわからないとなんとも判断しようがないだろう。私は「感想文」をめぐって、色々のことを言われた。知らない人が聞けば、私が、異様なことを喋りちらしていたのではないのかと思われるかもしれないが、そう思われるのは本意ではない。そこで、以下に、三〇数年前だが、感想文を、都道府県名を省略して紹介しておく。いま読んでも面映ゆく、とても恥ずかしい感じがする。しかし、ここに書かれてあることが嘘や誇張やお世辞ばかりとは思えない。共産党員とは根っから正直で率直である。そう感じたことを正直に書いたのだと信じるしかない。そういう感想文に書かれた正直な意見を毛嫌いする作風こそ問題だろうと思ってきた。私が仙台から本部に赴任したのは一九八九年一一月である）

一九九〇年七月

（※これが最初の学習会。ここでは二時間半をかけて後援会の歴史を詳しく話した。これ以降の学習会ではその歴史の部分はごく簡単に触れるにとどめ、時々の中央決定を中心において話した。この時の講演はその地でパンフとなった）

「政党間闘争における後援会組織の歴史が話され、それとの関連で今日の党の路線実現の実践的問題が話されたので説得力があった。今日のような後援会づくりや活動の系統的理論的な話は初めてである。大変重要なのでパンフにして支部でも学習教育してもらいたい」

「後援会活動についてこれだけまとまった話を聞いたのははじめてでありとても勉強になった。今まで後援会は党活動の裏面としてあまり強調されなかったが非常に大切な活動であり、日本政治の民主化からも重要な任務と役割をもっていることがよくわかった」

「今までで初めての珍しい話でした。後援会の歴史の話があるとは予想していませんでしたが、後援会の重要性を再認識させられました。私は文化後援会結成のきっかけをつくり事務局の一員として細々と活動してきましたが、活動家の怠慢で休眠状態になっています。これを機に活動の再開へ一石を投じたいと思います」

「勝利のためには敵を知れ！という意味で日本の政治風土、後援会成立の歴史、とくに自民党のしたたかさなどを初めて知ってとてもおもしろかったです。多数者革命の観点では本当に自民党に〈学ぶ〉ことが大切ですね。反共風土を打ち破って網の目のなかに入りこんでいくこと。女性後援会の役員・事務局体制については、ちと本腰をいれないと、とあせりを感じているところです」

「後援会の役員をしながら、歴史的な経過などあまり勉強してこなかった。大変新鮮な講義でした。できればテープをもう一度聞きたいと思います。事務局でおこしていただきたいのですが……」

「遅れてきましたので二の（二）からの感想です。自民党の後援会の活動がきわめて合理的かつ現実的であることに目をみはるものを感じました。われわれの活動がその面では建前だけになっており、党の後援会の方針とすぐれた活動にまなび、現実に実効あるものにしていくための交流活動が必要だと痛感しました」

「一人がいくつもいくつも受け持っている今の状態ではなかなか新しい事が始まりません。後援会活動をつくる前に、全党員に生き生きと活動してもらい、役目を分担してもらうことを考えています。それにしても、今日の講師は〈なかなか〉のものでした。今後に期待します」

「後援会のそもそも論が勉強できた。整理して身につけたい。交流集会も大いにもちたいと思う」

一九九〇年九月（議員研修会）

「中央の鈴木同志の挨拶と話は大変よかった。最近ではこれほど説得力のある話を聞いたのは久しぶりで感激している。その立場にたって全力をあげたい。問題は自らの課題は当然として全党員を動かすことにもっと力をいれてゆきたい」

「中央の鈴木氏の話を聞き、東欧問題、社会主義論について理論的な話しをできない私として〈理屈ではなく自分のことば、地域のことばで話すことが大事である〉との発言に、話す勇気が湧いてきました。いままで拡大するにも何となく力が入らず、どうせ義理でとっているんだ、票にもならない読者という感じがしていましたが、今日の情勢で、義理でも赤旗をとってくれることが、少しでも党が市民権を得ることになると聞き、そのような読者にこそ党の支持者になってもらうよう結びつきを強めていきたいと決意をしています」

「今日、中央から来られた鈴木氏の話がよくわかり、このような内容が支部長などに伝えられるよう努力していこうと考えています。自分の身近な問題ばかりでなく、世界に目をむけた活動をということに、改めて思い知らされています」

「中央の鈴木さんの話は非常によかったと思います。特に〈議員は党の顔〉、そして〈社会主義論を自分の言葉で語る力を〉、このことについて私も今後努めようと思います」

一九九〇年十一月

「活動の原点を教えられた。ほんとうによかった」

「後援会活動の位置づけがきわめてはっきりした。しかし、現実の機関指導はきわめて形式化している。居住に移ったのを機会に具体的に定着し、永続的に活動を展開したい」

「選挙での支持者全員が党後援会員として活動しうる――点で、今までの活動からは考えもつかないことだった。後援会の性格と任務についてよくわかった」

「会員対象者のことでいままでよりごのみをしていたことの誤り（もっと広く大きく）ということに大変感銘をうけました」

「選挙が近くなると後援会の話が出てきて、入会をすすめよう、会員を増やそう――ということになって、会員の要求を聞こうともしないで、当選するために後援会活動をする。選挙がすんだら後援会は休会状態に入る。事務局も会長も後援会を忘れてしまう様で、いつもこれで良いのだろうかと思っていたが、今日の話を聞いて日常的に後援会活動をしなければならないことを痛感した」

「せっかくの機会に参加者が少ないのが残念。後援会だけでなく、党機関、支部も勉強すべき内容である。自民党の後援会活動を〈研究〉していかねばと思う。ポスターなども一気に後援会員で貼っている。議員は後援会員拡大や行事の動員に積極的になってほしい。党は選挙になると手足に使い、行政区の後援会活動はほとんどできないでいる」

「もっと議員が後援会活動の先頭に立たねばならないと思う。議員も後援会の活動が分からないのだと思う。このままでは選挙本番になる前に解体してしまう。いや、何もしていないので解体もしない。選挙で落選するだけである。もっときびしく自己相互批判をすべきだ」

「なぜわが党が後援会を重視するのかということを今の情勢、歴史、綱領など全面的に話してもらいとても力になった。〈理論と政治を〉〈思いきって枠を広げる取り組み〉、学生分野でも学生の興味、関心にマッチした取り組みをおこなっていきたい」

一九九〇年十二月

「党綱領の戦略的位置づけとしての後援会を認識しました。それとの関わりで後半のノウハウも勉強になりました。前半の情勢論は二中総の大衆的説明として説得力がありますが党内でも充分通用する解りやすく力強い話です。この話を聞いた人たちの間には相当の受けとめ方の差があると思います。党員としての水準の差、後援会の活動年数による差、一知半解から一〇〇％理解する人まで、ばらばらの構成員を対象にするなかでの説得力には敬意を表します。後援会問題の理論と実践の普及について、中央はじめ機関はもっと努力しないと得票目標をかかげつつも絵に描いたもちで、掲げるだけの感がある。なんとかならないものか。せいぜいわが後援会は頑張って経験をつくりたい。ありがとうございました」

「鈴木謙次さんの講演は大変面白く楽しく、頭のこらない話で、全国の後援会の生きた活動を学んでこれからの後援会活動がたのしくやれそうです。またそのようにしなくてはならないと思います。勇気が湧いてきました」

「私も総会には何回か出席していますが……皆さんも一緒みたいで、どうも肩に力がはいることが多いようでした。これからの総会も行動も、鈴木さんの話しの中にありましたが、楽しく行動が出来、多数の人の参加がそれによって出きれば、本当に党も後援会も伸びるのではないかなぁと思います。どうも地区委員会では、地域のみなさんと行事をやることよりも赤旗拡大が大事、何でも拡大、拡大……よくわかるんですが、数字ばかりあげても永く続かない方が多く、それよりも地域の人たちとの交流がもっと大切のような気がします。日曜日、今度こそと思ってやっても、〈拡大でーす〉。会員の中には、本当に共産党の人たちは頭が硬いとの言葉も出ているようです」

「情勢の見方、赤旗の役割と位置づけ、反動勢力のねらいなどの鋭い分析、二中総の決定の立場がよくわかりました。後援会が何なのか、どう活動をすすめるのかイメージが湧いた。しかしこれを地区機関としてどう具体化するかで改めて真価が問われる思い。まさに惰性の打破とはこういうことかと思った。機関の都合でみるのか、ひとり一人の有権者の立場でみるのかの違いは重要」

一九九〇年十二月

「講師の話が大変わかりやすく感動しました。ぜひ今日参加できなかった人にも聞いてほしいと強く思いました。テープがあれば何回でも聞き自信をもって活動したいと思います。テープがありましたらぜひほしいと願っていますが。よろしく！」

「時間が少なかった。二時間くらいはあった方がよかった。開口一番、ソ連のタマゴ……メモするのも忘れるほど強烈なインパクト…… あっと言う間の一時間三十分、ただちにテープを普及してください。テープをもってこなかったのが悔やまれる」

「予想以上に有益な会合でした。理論の話もおもしろく、実践の話もおもしろく、その間の融合がもっとおもしろい。こんな愉快な話を聞いたのは初めてです。〈共産党のマネをしない〉というのは初耳の教訓でした」

「ものすごく有意義でした。迷いながらの参加でしたがほんとうによかったです。後援会も党の個別選対の責任者にもなっていることに疑義を感じています。後援会とはこうあるべきものと今日教えられた思いです。再出発です」

「後援会についての戦前・戦後がよくわかって、他党の個人後援会が結局、利権がらみにならざるをえないことを説明しやすくなった。いっせい地方選にむけて、後援会活動の具体的な取り組みが、きわめて具体的に紹介され、こんな話をぜひ普及して、後援会で重い気分になっている人たちをすっきり元気にさせたいと思った。こんな基本的な話を聞いたのは初めて。テープをおこして、ぜひ冊子にして下さい」

「中途半端な集会を、なぜこの時期にやるのかナーと思っていたが、勇気を得た。会費を会員の条件にしない、入会申込み書は簡易に……ナルホド」

「理論的に、かつリアルに、幅広い観点からの話を聞くことができ、大変参考になりました。全体として講義の内容からいって、時間が足りなかったのではないか。またこのような講義を受講したい。収録されたテープがあれば入手したい」

「ただ、鈴木氏の話しではよく理解できても、共産党の機関の常任の考え方では、まだ後援会の組織や活動については幅広く理解できないのは残念です。後援会でバスハイクを計画したとき地区常任が反対したことがあり、この誤りは反省してほしい。後援会と共産党の結合がまだ不十分であり、幹部クラスのところで充分話し合える時間をつくることが重要と思います」

一九九一年一月

「鈴木謙次さんの話は大変具体的でわかりやすかった。しかも、本気で訴える熱意がひしひしと伝わってきて、われわれも明日からすぐやらねばならないぞという気にさせるものであった。ありがとうございました」

「後援会について一皮むけたように思う。ニュースを届けるだけの会員でいい、自由奔放に活動すればいい、おもしろい活動ができるじゃないか、元気のでる学習会でした」

「後援会のつくり方がこんなに簡単なもの、すぐにもつくれるもの、なにか自分自身にふさわしいものに思った。元気の出る話をありがとうございました」

「大変面白く、またためになった。自分の言葉でしゃべるということは本当に大切だし、体験や事実にもとづいて話をすると、へたな理屈をのべるより相手を納得させると思った」

「大変感激しました。日本共産党後援会の重要性をはじめてつかみました。講演にもあったように、これまで後援会を党の付属物であるかのような見方や、実践上の軽視があったと思う。情勢も深められてよかった」

「非常におもしろかった。私の地域の後援会ももっと大衆的にしなければならない。もっといろいろな人に参加してもらわないと。役員にも」

「党と同じことをしていてはダメだと思った。もっと創意をこらしていろいろなことをしなければ……」

一九九一年二月

「全国的な後援会活動の経験などが聞けて大変元気づけられました。また、鈴木さんの話しは理論的にもすっきりと理解できました。聞いているうちに、次々と地域後援会でやっていきたいことが浮かんできました。もっと広い考えをもって取り組んでいきたいとおもいます」

「今日のような勉強会（中央クラスの講師を招く）は県後援会がひんぱんにやるべきだと思う」

「非常によかった。もしテープにとっていられたら、ダビングして譲ってほしい」

「鈴木さんの話は、もっと聞きたかった。〈面倒なことを避けていたら選挙には勝てない〉」

「鈴木さんの講演がよかった。大衆的な後援会をつくろうという気になった」

「トップレベルの鈴木さんの話よかったよ」

「今日の学習会をもっと早くしてほしかった！」

「本日のこの集会に参加して党の後援会の歴史や他党のことにもふれた後援会の重要性や意義について講師のお話は非常に学ぶものが多々ありました。今後も、大変ですが時々学習会を企画し、学ぶことができたらよいと思います」

「選挙を闘う基礎組織が後援会であると言われているが、実際の活動では共産党だけで選挙しているのではないかと思われる例がしばしばあるように思っています。民主主義があるということが、後援会活動ではとりわけ大切です。役員を決めたら役員中心に運営しなければ本物の後援会には成長しない。理論で分かっていることと、実践で貫くこととは違います。心していきたいと痛感しております」

「鈴木さんの話は大変ためになり良かった。何かマンネリの活動を打破できないかと思っていたところ、全国的な経験を聞くなかで、日本共産党の前進のためにはほんとに後援会活動を創意工夫してやればやれるんだと思った」

「いま共産党ががんばるときだ。選挙まであと四〇日という時期的にみても全後援会が総決起するにふさわしい鈴木謙次全国連絡会事務局長の講演はすばらしかった」

「後援会の県規模の集会参加は初めてです。正直、講演二本は疲れました。県委員長の話はもっと具体的な内容がほしい。例えばイラク問題のパンフの資料などもふんだんに使って視覚、聴覚に訴える工夫なども必要では。新聞を読んでいるような話ばかりで……県の会議に参加して〈またか〉と疲れることが多いのです。もっと抜本的な改革を願ってやみません。半分以上の人が目をつぶっているような会議では選挙勝てないですよ。それに比べて後半の鈴木さんのお話は久しぶりに身を乗り出して聞けたお話でこれから単位後援会をつくっていくうえでとてもよかったです。小中教員の後援会はようやく動きだしたばかりです。今日の鈴木さんのお話を力に党が世界的に注目されているこの選挙がんばる決意です」

一九九二年五月

「ユーモアのある語り方は大変楽しく、重いものが軽く、豊かに選挙ができるという思いがしました。全国議員集会に続いての本日の講演、またひとつスケールの大きい自己変革が要求された思いで、本格的学習とすさまじい情熱が必要です。近づきたいし努力する決意。後援会づくりでもショックを受け、これならやれるという思い。再点検し動く、生きた後援会にしていくことで今日のお礼にしたい」

「お話の前半で特に私たちが日本共産党員としてあるべき姿、情熱のことを話されました。全くその通りだと思います。色々な党の会議でも理路整然と話されてもそこに情熱がなければ会議自体が面白くないし、お荷物だけかついで帰る。明るい気持ちで支部に行けないのでは意味がないと思う。私自身もこの点を常に心にとめながら活動したいと思います」

「目からうろこがおちる分かりやすい講義に感動しました。民主主義を徹底して県委員会総会でも腹の底からの自己分析とあわせて提案、実践すべきだと思います」

「市内には行政区後援会は十年近く活動しているのですが、単位後援会はまだ二つの組織しか定期的な活動をしていない。この位置づけの認識不足が原因であることを痛感させられた。本日欠席している市党の幹部にテープを聞かせ、この選挙中に全支部に単位後援会をつくりあげたいと決意しています。いいお話でした」

「大変感動した。話が分かりやすかった。前段の情勢で、今こそ自己変革し、変革者として自覚を高め、全力投球したい。後援会づくりを軽視していた。また後援会役員の参加を勝ち取ることができなかったことを反省しています」

「今まで六中総といっても、それがどのような力になるのか、どうしても六中総が政治を変えるという読み方ではなくて、ただ読むだけで、力にすることが出来なかったが、話を聞いて、六中総をもう一度じっくり読んで、自分の力にして、参院選を闘いたいと思いました」

「今の時代を人間としていかに生きるか、歴史を変革する党の一員としてまず自分自身を変革するということ。強い党とは、党のまわりに党を支える大衆を結集すること。母なる大衆に依拠する活動が多数者革命の見地であることなど、非常に感動する学習会でした」

一九九二年六月

「活動の原点を改めて教えられた思いです。決意とともに、頭がやわらかになりました。情勢の重大さをいまさらのようですが実感させられました」

「自己変革なしに社会変革なし！　近頃弱気でした。支部がうまくいかず、会議が開かれず、党の団結すらこわれかけている実情のなか、今日の話は心うたれました。一人ひとりと対話し、一刻も早く会議を開催し、支部再生、後援会づくりに入りたい」

「久しぶりに心を洗われるような指導をうけた。選挙を控え、情勢のとらえ方、指導のあり方に深く感銘した。党も指導のあり方を更に高めてほしい。六中総でも読んだか読まないかだけ聞くのではなく、中身に何が書いてあるのか〈心〉を伝えるべきではないのか。後援会は大幅に立ち遅れているので今後全力をあげていきたい」

「情勢のとらえ方がきわめて浅かった。また、今日の体制選択論の攻撃を打破するためには、自己変革をやりきらねばならないと思う。全力をあげて頑張りたい」

一九九二年十一月

「ひさしぶりに革命の話しを聞いてうれしかった。鈴木さんの話しは胸に響き、今後、あまり肩をはらないで後援会活動にとりくもうと思った」

「大変力が湧いてくるお話でした。支部活動と後援会活動の違いが分かったような気がします。私の職場でも後援会の再建に向けて頑張りたいと思います。特に印象に残ったことは（1）名簿の整理とその内容（2）指導性と自主性（3）事務局長とニュースの意義（4）会費の扱い（5）ひとり一人が主人公になる活動」

「鈴木さんのお話は後援会活動のあり方についてよく理解することができ、また肩のこらない一時間二〇分は瞬時に過ぎた。学不老、心新たに頑張りたい。議員は単位後援会に責任をもった活動を行ない会議に出席して情勢を知ることがだいじだと思う」

「後半の話は非常にすばらしい内容であったので、この点を生かしもっと幅広く軽く面白く後援会のことを考えていく必要があるだろう。後援会では役員だけの活動になっており党員の行事への参加が極めて弱い。ブロックで単位後援会づくりを提起しても県議自らが消極意見を述べるような状態で、地区・支部の消極姿勢が目立つ。私も後援会結成の懇談会などあれば協力したい」

一九九三年一月

「全国レベルのコクのある話。胸におちる分かりやすい話でした。党中央の求めている後援会活動のあるべき姿がユーモアもまじえて話された。こんな話が各支部・各後援会で話し合われることがとても大事で、後援会の活性化、陣地拡大へのスタートだろう。教訓となる内容に満ちた話でした。元気の出る話でした。世界一元気な日本共産党らしい活動をいまこそ胸を張って取り組んでいきたい」

「日本共産党の活動はともすると良い経験があると無条件にどこでもあてはめるよう普及するという教条主義的なところがありがちですが、いろいろな歴史的、主体的、客観的条件に応じて多様な形態があってよいと思いました。今後もこういう民主的方法で普及をお願いいたします」

「年明けの『評論特集版』の二回にわたる論文を読んでいましたが、本人の講演をあらためて聞いて、説得力もつ話をよく理解することができました。先日、読者ニュースや日曜版により、自民党を支持している人に日刊紙を購読していただきましたが、鈴木さんの話にあったように、自民党隠しで〈腰が低くて立派だ、だから支持している〉とのこと。赤旗をよく読んでもらい、党を語り中身を知ってもらえば必ず日本共産党支持に変わってもらえると思います。地域後援会を原則的に確立して地域のいろいろな人が党を語ることが大事だと思います」

「日本共産党後援会が選挙が終わると活動しなくなってしまうというのは、やはりよく考えてみればおかしなことで、日常活動の大切さが分かりました。もっと学習し、模擬問答なども実際にやって体制選択論攻撃を打ち破っていきたい」

「全有権者に分かりやすい言葉、分かりやすい話をして、納得を通じて支持を得ることの大切さを痛感しました。そのためには全党員、全会員が確信をもって語れるようにすることが必要です。粘り強く自覚的立ち上がりができるように学習を強めていきたいと思います。鈴木さんの講演は、まさにそのお手本そのものだったと感じました」

一九九三年二月

「笑いをまじえての分かりやすいお話に感銘いたしました。後援会の重要さがよく判って、やる気が出てまいりました。目前にせまった総選挙での必勝をかちとりたいと決意しました」

「ユーモアがあって、とてもおもしろかった。画一的でない話が聞けてとても得がたい機会をもてた。現実にはいろいろむずかしいと思うが、頑張りたいと思う」

「話の内容、および話し方など、非常に参考になった。内容では、今までの後援会活動は基本的に正しかったと確信した。今後さらに現状を正確に見、肉付けをしていきたい」

「『前衛』でも読みましたが今日の話は大変感銘を受けました。うちの後援会も開店休業からようやく体制を確立し、役員会の定例化、ニュースの発行、計画的な行事計画など着実に実践するよう努力していますが、後援会の意義についてよくわかりましたので一層努力していきたいと思います」

「わが後援会が発足して一年です。ニュースを担当し色々迷ったり悩んだりしていた問題が本当にすっきりと胸に落ちました。今まで面倒だけどやらなくてはと義務感でやっていたところもありましたが、やりがいをもって取り組みます。特にはじめに語られた選挙に取り組む心構えは深く感動しました」

一九九三年二月

「鈴木さんのお話し感動して聞きました。今日の情勢、総選挙の意義と中心課題についてのお話し、腹におちた。せせこましい話ではなかった。日本共産党の輝かしい歴史と伝統のうえにたって奮闘したい」

「鈴木さんのお話はわが意をえたりでした。しかし、同じようなアイデアを支部などで出しても総スカンでした。この思考態度をどうしたらいいのでしょうか」

「鈴木さんのお話は東京の友人からその一端を聞いていましたが、細かいところが聞けてよかったと思います。さっそく具体的なとりくみに入りたいと思います。少なくとも今日を期に、後援会らしい後援会をつくりだしていきたいと思います」

「私は最近からだの調子があまりよくなく、党の会議にもあまり出席しなかった。そのことで私の心がすっきりした日が少なくなりました。自分が行動しないからぐずぐず愚痴ばかり言っているようになる。ここで一番大事なことは、そうなると支部全体の意志の統一が破壊され、支部会議がこわれ、活動がなくなる。このような状態は自分の責任であることに気づきました。今日の鈴木謙次さんの講演を参考に選挙勝利のためにがんばります」

「講義を聴いてよかったです。中身は初めてききました。話がわかりやすく、とても理論的で、日頃の疑問にも答えてもらったようで有意義でした。もっと聴きたかったのですが、後は独習しなければと自分にいいきかせて帰ります。党の幹部の方のすばらしい話、人柄にふれたようで、うれしく思いました」

「鈴木氏の話は豊富な経験の積み重ねと確信にあふれたものでした。後援会の必要性も、論文を読むより、直接聞けてより強く感じさせられました。具体的にどうすればよいのかまで話され、一面では気軽につくり、活動すればよいのだと気楽になりました。とくに、タテ線の重要性を指摘されて責任の重大さを感じました。教員党支部の結集が弱くなっているが、その指導・援助の強化を機関に早急に求めたい」

一九九三年二月

「鈴木さんの話が胸にずしんと落ちました。地域に帰り会議を開き選挙にむけての活動を開始したいと思います」

「参加してよかった！後援会が日常的にまわっていかないので、なんとかしなければと本当に思う。参考になる資料・レジメも用意されたので活用したい」

「鈴木謙次氏の話はわかりやすく、これなら自分たちにも出来そうだという勇気が湧いてきた」

「初めて参加しました。後援会のこと、よくわかりました。私の隣でもあんなすばらしい活動をしているなんて知りませんでした。高齢化とか病気などで弱い支部が、弱いからこそすばらしい活動ができるとは、なにか悟りをひらいたような気がします」

「二月十一日の後援会の総会にも参加し今日の会議を大変楽しみにしていました。選挙で勝利するには後援会の発展しかありません。後援会については赤旗でも様々な会議でもあまり触れられないので、非常に今日の会議は自分の確信になりました。後援会活動について地区段階の交流、後援会についての基礎的な学習をいろんな場でしてもらいたい」

「後援会作りが気軽にできるような気がしてきました。基礎的陣地の作り方に自信がもてました。党を語ることの重要性を一層強く感じました。小さい支部でどう切り開くか展望が生まれました」

一九九三年五月

「心から笑って聞けて、楽しく勉強できました。天安門、ソ連崩壊、北朝鮮、イタリアなど、その都度心が揺れました。でもその都度乗り越えてきた党。今日の話を聞いて、歴史的にも世界的にも責任があることを痛感。入って得する後援会を目指して話し合います。党を知ってもらう通路としての四つの原点、分かりました。後援会の結成総会、多数の役員、担当、名刺などとても参考になりました」

「素晴らしい話だった。国民主権を軸にした日本共産党の選挙が図式的、人間的に分かった気がした」

「全有権者との対話、これが選挙方針、これがいままで弱かった。全戸配布はするが対話がなかった。本当に分かりやすい話で、実践的で楽しい学習会でした。こんな話は初めて聞きました。あり難い指導者をもっている限り老齢ながら頑張ります」

「運動、活動の中身が分かりやすく、これならやれる、と勇気の湧く話でした。（資本主義を徹底するという話に象徴される見方、考え方、後援会のもつ意義などなど）これならやれるし、又学習の重要性を知らされました。今までの講義にない内容で楽しく、励まされました」

「〈選挙に勝つとは有権者の心をつかむうえで他党派を上回ること〉〈出発点は全有権者が対象である〉〈大衆と向き合うことで元気をださなければならない〉……などなど、改めて、ああ、そうなんだと思う話が山ほど出てきて本当にすばらしい学習会だったと思います。勇気がわくとともに具体的に何をすればよいかが見えてきたようです。ありがとうございました」

「後援会活動についてこれほどスカッと理解できた事はないというのが率直な感想です。〈大衆と向き合う〉〈全有権者対象〉など改めて痛感しました。ともすれば、党内だけに目が向いて重たい気持ちになることもありますが、そうした党員を励ます上でも大衆と向き合い、対話し、党を大いに語り、ともにたたかう後援会作りをしていきたいと思います」

「今日の党の存在を歴史的に分析し、どういう党を作っていかなければならないかという変革の事業と直結した問題と、それを実践していく生きた組織（部隊）としての党と後援会について、非常に理論的かつ実践的に話してもらい力になりました」

「後援会の基本は日本革命の大道にあると確信して、謙虚にがんばりたいと思う。〈楽しく、ためになる〉活動が私の信条。党員は後援会活動のなかでこそ生き生き活動できると思う」

一九九三年五月

「八〇分があっと言う間に過ぎ久しぶりに時間をわすれて引き込まれました。一つひとつの指摘をウンウンとうなずきながら聞いて、自分で今まで考えていたことに大きな間違いがないことに確信をもちました。こういう党に確信がもてる学習会、学校を自分自身も中心になって定期的に開くことが大事なことを痛感しました。しかも参加した人の身になってその立場で話すことができるよう自分自身も努力する必要があることを感じます」

「話の導入部分、今日の情勢の中心点、五〇年問題、体制選択論など、後援会の活動の基本と具体的な問題と、たいへんわかりやすく、時々にユーモアもまじえ、引きつけられました。後援会の確立抜きには選挙は勝てないこと、苦労なくしてはできないことなどよく分かりました。本格的に後援会づくりを始める決意の場となりました」

「面白かった。元気が出た。やってみようと思った」

「ニュースを手渡しで渡す組織をつくってこそ日本共産党後援会組織という。党を語り広げる組織にとっては当然ともいえる活動の原点である。党と支持者がともに闘う組織ということで、もう一度自分の組織を見直して、あり方などを考えたい。しかし役員はますます大変になりそうだ」

一九九三年六月

「ひさしぶりに党を語る会議に出席したような感じです。党員、後援会員の感情にぴったり結びついた話、感動しました。党支部の会議に出席し、学習会の話を報告し、後援会活動の本格化をはかりたい。今日は本当にありがとうございました」

「世界の共産党が崩壊と混迷のなかにあるとき、いま日本共産党が実践している活動の一つひとつが人類的な新しい挑戦であるという意味の講師の話に、この党の一員であることの誇りを覚えました。世界が注目している日本共産党の前進の一角の任務を果たさなければと思います。講師の話を聞いて、日本共産党の深い思想と壮大な戦略に改めて感心しました。後援会活動を早急に再開したいと思います。後援会集会には必ず党機関の責任ある人を派遣してほしい」

「具体的な話で勇気が湧いた。休眠状態からぬけだすために、まずニュース発行からとりくみ、会員の再結集をはかって、総選挙の必勝に寄与する。話の通り指導してほしい。くどい会議、演説会などの運営はしないこと」

「日本共産党の歴史的役割、五〇年問題について理解できました。誇りが大きくなった。一つひとつの小さな勝利が大きな勝利になること。理論と実践をユーモアと笑いに包んで語ってくれたこと、ありがとうございました。議員を中心にがんばります」

「(1)党の決定の深い理解がどれほど重要か、しかも日常にそれをどう具体的に創意をこらして生かしていくか、常にそれを考えた活動にしたいものだ、（2）滑らかな講演のすべりだし、大局的なとらえ方、党員の生きがいを鼓舞させる、いつもの、以前よりさらに磨きのかかった講師の話し口調に感動している」

「改めて後援会の重要性について知らされた思いです。分割民営化でそれぞれバラバラにされ、また、後援会の中にも支持者のなかにも、他の組合に行った人も多く、新たな観点から共産党への呼びかけをと思います。今日のお話は時間をあきさせないすばらしいものでした。早急に訪問を再開するための措置をとりたい」

「相変わらず歯切れのいい話しでした。できれば最初の部分だけでも支部会議でテープを聴かせたい。ストン、ストンと胸におちる感じ。ぜひ沢山の人に聴かせたい。とにかく、目新しいこと、新鮮な発想を大いに出していきたい。やはり、党ってすごい！と思った。気軽な後援会を増やしたい。がんばらなければ。特技を少しでも生かせる人を結集させたい。そのためにも事務所を明るくしたい」

「後援会の意義付けについてわかったつもりでいたのに、なにもわかっていなかったことが分かった。すべての支持者の意思を尊重して力を出してもらう。多数者革命の観点が後援会に貫かれていることに改めて感心しています。世界から注目されている総選挙での日本共産党躍進をなんとしても頑張らねばと、強く思ったところです」

「一つひとつの積み重ねが大きな勝利を生む。なるほどと思いました。大きな目標をもちつつも、今日何をするか確信をもてない私にとって痛打でした。一日の目的が達成されず、勝利を生むこともありません。みなさんとともにがんばります」

「鈴木氏の講演はテープで数回学習し、今回ナマの学習会があったが、わが選挙区の勝利の全国的、世界的意義があらためて分かった。とりわけ〈われわれの構え〉〈四つの原点は大衆が党に近づく道筋であること〉〈十八回党大会六中総でいう基本的組織の意味〉などについて新鮮にうけとめた。市後援会の事務局を担当しているので、後援会が文字通り〈国民が主人公〉にふさわしい内容となるようがんばりたい」

「後援会活動の素晴らしさ、面白さ、創意工夫の楽しさを存分に味わうたくさんの生きた例を聞いて、ぜひそうした経験を持ちたいと思いました。支部の役割も改めて認識し、仲間がみつめあっている状況から抜け出す相談を、支部指導の中心にすえてがんばりたいと思います。生き生きと大衆と結びつくことのすばらしさ、これこそが党員としての誇りにつながることを思いました」

一九九三年十一月

「昔、魂を揺り動かす説得、訴えということがあったが、本日の話では久しぶりに感動した」

「組織論をあいまいにした話は、あきあきしていましたので、とてもよかったです」

「鈴木さんの話は内容的にも、雰囲気的にもすばらしかった。特に今まで後援会に余り関心がなかったから、その重要性と可能性がよく理解でき力になった」

「大変おもしろい話だった。また久しぶりに力の出る話だった。昨年より後援会事務局長となり後援会活動をどう展開してよいか悩んでいたのだが、活動の大事な点を体系的に学習できてうれしかった」

「力強い講義、本当に参加してよかった！党の機関の系統的な援助をお願いするため、早速遠慮しないで地区委員会と向き合う決心をしました」

「情勢にふさわしい見地で、大変参考になりました。こんなよいお話を党機関幹部を対象にした学習会をもっとやっていただきたい」

「機関の方からの話としては、まことに久しぶりに組織論を基本とした方針や課題を内容とした話を聞きました」

「大変迫力と説得力のある楽しい学習会でした。〈党と支持者の両方が主語になった後援会〉どう位置づけるのかよく分かりました」

「たいへんよい学習会で、参加できない人たちに今日の講義の内容を伝えたい。資料も活用して地元でがんばります」

「細かいことは書けませんが、とても勉強になった。どう活動を展開するかで、組織論から入るのではなく、政治論から入ることがよくわかった」

「楽しく、分かりやすい話だった。がんばる決意が湧いてきた」

一九九三年十二月

「非常に気持ちが明るくなった」

「大変よく心に響きました。涙のでるほど感動しました。自分たちのやっていることに誇りと確信をもちました」

「引き込まれるようなお話で、違った角度から党をみることができました。後援会についてもっと考えていきたいと思います。タテ線後援会についても勉強したい」

「いろいろあって書ききれない。今日の学習会にもっと機関の人が出た方がよかったと思う。大変だろうが機関に頑張ってほしい」

「今日のお話は、いつも気持ちの一部にあった疑問が何となくうすらいだ気持ちです。読者、支持者を大事に思う心を素直に出し切って会員拡大をすすめていきたいと思います」

「〈カヤの外〉論の反共の風の中で見えなくなる展望が、〈今の情勢で最も期待されているのは共産党であり、身近な読者、支持者とともに、学習しながら後援会をすすめる重要性〉と、その展望が開かれてきた。現実の生活のなかで、旧来の後援会活動からさらに前進した後援会を創出していく必要があることを教えられ、感激している」

「基本点を押さえた、わかりやすい講義で確信になりました。講義にもあったようにカギは地区機関が握っていると思いますので頑張ってください」

「ずいぶん勉強になった。今後もちょいちょい開いてほしい。赤旗を基本に情報を得ているが、市会議員からの生の情報がもっとほしい」

「たしかにやらなければならないのはわかるが、自分の仕事やプライベートな時間だってほしい（と書くと、わかっていないというのでしょう）」

一九九四年一月

「いや、いやぁ本当に元気の出る話ですね。理論的にも深くつかむ学習の大切さも再認識しました」

「後援会活動が党活動の盲点、弱点であったことがよくわかった。後援会の活性化で、国政選挙勝利の展望がひらけると思う。くわしい後援会組織のしかた、活性化のノウハウも知りたい」

「大変分かりやすい話でよかった。ぜひ実行に移したいと思いますし、やらなければならない課題だとわかりました。ありがとうございました」

「国民の諸要求と結びつけた活動を、明るく楽しい活動を、将来展望を確信できる活動を！」

一九九四年六月

「非常にわかりやすく楽しい話で後援会活動の重要性がよくわかりました。国民にとってかけがえのない存在の党、それにふさわしい質の党と後援会をつくること。党の大切な宝としての後援会を実践上はマクラ言葉にしていたことを反省。地区委員会として体制はつくっているので対策部の会議定例化をなんとしてもかちとりたいと思います」

「ハッと気づくことがたくさんあった。あらためて後援会づくりの原点に返って活動する決意です」

「後援会の位置づけと役割がスッキリ腹に落ちる楽しい話しだった。今、党活動が活性化していない大きな原因はここだと思った」

「改めて大事な話しだった。本当に党と支持者がともにたたかう組織、基本的な組織ということ。党は他のどんな党よりも胸をはって国民のなかにはいってゆける党だということ。理性と人間性みなぎる党をつくってこそこのことができる。党と後援会は一体のものだ、今日の話は本当に有意義で実践的な話であった。党をつくること、読者を増やすこと、後援会をつくること、これらをバラバラにとらえないで一体のものとして機関でもその位置づけを明確にして今後の活動に生かすことが大切だということ。後援会を重視してきたが、改めて思いを新たにするものだった。党中央の確信が自分の胸に届いたという思いである。頑張ろう」

「後援会活動について党の理論と路線の観点から学んだのははじめてで、党活動上からも確信を深めることができた。とっても有意義な学習会だった。あらためて急いで取り組むことを痛感した。参加者が少なくて残念」

「有権者の一割二割の後援会を組織する――という、そもそも論の構えの話を聞き、自分の後援会への位置づけの不十分さを自覚できた。心ワクワクで地区に帰るだけでなく実践で突破したい」

※以上は九〇年から九四年まで。それ以降で手元にあるのは次の分だけである。ここではまとめ的な三〇分、とくに強調したのは「党を語る大衆組織としての日本共産党後援会の特別の意義と役割について」だった。

一九九七年三月

「大変勉強になった研修会でした。とくに中央の鈴木さんの話は印象的で、党機関、議員団にもじっくり聞いてもらいたい内容でした。『前衛』の論文は後援会役員や議員にも配布したのですが効力はあまりなかったようです。すぐれた経験を聞きとてもうらやましく思いました。わが市の場合、〈党のかくれみの〉として活動している状況が多く、実態が伴っていません。党機関の考え方も根本的に変えていかないといけないと思います。軽視はしていないが力が入っていない」

「一昨年の研修会に比較しても今回の研修会はよかった。学ぶべき点が多く、参加に満足しています。また後援会が他の団体とは違った重要な任務のあることを基本から討論できたのはよかった。最後の鈴木さんの〈まとめ〉はすばらしかった」

「広大な無党派層のなかに打って出る大衆組織としての後援会の役割を改めて学ぶことができました。鈴木さんが言われた、他の大衆組織と違うー党を語り、政治を語る日常的組織としての後援会が生き生きと活動することが第一党への道だと思いました」

「鉄とコンクリートの街で活動して二十年近くなりますが、いつまでもゲリラ的な内容から脱皮できずにいます。選挙のときに演説会も開けず丸裸でたたかっています。支部総会の議案には『我々の最大の弱点は後援会、こんどこそ後援会をつくろう』と決めてはいますが展望を見出していません。誰が猫に鈴をつけるのか困難に足がすくんでいるのが現状です。しかしさきの参院選・総選挙をたたかうなかで街の雰囲気の変化があり、いまの政治への怒りを感じます。今度こそ地域の人と結びつき後援会をつくり、裾野を広げたいと思っています。中央の鈴木さんの、広大な無党派層を獲得するためには広大な党を語る大衆組織が必要、後援会はその基本的組織であるという話はほんとうに納得させられました。我々のような地域にこそ後援会が必要であるとおもいます」

「経営での後援会活動の重要性がいまさらながら感じられました。また各分野の活動も聞けて有意義な一日であった。青年の参加を考えなければならないようにも思います。私たちの職場でも青年をどうとらえるか今後支部でも大いに深めるべき必要があります」

あとがき

ひょっとして、この本を手にして、長そうだからとりあえず「まえがき」と「あとがき」を読んでみるかと思う人がいるかもしれない。そこでお願いがある。あわせてもうひとつ「付録・後援会学習会の感想文」だけは最初に目を通してもらいたいということだ。「日記」は三〇代、「感想文」は私の四〇代の全国各地の学習会での話に対する党員のみなさんの率直な感想・意見である。

この本は八〇歳になった私の三〇代、四〇代の私との対話の記録とも言える。最初からでなくてもいい。どこからでも自由に頁を開いて読んでいただければありがたい。私には、およそなにか特別に訓練されたり教育された専門分野はなにもない。そのへんに普通にいるごく平凡なおじいさんにすぎない。そういうものとして、この長々とした文章にお付き合い願いたいと思っている。みなさんの自由な批判とご意見も寄せてもらいたいと思っている。

ウクライナ戦争はなお先が見通せず、イスラエルもまた、流浪の民族の苦難の歴史を経験したのちに自前の国家をもったために、他民族への報復となると、自らをナチズム国家に似せ躊躇なきガザへのジェノサイドを容赦なく展開してきた。

日本国内では連日自民党の裏金問題が話題になっているが、これは底なしの金権腐敗政治のまことに氷山の一角にすぎない。

目の前で日々進行している国内外の情勢は、マルクスに引きつけていえば「国家」の罪悪、「貨幣」の魔力と害悪を、あらためて私たちにまざまざと示している。これらを根本的に解決するためには、資本主義体制を変革し、やがて「国家」も「貨幣」もない社会主義へと転換する道へ踏み出すしかないのである。

「国家」も「貨幣」も人間を強制力をもって支配し、やがて破滅させる。マルクスは「資本」「貨幣」「労働」などなど、いまなおその分析と対応が求められている概念、事象についての生きた指針となりつづけている。マルクスの活躍した時代から一五〇年たった今日もなお『マルクス・エンゲルス全集』の編集作業が続いている。その思想の全貌はまだくみつくされてはいない。マルクス主義の視野は人類史であって、やすやすと世紀をまたぐ視点をもつことを教えてくれている。数年、数十年など、マルクスの革命論からすれば全くとるにたりない時間であることをいまあらためて肝に銘じるべきだろう。

ここで私はすぐれた経済学者、中村静治氏の『資本論と論語』（信山社　一九九六年）を思い出す。この本の中の「資本論と論語」は二〇頁余の論考である。これは単なる比喩ではない。『資本論』とはマルクスであり、『論語』とは中国古代宗教・哲学思想の総称である。一六世紀に始まる西欧キリスト教（イエズス会）の宣教師たちは中国にも多数派遣された。そこで彼らはヨーロッパになかった中国古代社会と思想の遺産を目の当たりにし驚きつつ本国に次々と送信した。フランス革命を準備した人間平等論の淵源の一つもここにあった。マルクスもまたこれに多くを学んだ。そこを視野に入れて人類史の変遷を構想した。マルクスが資本制社会に先行する階級社会としてまず「アジア的生産様式」をあげたが、それは黄河上流域の中国古代社会もふくまれる。レーニンが「マルクス主義の三つの源泉」の一つとした「フランス社会主義」のなかには、たどればこの中国古代思想も含まれる。

マルクスの視野はつねに西欧に限られたものではなく人類史にあった。世紀をまたぐ視点をもったからこそマルクスの思想はいまなお輝きを持っている。それをさらに深く理解し、その道を現実に切り開くための時間の尺度は、当然のように世紀をまたぐ旅となるほかはない。マルクスは未来社会の青写真など一切描いたことはなかった。明るい未来社会が両手を広げて君たちを待っているなどとは言わなかった。「夜明けは近い」などとも言わなかった。

その見地に立てば、いま革命党を名乗り社会体制の変革をなしとげようとする政党、政治勢力のあるべき姿とは、おのずから明らかではないのだろうか。深く射程の長い理論をもって、共同の戦線を大きく広げなければならぬ。それをまとめ先導しうる大きな度量と風格をもった柔軟かつ強大な組織でなければならぬ。二一世紀の時代にふさわしい姿でなければならぬ。

世界と日本の状況を見ながら日本の変革を考える一人の人間として、私はそう思うのである。

マルクスの経済学の初歩を教えてくれたのはスケールの大きい経済学者の友人だった。この本をまとめ出版するにあたって終始激励、援助してくれた五五年来の友人、佐々木透くんに深く感謝する。

何よりも、出発点から、この拙い内容の書き物に関心をもち、私の度重なるわがままにも辛抱強く付き合って、出版の労を惜しまなかったあけび書房の岡林信一氏には、こころからのお礼と感謝を申しあげる。

二〇二四年五月一日（メーデーの日・浦和にて）

鈴木謙次

マ行

ヤ行

ラワ行

人名索引
（※マルクスとエンゲルスは省略した）

ア行

カ行

鈴木　謙次（すずき けんじ）　略歴

1943 年　東京都品川に生まれる
1962 年　香川県立高松高校　卒業
1966 年　東北大学文学部国史学科卒業と同時に民青専従となる
1969 年　民青仙台地区委員長、民青宮城県委員長
1973 年　日本共産党宮城県常任委員
1977 年　日本共産党仙南地区委員長
1984 年　日本共産党宮城県常任委員、仙台地区副委員長
1987 年　日本共産党中央委員会・北海道東北地方出張所事務主任
1989 年　日本共産党後援会全国連絡会事務局長
　　　　その後、中央委員会選挙対策局員
2004 年　　退職　　　　　現在　無職
著書　『メールで交わした 3・11』（本の泉社　2017 年）
　　（俳号・聖木翔人）『70 歳からの俳句と鑑賞』（本の泉社　2021 年）

ある日本共産党地区委員長の日記（一九七七年〜一九八四年）

2024 年 5 月 1 日　初版 1 刷発行
2024 年 8 月 15 日　　2 刷発行

著　者　鈴木謙次
発行者　岡林信一
発行所　あけび書房株式会社
〒 167-0054　東京都杉並区松庵 3-39-13-103
☎ 03.-5888- 4142　FAX 03-5888-4448
info@akebishobo.com　https://akebishobo.com

印刷・製本／モリモト印刷
ISBN978-4-87154-264-7　C0031